大乗仏教と小乗蔑視

声聞と声聞乗とはどう見られてきたか

大竹晋

国書刊行会

まえがき

本書は先に拙著『大乗非仏説をこえて——大乗仏教は何のためにあるのか』（国書刊行会、二〇一八年）のまえがきにおいて『大乗仏教と小乗蔑視』という仮題のもとに刊行を予告した書です。

本書の企画は筆者がそのころ最澄の著作を読んでいたことに起因します。最澄の著作においては、小乗蔑視的な大乗経がいくつも引用され、それらを根拠として、部派仏教的なものが峻拒されています。筆者はそのことに関心を持って小乗蔑視について調べていくうちに、大乗仏教においては、もともと、小乗蔑視的な大乗経と非小乗蔑視的な大乗経との二種類が存在し、最澄が開いた日本天台宗、そこから派生した諸宗、さらに、それらに影響を受けた諸宗はいずれも小乗蔑視的な大乗経にもとづいていることに気づくようになりました。本書はそのことを扱っています。

ただし、現実に一書にまとめるにあたっては、少なからず試行錯誤を重ねました。問題意識は決まっていたのですが、論点を整理し、突きつめて考えていくのに、予期していなかったほどの時間がかかったのです。筆者の著書はできてしまえば単純なのですができあがるまでが難産で、本書もやはり難産でした。ただし、結果としては、なかなかわかりやすい本になったのではないかと思っています。

なお、『大乗非仏説をこえて』を出版してから本書を出版するまでのあいだに、『現代語訳　最澄全集』全四巻（国書刊行会、二〇二一年）を出版し、その現代語訳の作業を通じて最澄の現存する著作を通読できたことは本書をまとめるにあたって大きく役に立ちました。本書をお読みになって最澄に関心をお持ちになった諸兄諸姉はぜひ同全集をもご覧くださいますと幸いです。

本書はいつに変わらぬ国書刊行会の皆様のご理解とご好意とによって実現されました。とりわけ、担当編集者として企画から刊行まで熱意をもって取り組んでくださいました、編集部の今野道隆さんに心から御礼申し上げます。

令和六年三月吉日　洛外東山今熊野の仮寓にて

大竹　晋

大乗仏教と小乗蔑視——声聞と声聞乗とはどう見られてきたか　目次

結　章　声聞批判・声聞乗批判はいつ生じたか

大乗仏教と小乗蔑視——声聞と声聞乗とはどう見られてきたか

序　章　声聞蔑視・声聞乗蔑視はいつ生じたか

一　本章のねらい

本書は大乗仏教における小乗蔑視の展開を明らかにすることを目的としている。小乗とは、後述のように、声聞乗と独覚乗とに対する蔑称であるが、大乗仏教における小乗蔑視はおおむね声聞乗とその担い手たる声聞とに向けられている。したがって、本書において扱われる小乗蔑視とは、具体的には、声聞蔑視・声聞乗蔑視である。大乗仏教において声聞蔑視・声聞乗蔑視がいかに展開したかを明らかにすることが本書の目的である。

本章においては、導入として、基本的なことについて確認していきたい。

二　仏教の文献

仏教が始まった紀元前五世紀ごろのインドにおいては、いにしえからの宗教的権威を揮《ふる》っていた婆羅門《ばらもん》と呼ばれる世襲祭司の権威が疑われ始め、在家者のうちから、家を捨てて真理を求める、沙門《しゃもん》と呼ばれる出家者が現われ始めていた。仏教の開祖であるブッダ、釈迦牟尼仏《しゃかむにぶつ》――しばしばガウタマ・シッダールタあるいはゴータマ・シッダッタと呼ばれている人物――も沙門のひとりである。

ブッダのもとには、彼の考えかたに賛同する出家者たちと在家者たちとが集まった。彼らは七衆《しちしゅ》と呼ばれる。いわば、七衆は仏教徒の総体である。七衆のうちわけを表示するならば、次頁の表（序－1）のとおりである。

ブッダは八十歳にして没したが、伝承によれば、その直後に、彼の弟子である出家者たちは彼の教えの集成として三蔵《さんぞう》を結集《けつじゅう》（編纂）した。三蔵とは、次のとおりである。

経蔵《きょうぞう》（経のセット）
律蔵《りつぞう》（律のセット）
論蔵《ろんぞう》（論のセット）

経は経典、律は出家者の規律、論は経典の補論である。これら三蔵こそが仏教の正典である。そののち、彼の死後百年ごろから、出家者たちは内部分裂を始め、大略して十八部派と呼ばれる諸部派が成立した。そのことによって、それぞれの部派において、それぞれ独自の三蔵が形成された。いわゆる部派仏教の始まりである。

三蔵は仏教の正典であるが、それぞれの部派にそれぞれ独自の三蔵があるのであって、あらゆる部派に共有の三蔵はない。ある部派の三蔵と、ほかの部派の三蔵とは、特に律蔵と論蔵とにおいて、

表　序－1

七衆	内容
比丘《びく》	正式な男性出家者（二十歳以上）
比丘尼《びくに》	正式な女性出家者（二十歳以上）
式叉摩那《しきしゃまな》	見習い女性出家者（十八歳以上、二年間）
沙弥《しゃみ》	見習い男性出家者
沙弥尼《しゃみに》	見習い女性出家者
優婆塞《うばそく》	男性在家者
優婆夷《うばい》	女性在家者

しばしば互いに大きく異なっている。

諸部派のうち、現存しているのはスリランカや東南アジア諸国において展開している上座部《じょうざぶ》のみである。部派の三蔵のうち、完全に現存しているのもパーリ語のかたちで現存している上座部の三蔵のみである。

ただし、おもにインド本土において展開していた説一切有部《せついっさいうぶ》の三蔵は、たとえ梵語（サンスクリット語）のかたちで現存している部分はわずかであるにせよ、もし漢訳（中国語訳）と蔵訳（チベット語訳）とのかたちで現存している部分を含めるならば、かなりの部分が現存している。その点において、説一切有部の三蔵も不完全ながら現存していると言える。

上座部の三蔵の構成と、説一切有部の三蔵の構成とを対比するならば、次頁の表（序-2）のとおりである（パーリ語については『南伝大蔵経』における訳を丸括弧内に記す）。

このほか、諸部派においては、三蔵に対する註釈と綱要書とが書かれるようになった。たとえば、上座部においては、ブッダゴーサ（五世紀）らによって三蔵に対し註釈と綱要書とが書かれ、それによって教義が確定された。

さらに、説一切有部においては、論蔵の『阿毘達磨発智論』（前二世紀頃）に対し『阿毘達磨大毘婆沙論《あびだつまだいびばしゃろん》』という浩瀚な註釈が書かれ、それによって教義が確定された。なお、『阿毘達磨大毘婆沙論』はあまりに大部であるので、後世においては、同註釈にもとづく綱要書も書かれるようになっ

表　序－2

	上座部の三蔵	説一切有部の三蔵
経蔵	『ディーガ・ニカーヤ』（『長部』） 『マッジマ・ニカーヤ』（『中部』） 『サンユッタ・ニカーヤ』（『相応部』） 『アングッタラ・ニカーヤ』（『増支部』） 『クッダカ・ニカーヤ』（『小部』）	『長阿含経《じょうあごんきょう》』 『中阿含経《ちゅうあごんきょう》』 『雑阿含経《ぞうあごんきょう》』 『増一阿含経《ぞういつあごんきょう》』 『小阿含経《しょうあごんきょう》』
律蔵	〔※基本的にひとつ。通称『パーリ律』。〕	〔※後世においては巨大化していくつかに分割されたが、基本的にひとつ。〕
論蔵	『ダンマサンガニ』（『法集論』） 『ヴィバンガ』（『分別論』） 『ダートゥカター』（『界論』） 『プッガラパンニャッティ』（『人施設論』） 『カターヴァットゥ』（『論事』） 『ヤマカ』（『双論』） 『パッターナ』（『発趣論』）	『阿毘達磨品類足論《あびだつまぼんるいそくろん》』 『阿毘達磨識身足論《あびだつましきしんそくろん》』 『阿毘達磨法蘊足論《あびだつまほううんそくろん》』 『阿毘達磨施設足論《あびだつませせつそくろん》』 『阿毘達磨界身足論《あびだつまかいしんそくろん》』 『阿毘達磨集異門足論《あびだつまじゅいもんそくろん》』 『阿毘達磨発智論《あびだつまほっちろん》』

た。

さて、インドにおいては、紀元前後ごろから、部派の経蔵のうちに含まれていない、大乗経という新たな経の群れが出現し始めた。そのことによって、諸部派のうち、大乗経を支持する諸学派において、部派の三蔵に加え、大乗経が併用され始めた。いわゆる大乗仏教の始まりである。大乗経を支持する諸学派は、大別して中観派、唯識派と呼ばれる二学派となった。注意すべきなのは、中観派、唯識派は決して諸部派と別個に存在していたのでなく、あくまで諸部派のうちに存在していたという点である。中観派、唯識派として活動していたのは、たいてい、いずれかの部派に属する出家者たちであった（ごくまれに在家者たちもいた）。

中観派の祖、ナーガールジュナ（龍樹《りゅうじゅ》）は『根本中頌《こんぽんちゅうじゅ》』などを、唯識派の祖、マイトレーヤ（弥勒《みろく》）は『瑜伽師地論《ゆがしじろん》』などを、それぞれ著したと伝えられている。さらに、二学派においては、それらに対する註釈と綱要書とが書かれるようになった。

三　仏教の聖者

仏教においては、有情《うじょう》（生物）は輪廻《りんね》において幾度も転生し続けていると考えられている。転生先は、細かく言えば五趣《ごしゅ》、大まかに言えば善趣、悪趣という二趣に区分されている。趣とは、趣く先という意味である。図示するならば、次の図のとおりである。

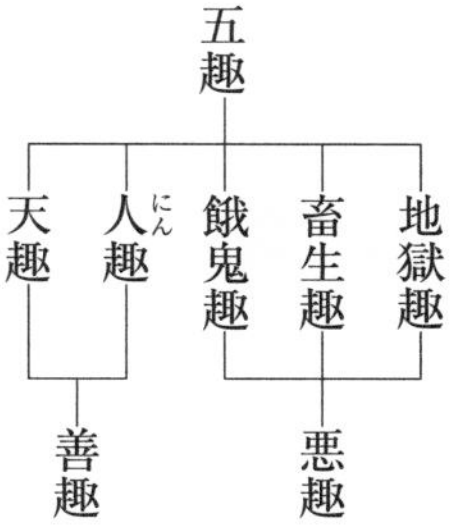

さらに、仏教においては、地球に該当するこの世界は娑婆《しゃば》世界と呼ばれている。娑婆世界は欲界《よくかい》（欲望界）、色界《しきかい》（物質界）、無色界《むしきかい》（非物質界）という三界に区分されている。欲界は下界と低級な天界とであり、色界と無色界とは高級な天界である。地獄趣、畜生趣、餓鬼趣、人趣は欲界に位置し、天趣は三界のあちこちに位置している。図示するならば、次の図のとおりである。

娑婆世界─┬─欲界………地獄趣、畜生趣、餓鬼趣、人趣、天趣
　　　　　├─色界………天趣
　　　　　└─無色界……天趣

さて、仏教の考えかたにおいては、有情が輪廻において幾度も転生し続けているのは、有情が煩悩にもとづいて善業《ぜんごう》・悪業《あくごう》を積み続けているからである。煩悩にもとづいて善業を積んだ者は善趣へ転生し、煩悩にもとづいて悪業を積んだ者は悪趣へ転生する。

輪廻においては、善趣へ転生しても、悪趣へ転生しても、有情は苦を免れない。しかし、有情は、もし煩悩を断ちきることができるならば、煩悩にもとづく善業・悪業を積まなくなり、輪廻から脱して涅槃《ねはん》（鎮火状態）を証得することができる。涅槃を証得して死去、すなわち、般《はつ》涅槃（完全に涅槃）する者はもはや絶対に転生せず、とこしえに苦から離れる。それゆえに、仏教においては、煩悩を断ちきり、輪廻から脱して涅槃を証得することが最も高く評価されている。

煩悩をいまだまったく断ちきらない者は異生《いしょう》と呼ばれる。煩悩を部分的あるいは全体的に断ちきった者は聖者と呼ばれる。

部派仏教においては、聖者は三種類であると考えられている。図示するならば、次の図のとおり

である。

聖者
- 仏《ぶつ》（阿羅漢《あらかん》）
- 独覚《どっかく》（阿羅漢）
- 声聞《しょうもん》（預流《よる》、一来《いちらい》、不還《ふげん》、阿羅漢）

仏とは、他者にたよらず覚醒し、教えによって他者を覚醒させる者である。独覚とは、仏の教えがない時代に独自に覚醒した者である。声聞とは、仏の教えを聴聞する者である。

声聞ということばは、もともと、聴聞する者という意味を持つにすぎないが、部派仏教においては、声聞と呼ばれるのは聖者のみである。

彼らの位は四果《しか》に区分されている。表示するならば、左の表（序－3）のとおりである。

預流果、一来果、不還果は煩悩を部分的に断ちきった位、阿羅漢果は煩悩を全体的に断ちきった

表　序－3

①預流果	②一来果	③不還果	④阿羅漢果

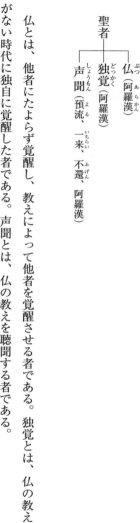

表　序－4

①歓喜《かんき》地	②離垢《りく》地	③発光《ほっこう》地	④焰慧《えんね》地	⑤難勝《なんしょう》地
⑥現前《げんぜん》地	⑦遠行《おんぎょう》地	⑧不動《ふどう》地	⑨善慧《ぜんね》地	⑩法雲《ほううん》地

位である。預流果を得た者は預流、一来果を得た者は一来、不還果を得た者は不還、阿羅漢果を得た者は阿羅漢と呼ばれる。仏と独覚とは阿羅漢であり、声聞は預流、一来、不還、阿羅漢のいずれかである。輪廻から脱して涅槃を証得するのは阿羅漢である。

大乗仏教においては、聖者は四種類であると考えられている。図示するならば、次の図のとおりである。

聖者
- 仏（阿羅漢）
- 独覚（阿羅漢）
- 声聞（預流、一来、不還、阿羅漢）
- 十地《じゅうじ》の菩薩《ぼさつ》

菩薩とは、仏の候補者である。菩薩は部派仏教においても説かれているが、部派仏教においては、菩薩は異生と考えられ、聖者と考えられていない。大乗仏教においては、菩薩は異生あるいは聖者と考えられている。十地の菩薩とは、聖者である菩薩である。

彼らの位は十地に区分されている。表示するならば、前頁の表（序－4）のとおりである。

十地はいずれも煩悩を部分的に断ちきった位である。輪廻から脱して涅槃を証得するのは阿羅漢である。

四　仏教の三乗

前述のように、部派仏教においても大乗仏教においても、阿羅漢は三種類であると考えられている。具体的に言えば、仏、独覚、阿羅漢である声聞である。

部派仏教においても大乗仏教においても、三種類の阿羅漢がそれぞれ得る、別々の菩提（〝覚醒〟）が考えられている。

たとえば、上座部のブッダゴーサ『ヴィスッディマッガ』（『南伝大蔵経』における訳題は『清浄道論』）においては、次のように考えられている。

仏：　現等菩提（abhisambodhi）
独覚：　独覚菩提（paccekabodhi）
声聞：　声聞菩提（sāvakabodhi）

さらに、説一切有部の『阿毘達磨大毘婆沙論』においては、次のように考えられている。

仏：　無上正等菩提《むじょうしょうとうぼだい》（anuttarā samyaksaṃbodhiḥ. 阿耨多羅三藐三菩提《あのくたらさんみゃくさんぼだい》）
独覚：　独覚菩提（pratyekabodhi）
声聞：　声聞菩提（śrāvakabodhi）

のちには、これら別々の菩提にそれぞれ行くための、別々の乗（〝乗りもの〟）も考えられるようになった。いわゆる三乗の概念の始まりである。

たとえば、所属部派不明の『増一阿含経』（巻四十五。T2, 792bc）、説一切有部の『十誦律』（巻三十六。T23, 263a）、説一切有部の『阿毘達磨大毘婆沙論』（玄奘訳巻六十一、巻百三。T27, 315c; T27, 534b）においては、次のように考えられている（『増一阿含経』『阿毘達磨大毘婆沙論』については藤田宏達［1969: 367–368］。『十誦律』については平川彰［1989: 373–374］）。

仏：　仏乗（buddhayāna）
独覚：　独覚乗（pratyekabuddhayāna）
声聞：　声聞乗（śrāvakayāna）

なお、乗（yāna）ということばは、乗という意味のみならず、道という意味、行くことという意味をも有している。それゆえに、古い漢訳においては、「仏乗」「独覚乗」「声聞乗」が順に「仏道」「辟支仏道」「声聞道」と訳されていることもある。たとえば、『阿毘達磨大毘婆沙論』の古い漢訳（浮陀跋摩共道泰等訳、巻五十三。T28, 386a）などがそれである（平川彰［1989: 373］は「仏道」「辟支仏道」「声聞道」の「道」の原語がyānaでないという可能性を考慮しているが、かならずしもそのように考慮しなくてよさそうである）。

このほか、内容は不明であるが、大衆部の分派のひとつ、説出世部の『マハーヴァストゥ』（MV vol. II, 362, 8）においても、三乗ということばのみが出ている（藤田宏達［1969: 368］）。

大乗経においては、次のように考えられている。

仏：　仏乗／菩薩乗（bodhisattvayāna）／大乗（mahāyāna）

独覚：　独覚乗／小乗（hīnayāna）
声聞：　声聞乗／小乗

なお、大乗経においては、当初、インドの俗語が用いられていたが、その俗語においては、jānaということばが乗（梵語におけるyāna）という意味においても智（梵語におけるjñāna）という意味においても用いられており、もともと大智（梵語におけるmahājñāna）という意味において用いられていたmahājānaということばが、のちに、大乗（梵語におけるmahāyāna）という意味において用いられていると誤解されたままmahāyānaと梵語化され、大乗が始まったという説がある（Seishi Karashima［2015］）。

三乗が初めて説かれたのは諸部派においてであるか、大乗経においてであるか。このことは、じつは、はっきりしていない。ただし、諸部派におけるように、三乗のひとつとして仏乗を説くことのほうが、大乗経におけるように、三乗のひとつとして仏乗／菩薩乗／大乗を説くことよりも古いことは疑いない。現時点においては、三乗が初めて説かれたのは諸部派においてであるという可能性が高い。

唯識派においては、大乗経において考えられている三乗が採用されている。

上座部においては、もともと、三乗は考えられておらず、のちに、註釈家ダンマパーラ（十一世紀）のころになって、外部から採り入れられるようになった。『クッダカ・ニカーヤ』所収の『チヤリヤーピタカ』に対するダンマパーラの註釈（CpA 295; 317; 328; 332）においては、三乗ということばのみが出ている（勝本華蓮［2007: 319; 343; 356; 361］）。同註釈は唯識派の『瑜伽師地論』本地分中菩薩地を採り入れているから、三乗ということばも唯識派から採り入れられたと考えられる。

なお、三乗によって行く者については、大乗の者、独覚乗の者、声聞乗の者ということばが用いられる。

先に一言したように、声聞ということばは、もともと、聴聞する者という意味を持つにすぎないが、部派仏教においては、声聞と呼ばれるのは聖者のみである。たとえば、いわゆる僧随念（〝サンガに対するこころがけ〟）の定型句の一部として、上座部の『ディーガ・ニカーヤ』に次のようにある。

> 世尊の声聞サンガはよく行じている。世尊の声聞サンガは正直に行じている。世尊の声聞サンガは如理に行じている。世尊の声聞サンガは適切に行じている。――すなわち、四双八輩は。(1)

ここでは、声聞サンガが四双八輩と規定されている。四双八輩とは、預流果、一来果、不還果、阿羅漢果という四果にある者と、四果をそれぞれ証得する道（聖道。〝聖者の道〟）にある者とであって、いずれも聖者である。この文について、ブッダゴーサ『ヴィスッディマッガ』に次のようにある。

〔彼らは〕世尊の教授教誨を恭敬して聞くので声聞たちである。声聞たちのサンガが「声聞サンガ」である。戒と見とを共有することによって和合の状態に達している、声聞群という意味である。

次に、かの正しい行は正直、不邪曲、不悪曲、不奸曲、聖であるし、如理とも言われるし、さらに、順当であることゆえに、適切とも呼ばれているゆえに、それゆえに、それを行じている聖者サンガは「正直に行じている」「如理に行じている」「適切に行じている」とも言われているのである。さらに、この場合、道にある者たちなるもの、彼らは、正しい道を伴っているゆえに、「よく行じている」のである。果にある者たちなるもの、彼らは、正しい道によって、証得されるべきものを証得しているゆえに、過去の行を含意して、「よく行じている」と知られるべきである。

さらにまた、よく説かれた法と律とにおいて、教誡されたとおりに行じているゆえに、かつ、疑いない行を行じているゆえに、「よく行じている」のである。

中道によって二辺に近づかずに行じているゆえに、かつ、身と語と意との、邪曲と悪曲と奸曲との過失を斥けるために行じているゆえに、「正直に行じている」のである。

「如理」とは、涅槃を言うのである。それ（涅槃）のために行じているゆえに、「如理に行じている」のである。

行じている者たちは、適切に行じている者にふさわしくなるように、そのように行じているゆえに、「適切に行じている」のである。

「すなわち」とは、これなる、である。

「四双」とは、双（〝ペア〟）としては、初道にある者と、〔初〕果にある者とである、これが一双である。以上、そのようにして、四双となる。

「八輩」とは、富楼沙《ふろうしゃ》（〝士〟）／補特伽羅《ふとがら》（〝個体〟）としては、初道にある者が一、初果にある者が一である。以上、このやりかたによって、輩は他ならぬ八となる。

さらに、この場合、富楼沙という、あるいは補特伽羅という、これらのことばは同義である。

さらに、導かれるべき者として、これは言われているのである。(2)

部派仏教においては、比丘などという七衆のうち、いまだ声聞になっていない者は単に比丘などと呼ばれている。大乗仏教においては、比丘などという七衆のうち、いまだ声聞になっていない者は声聞乗の者である比丘などと呼ばれている。声聞乗の者である比丘ということばは大乗経のうちにしばしば現われる。

表序－5

	確実な成立下限
『迦葉品』（『大宝積経』普明菩薩会）	支婁迦讖が同経を漢訳した光和年間（一七八―一八四）
『大樹緊那羅王所問経』	支婁迦讖が同経を漢訳した二世紀後半
『維摩経』	支謙が同経を漢訳した黄武元年（二二二）から建興年間（二五二―二五三）
『法華経』	竺法護が同経を漢訳した太康七年（二八六）
『勝思惟梵天所問経』	竺法護が同経を漢訳した太康七年（二八六）

五　大乗と小乗

大乗・小乗ということばについていえば、まず、大乗ということばを単独的に用いる大乗経が出現し、のちに、大乗・小乗という二つのことばを対比的に用いる大乗経が出現したと考えられる。前者のうち、成立が古いと考えられるのは『八千頌般若波羅蜜多』である（赤沼智善［1939: 299］、静谷正雄［1974: 351］）。後者のうち、成立が古いと考えられるのはおおむね五経である。五経を表示するならば、右の表（序－5）のとおりである。

これら五経の現存最古の漢訳における小乗ということばの訳例を表示するならば、左の表（序－

6）のとおりである。

前述のように、乗（yāna）ということばは、乗という意味のみならず、道という意味、行くこと

表序-6

	梵語／蔵訳	漢訳
『迦葉品』の現存最古の漢訳：支婁迦讖訳『仏説遺日摩尼宝経』	hīnayāna（KP §11）	羅漢道（T12, 189c）
	hīnayāna（KP §25）	小道（T12, 190b）
『大樹緊那羅王所問経』の現存最古の漢訳：支婁迦讖訳『仏説伅真陀羅所問如来三昧経』	theg pa chung ngu; *hīnayāna（D no. 157, Pha 280a4; P no. 824, Pu 287b5）	羅漢辟支仏道（巻上。T15, 356b）
	theg pa chung ngu; *hīnayāna（D no. 157, Pha 288b5; P no. 824, Pu 297a7）	無有胆而怯弱（巻中。T15, 360a）
	theg pa chung ngu; *hīnayāna（D no. 157, Pha 289a5; P no. 824, Pu 297b7）	声聞辟支仏事（同経巻中。T15, 360a）
『維摩経』の現存最古の漢訳：支謙訳『維摩詰経』	hīnayāna（VKN 16, 11）	小道（巻上。T14, 521a）
『法華経』の現存最古の漢訳：竺法護訳『正法華経』	hīnayāna（SPS 46, 14）	下劣乗（巻一。T9, 70b）
	hīnaṃ yānam（SPS 60, 9）	小乗（巻二。T9, 73b）
	hīnayāna（SPS 147, 9）	下劣乗（巻三。T9. 87a）
『勝思惟梵天所問経』の現存最古の漢訳：竺法護訳『持心梵天所問経』	theg pa dman pa; *hīnayāna（D no. 160, Ba 84b2; P no. 827, Phu 88a3）	卑劣乗（巻三。T15, 25b）

表　序－7

	梵文／蔵訳	漢訳
鳩摩羅什訳『思益梵天所問経』	nyan thos kyi theg pa; *śrāvakayāna（D no. 160, Ba 91a1–2; P no. 827, Phu 95a3）	小乗（巻四。T15, 58a）
	rang sangs rgyas kyi theg pa; *pratyekabuddhayāna（D no. 160, Ba 91a2; P no. 827, Phu 95a3）	中乗（巻四。T15, 58a）
	theg pa chen po; *mahāyāna（D no. 160, Ba 91a2; P no. 827, Phu 95a3）	大乗（巻四。T15, 58a）
仏駄跋陀羅訳『大方広仏華厳経』	śrāvakayānavimuktimukha（ŚS 328, 8）	声聞小乗門（巻六。T9, 435b）
	pratyayayānaviśuddhimukha（ŚS 328, 8）	縁覚中乗門（巻六。T9, 435b）
	uttamayānavikurvamukha（ŚS 328, 9）	無上大乗門（巻六。T9, 435b）
勒那摩提訳『究竟一乗宝性論』	bodhisattvayānika（RGV 18, 2. 原文の bodhisattva を高崎直道［1989: 240］の指示によって bodhisattvayānika と訂正。）	大乗（巻二。T31, 825c）
	pratyekabuddhayānika（RGV 18, 5）	中乗（巻二。T31, 825c）
	śrāvakayānika（RGV 18, 8）	小乗（巻二。T31, 825c）

という意味をも有している。それゆえに、これら古い漢訳においても、「小乗」が「小道」と訳されていることがあるのである。「羅漢道」「羅漢辟支仏道」などは意訳であると考えられる。

さて、大乗・小乗という二つの語を対比的に用いる大乗経においては、声聞乗と独覚乗とが小乗と規定されている。ただし、中国の五胡十六国、東晋、南北朝において作られたいくつかの漢訳においては、声聞乗が小乗と規定され、独覚乗が中乗と規定されている。表示するならば、前頁の表（序－7）のとおりである。

これらにおいて、声聞乗が小乗と規定され、独覚乗が中乗と規定されていることの理由は明らかでない。ただし、声聞乗を小乗と規定し、独覚乗を中乗と規定することは、あくまで、中国において始まったのであって、決して、インドにまで遡るのではない。

六　乗という語

ところで、大乗、小乗と言われる場合、乗とは何であるのか。

『二万五千頌般若波羅蜜多』（PVSPP I-2 58, 28-87, 30）においては、「世尊よ、菩薩摩訶薩の大乗とは何でしょうか」という質問に対し、さまざまなものが挙げられている。まとめれば、次のとおりである。

六波羅蜜多／十八空性／諸定／四念住／四正断／四神足／五根／五力／七等覚支／八聖道支／

三解脱定／十智／如実智／三無漏根／三定／十随念／四静慮／四無量／四無色定／八解脱／九次第定／十力／四無所畏／四無礙解／十八不共仏法／陀羅尼門

ここでは、大乗とは何であるのかについて、菩薩が依拠するさまざまなもの、仏が依拠するさまざまなものが挙げられている。

大乗のみならず、三乗について、乗とは何であるのかを規定しているのは唯識派である。マイトレーヤ（弥勒）『辯中辺論頌《べんちゅうへんろんじゅ》』に対するヴァスバンドゥ（世親）の註釈『辯中辺論』に次のようにある。

功徳と過失と無分別の、智による、他《た》からの、自分での、出離《しゅつり》のゆえに、次がわかる。

三乗が適切に〔わかるの〕である。

〔1〕その場合、涅槃と輪廻との〔、順に、〕功徳と過失とについての智による、他者から聞いてのちの出離という意味で声聞乗である。

〔2〕他ならぬそれ（その智）による、他者から聞いてのちではない、自分での出離という

意味で独覚乗である。

〔3〕無分別智による、自分での出離という意味で大乗であると知られるべきである。(3)

ここでは、三乗について、乗（yāna）とは智（jñāna）による出離（niryāṇa）であると規定されている。前述のように、乗（yāna）ということばは、乗という意味のみならず、道という意味、行くことという意味をも有している。ここでは、乗ということばは行くことという意味において用いられているようである。

注意されるべきなのは、乗ということばは、もともと、教えに対しては用いられていなかったという点である。ただし、のちには、教えに対しても用いられるようになった。

比較的古い例として、唯識派のアサンガ（無著。四世紀）による綱要書『摂大乗論《しょうだいじょうろん》』に次のようにある。

次に、異門（〝同義語〟）によって、アーラヤ識は声聞乗においても説かれている。『増一阿含経』の『如来出現四種徳経』において「アーラヤを愛する、アーラヤを楽しむ、アーラヤを喜ぶ、生類《しょうるい》たちに対し、アーラヤを棄てるために法が説かれている場合、聴こうと欲し、耳を傾け、すべて知ろうと心を起こして、法に随う法を行ずる。世尊が世に出現した場合、この奇跡的な稀有な法も世に出現するのである」と説かれているとおりである。この異門によって、アーラヤ識は声聞乗においても説かれているのである。(4)

ここでは、唯識派が用いる説一切有部の経蔵のうち、『増一阿含経』が声聞乗と呼ばれている。すなわち、乗ということばが教えに対して用いられる場合、部派の三蔵は声聞乗と呼ばれるのである。声聞乗は小乗のひとつであるから、部派の三蔵は小乗とも呼ばれるのではないかと考えられるが、筆者はいまだ部派の三蔵が小乗と呼ばれている例を見いだしていない。

ところで、中観派のナーガールジュナ（龍樹）に帰される『大智度論』に次のようにある。

『阿毘達磨大毘婆沙論』において小乗はそのように説いているが、ブッダの三蔵の説ではない。(5)

ここでは、部派の三蔵はブッダに帰され、説一切有部の『阿毘達磨大毘婆沙論』における説が小乗と呼ばれている。このことを根拠として、従来、日本の仏教学界においては、小乗とは説一切有部の『阿毘達磨大毘婆沙論』とそれにもとづく綱要書であると考えられがちであった。たとえば、次のようにある。

宮本正尊《しょうそん》（一八九三―一九八三）

これ等によればその評破の所対となつてゐる小乗なるものは、明らかに部執としては「説一切有部」であり、迦旃延尼子の発智八犍度論を本経としてその広釈広解に力を尽した「阿毘曇鞞婆沙師」の人々である。而してこの論師達の説が「声聞人」或は「小乗」として評破せられてゐる事が分るのである。〔宮本正尊［1944: 297］〕

西義雄《ぎゆう》（一八九七―一九九三）

結局、声聞蔵中、主なる「小乗」として重点的に見らるべきものは、初期大乗仏教興起以前に製作された所謂諸種の阿毘達磨論蔵となる。茲で南方の阿毘曇蔵は多くの学者の研究によって、厳密には小乗論上の対象とならぬ。南方では小乗と大乗の分派は起らなかったし、前述の如く小・大乗分派以前の上座仏教所属であるからである。〔西義雄［1975: 10］〕

三枝充悳《みつよし》（一九二三―二〇一〇）

そのほかの例をも合わせて研究した結果のみを記すと、「小乗」の語の成立は「大乗」の語よりも遅れ、また別の起源であるらしく、大乗経典があいついで生まれてくるプロセスにおいて、その一部に「小乗」の語が考案されて用いられ、しかもこの語は、部派仏教のすべてを指示するのではなくて、最初期の大乗仏教が最も多くを学んで、またそのゆえに最も強く反発した説一切有部《せついっさいうぶ》だけを、もしくはその一派のみを「小乗」と呼んだことが、ほぼ論証されている。

（中村元、三枝充悳［1987: 247］）

同

大乗《だいじょう》仏教徒から部派の一部（ほぼ有部に限定される）が小乗《しょうじょう》と呼ばれることがあっても、部派は大乗仏教そのものを無視しつづけた。（三枝充悳［1990: 31］）

ただし、『大智度論』においては、『阿毘達磨大毘婆沙論』のみならず部派の三蔵も小乗と呼ばれている。たとえば、同論においては、説一切有部の『中阿含経』大品、阿梨咤経（巻五十四。T1, 763b）に該当する経が引用され、それが小乗法と呼ばれている。同論に次のようにある。

小乗法においては、アリッタ（阿梨咤）比丘のために説かれている。(6)

『大智度論』において、『阿毘達磨大毘婆沙論』が小乗と呼ばれていることは確かであるが、小乗を説一切有部の『阿毘達磨大毘婆沙論』とそれにもとづく綱要書とに限定することは、おそらく、適切でない。『大智度論』において、乗ということばが教えに対して用いられている場合、小乗は部派の三蔵でもあるし、三蔵に対する註釈と綱要書とでもあるという可能性が高い。

七　蔑視と批判

さて、本書において筆者が提言したいのは、インドにおいて、大乗仏教は声聞蔑視・声聞乗蔑視ではあったが、声聞批判・声聞乗批判ではなかったという点である。

諸大乗経においては、しばしば、声聞が菩薩によってやりこめられている（『維摩経』はそのうち最もよく知られた例である）。しかし、そこにおいては、決して、声聞と声聞乗とが批判されているのではない。声聞は仏によって認められている聖者であるし、声聞乗は仏によって認められている乗であるから、批判されるはずがないのである。そこにおいては、あくまで、声聞と声聞乗とが蔑視されているのに他ならない。声聞は菩薩より劣っている聖者であるし、声聞乗は菩薩乗より劣っている乗であるから、蔑視されているのである。

なお、注意されるべきなのは、声聞と、いまだ声聞になっていないまま諸大乗経を非仏説として斥ける、一部の声聞乗の者との違いである。インドにおいて、大乗仏教は声聞批判ではなかったが、そのような一部の声聞乗の者批判ではあった。

たとえば、『華手経《けしゅきょう》』――その確実な成立下限は鳩摩羅什が同経を漢訳した弘始八年（四〇六）――に次のようにある。

すると、世尊に具寿シャーラドヴァティープトラが次のように申し上げた。「世尊よ、漏尽《ろじん》（〝煩悩が消尽〟）している阿羅漢は法を棄てるのではなく知るのです。それはなぜかというならば、世尊よ、それらは愚者の業《ごう》（〝ふるまい〟）ですが、それらは阿羅漢の業でないのです。すなわち、法を棄てるのであるからです。」

そのように言われるや、世尊は具寿シャーラドヴァティープトラに次のようにおっしゃった。「シャーラドヴァティープトラよ、それはそのとおりだ。それはそのとおりだ。シャーラドヴァティープトラよ、それらは愚者の業ではあるが、阿羅漢の業ではない。しかるに、シャーラドヴァティープトラよ、のちの世、のちの時においては、無所畏《むしょえ》（〝怖いものなさ〟）に征服されてしまった比丘たちが出るであろう。彼らは静慮《じょうりょ》のみ、制限されたものに住することのみ、阿蘭若《あらんにゃ》（〝静かな郊外〟）に住することのみによって『われは煩悩なき者である』と認知するであろうし、みずからに慢心を起こすであろう。それゆえに、その時、浄信篤い、勝解《しょうげ》多い、敬重多い、婆羅門、居士は『この阿羅漢は達嚫《だっしん》（〝報酬〟）にふさわしい者である。漏尽している』

と認知するであろうし、さらに、彼らに寄与したいと思惟するであろう。彼ら、愚昧な人々も奉仕に征服されてしまい、利得に征服されてしまい、称讃、名誉、好評に征服されてしまい、『われらはそれら諸法に立脚している。われらはそれら諸法を具えている。われらは今世において漏尽している。われらは今世において煩悩なき者である』と、みずからを智者と認知するであろう。彼らは愚者となるのである。分別《ふんべつ》された威儀を有する者となるのである。彼ら、村にいる者たちの威儀も別様《べつよう》になるのである。精舎にいる者たちの威儀も別様になるのである。阿蘭若にいる者たちの威儀も別様になるのである。取り巻きの中にいる者たちの威儀も別様になるのである。身業と語業とのもろもろの現行《げんぎょう》も護られないものとなるのである。輪廻のうちに行ずるものとなるのである。さらに、われには煩悩がないとの想いを起こすものとなるのである。

現在、声聞たちは、説かれた、甚深《じんじん》相応、遠離《おんり》相応、空性《くうしょう》相応の、そのような諸法門なるもの、それらを聴いてのちも、その法に対し畏敬を伴うまま、尊重を伴うまま、恭敬して聴き、耳を傾けるし、心を別様でないふうに近づける。その時、そのようなものを所行（〝対象領域〟）とする、彼ら、愚昧な人々も〔その法に対し〕嘲弄するであろうし、嘲笑するであろうし、罵倒するであろうし、次のように『これは仏説ではない。大師の教ではない』と互いに選りわけるであろう。それはなぜかというならば、『これは、法と法として、律と律として、等しくならず、法ではない』と思惟する彼らは、法に対し『法ではない』と言うようになるのであるし、法ではないものに対し『法である』と言うようになるのであるし、律ではないものに対し『律である』と言うようになるのであるからである。シャーラドヴァティープトラよ、そういうわけで、彼らは、いまだ得られていない法なるもの、他ならぬそれについて不称讃を語るようになるのであるし、彼らは自己を持ち上げ、他者をけなすようになるのである。戒のみ、阿蘭若に住することのみ、静慮のみ、制限されたものに住することのみ、聞のみ、多聞のみ、取り巻きのみ、称讃のみ、名声のみ、利得と低頭とのみ、名誉のみ、好評のみによる、慢（〝おごり〟）の力によって、我慢（〝われありとのおごり〟）によって、損なわれるのである。彼ら、本当に難詰する者が〔その法に対し〕まさしく難詰した場合、〔彼らは、〕それら諸法門を聴くままにまに、そのままにまに、より牢固たる業を造るのであるが、彼ら、愚昧である人々は次のように『それら、本当の不善業はわれらのもとにすべてである』と知らない。彼らは多くは我慢によって支えられ、無知によって支えられたうえ、それら諸法門を棄ててしまい、より牢固たる業を作ってのち、無間〔地獄〕へ逝くようになるのである。悪趣へ逝くようになるのである。(7)」

ここでは、「甚深相応、遠離相応、空性相応の、そのような諸法門」——すなわち、諸大乗経——を非仏説として斥ける、一部の声聞乗の者である比丘が批判されているが、声聞が批判されているのではない。むしろ、そのような一部の声聞乗の者は阿羅漢でないくせにみずからを阿羅漢と思いこんでいると批判されているのである。

ここで批判されているのは、あくまで、いまだ声聞になっていないまま諸大乗経を非仏説として斥ける、一部の声聞乗の者であって、決して、あらゆる声聞乗の者ではない。

むしろ、いくつかの大乗経においては、大乗の者である比丘が声聞乗の者である比丘に不称讃（中傷）を語ることが禁じられている。

たとえば、『法華経』安楽行品――その確実な成立下限は竺法護が同経を漢訳した太康七年（二八六）――に次のようにある。

ほかの、声聞乗の者である比丘たちに、名を挙げて不称讃を語らないし、不称讃を流布させないし、彼らのもとで〝敵だ〟という想いを持つ者にならない。(8)

さらに、『浄業障経《じょうごっしょうきょう》』――その確実な成立下限は失名の訳者が同経を漢訳した姚秦代（三八四―四一七）――に次のようにある。

たとえ大乗へ出立しているにせよ、彼らはこのことを思っている。〝われらは世間においておもな者である。われらは世間において抜きんでた者である。われらは世間において最勝の者である。〟

もし彼らが声聞乗の者たちを見たならば、その者たちに信ならざるものを起こすし、侮辱するし、嘲笑するし、不称讃を語る。かの、悪しき意楽《いぎょう》（〝こころざし〟）と、過失を言い立てることとによって、〔彼らは〕悪趣へ逝くことに陥るはめになる。(9)

大乗経を支持する諸学派において批判されているのも、あくまで、いまだ声聞になっていないいま諸大乗経を非仏説として斥ける、一部の声聞乗の者であって、決して、あらゆる声聞乗の者ではない。そのことは、たとえば、中観派のナーガールジュナ（龍樹）『宝行王正論』第四章において明らかである。

以上、筆者は、インドにおいて、大乗仏教は声聞蔑視・声聞乗蔑視であったが、声聞批判・声聞乗批判ではなかったと提言したいのである。

なお、筆者は、インドにおいては声聞蔑視・声聞乗蔑視しか存在しなかったが、中国においては声聞批判・声聞乗批判が発生したと考えている。そのことについては、結章において一言することにしたい。

八　本書の構成

本書において、筆者は八章にわたって声聞蔑視・声聞乗蔑視について確認していく。本書の構成は次のとおりである。

序　章　声聞蔑視・声聞乗蔑視はいつ生じたか
第一部　大乗仏教と声聞蔑視
第一章　声聞はいつ大慈大悲なき者となったか
第二章　声聞はいつ他者貢献なき者となったか
第三章　声聞はいつ共に住めない者となったか
第四章　声聞はいつ尊敬されない者となったか
第二部　大乗仏教と声聞乗蔑視
第五章　部派の三蔵はいつ声聞蔵と呼ばれたか
第六章　部派の経律はいつ声聞相応となったか
第七章　声聞乗はいつ学ぶべきでなくなったか

第八章　波羅提木叉はいつ要されなくなったか
結　章　声聞批判・声聞乗批判はいつ生じたか

この構成から明らかなように、本書において、筆者は八章のうち前四章において声聞蔑視について確認し、後四章において声聞乗蔑視について確認するという順序を採る。

第一章においては、「声聞は大慈大悲を有しない」という考えかたについて確認する。

第二章においては、「声聞は他者貢献のためには行じない」という考えかたについて確認する。

第三章においては、「菩薩は声聞と共に住まない」という考えかたについて確認する。

第四章においては、「菩薩は声聞を尊敬しない」という考えかたについて確認する。

第五章においては、「部派の三蔵は声聞蔵である」という考えかたについて確認する。

第六章においては、「部派の経律は声聞相応である」という考えかたについて確認する。

第七章においては、「菩薩は声聞乗を学ばない」という考えかたについて確認する。

第八章においては、「菩薩は波羅提木叉を要しない」という考えかたについて確認する。

結章においては、声聞蔑視・声聞乗蔑視の受容についてまとめ、さらに、声聞批判・声聞乗批判の発生と受容とについて確認する。

九　本章のまとめ

以上、本書は大乗仏教における小乗蔑視の展開を明らかにすることを目的としている。小乗蔑視とは、具体的には、声聞蔑視・声聞乗蔑視である。筆者は、大乗経におけるそれらの存在と、大乗経を支持する諸学派／諸宗におけるそれらの受容とを歴史的順序にもとづいて明らかにしたいと願っている。

仏典を引用する場合、筆者は本文においてその文献の現代日本語訳を提示し、註においてその現代語訳がもとづく梵文かパーリ文か蔵文か漢文かを提示する。大乗経を引用する場合、筆者は本文においてその大乗経の現代日本語訳を提示し、註においてその現代語訳がもとづく梵文か蔵文かを提示するとともに、それに対応する現存最古の漢訳を併記する。

第一部　大乗仏教と声聞蔑視

第一章　声聞はいつ大慈大悲なき者となったか

一　本章のねらい

本章においては、大乗仏教の声聞蔑視のひとつとして、「声聞は大慈大悲を有しない」という考えかたについて確認していきたい。

じつは、諸大乗経のうちには、「声聞は大悲を有しない」という考えかたと「声聞は大慈大悲を有しない」という考えかたとが存在している。本章においては、それらふたつの考えかたについて併せて確認していくことにしたい。

二　声聞は大悲を有しない

まず、「声聞は大悲を有しない」という考えかたから始める。

じつは、この考えかたは声聞たちのあいだから生まれたという可能性がある。説一切有部の『阿毘達磨大毘婆沙論』――その確実な成立下限は浮陀跋摩《ふだばつま》が道泰らとともに同論を漢訳した玄始十四年から十六年（四二五―四二七）、あるいは、承和五年から七年（四三七―四三九）――においては、仏について、十力《じゅうりき》、四無所畏《しむしょえ》、三念住《さんねんじゅう》、大悲という、十八不共仏法《じゅうはちふぐうぶっぽう》（〝〈他者と〉共有でない、仏の十八の諸属性〟）が説かれている。そのうち、大悲について、同論に次のようにある。

質問。悲と大悲とにいかなる区別があるのか。

回答。名に区別がある。具体的には、悲という名、大悲という名であるというわけである。

また次に、悲は無瞋という善根を自性《じしょう》とするし、大悲は無痴という善根を自性とする。

また次に、悲は瞋という不善根についての対治《たいじ》であるし、大悲は痴という不善根についての対治である。

また次に、悲は四静慮《しじょうりょ》にあるし、大悲はただ第四静慮にのみある。

また次に、悲は〔慈無量、悲無量、喜無量、捨無量という四〕無量のうちに包摂されているし、大悲は〔四〕無量のうちに包摂されていない。

また次に、悲は異生と聖者とである連続体に随行しているし、大悲はただ聖者である連続体にのみ随行している。

また次に、悲は声聞、独覚、仏という連続体に随行しているし、大悲はただ仏という連続体にのみ随行している。

また次に、悲はただ悲が可能であるにすぎず救うことが不可能であるが、大悲は悲も可能であるし救うことも可能である。あたかも、大河の岸に住んでいる二人が、水に溺れているある人を見、第一の者がただ扼腕して悲嘆するのみでこれを救うことが不可能であるように、そのように、悲はある。あたかも、第二の者が悲心によって身を投げうって入水しこれを救うように、そのように、大悲はある。(1)

ここでは、「声聞は大悲を有しない」という考えかたが提示されている。

『阿毘達磨大毘婆沙論』におけるこのような考えかたがどこまで古いのかはわからない。ただし、尸陀槃尼《しだはんに》によって作られた、『阿毘達磨大毘婆沙論』の短縮版である『鞞婆沙論』——その確実な成立下限は僧伽跋澄《そうがばっちょう》が同論を漢訳した建元十九年（三八三）——においては、このような考えかたが含まれている（巻十一。T28, 496ab）。したがって、説一切有部においては、このような考えかたが遅くとも四世紀までに存在していたことがわかる。

それに対し、大乗経においては、遅くとも三世紀には「声聞は大悲を有しない」という考えかたが提示されるようになっていた。したがって、このような考えかたが大乗経において生まれ、『阿毘達磨大毘婆沙論』に影響を与えたという可能性もまったくないわけではない。

たとえば、『十地経』（『華厳経』十地品）――その確実な成立下限は竺法護が同経を漢訳した元康七年（二九七）――に次のようにある。

その上に、他ならぬこれら十善業道は、慧《え》の行相によって浸透されている場合、狭い心があることによって、かつ、三界を怖れる意があることによって、かつ、大悲が欠けていることによって、かつ、他者からの声に随うことや、ことばに随うことによって、声聞乗を起こすのである。

そのさらに上に、あまねく浄められ、他者に導かれないことによって、かつ、自生者《じしょうしゃ》（〝みずから起こる者〟。仏）たることへ順応することによって、かつ、みずから現等覚《げんとうがく》することによって、かつ、他者から求めないことによって、かつ、大悲と方便とを欠いていることによって、かつ、深遠な縁を随覚することによって、独覚乗を起こすのである。(2)

ここでは、明らかに、「声聞は大悲を有しない」という考えかたが提示されている。

さらに、『海意菩薩所問浄印法門経』（『大集経』海慧《かいえ》菩薩品）――その確実な成立下限は曇無讖が同経を漢訳した東晋の安帝の代（三九六―四〇三、四〇四―四一八）――に次のようにある。

サーガラマティよ、あたかも草と蘆とでできた鎧を着たその人が〔火に〕飛び入るやいなや火に焼かれてしまうように、そのように、サーガラマティよ、声聞乗の者である補特迦羅《ふとがら》（〝個体〟）は、輪廻によって怯えさせられ、有《う》（〝輪廻的生存〟）を苛烈と見るのであるし、有情たちを棄ててのち、大悲から離れる。寂静寂静なる定《じょう》（〝集中状態〟）に触れてのちは、機会がないし、余地がない。〔すなわち、〕第八に〔阿羅漢〕果を得ないまま〔定から〕出ること、そのことは機会がないのである。(3)

ここでも、明らかに、「声聞は大悲を有しない」という考えかたが提示されている。

さらに、『ガンダヴューハ』（『華厳経』入法界品）――その確実な成立下限は仏駄跋陀羅が同経を漢訳した元熙二年（四二〇）――に次のようにある。

そういうわけで、彼ら大声聞たちは、他ならぬそのジェータ林にいながら、それら仏神変を見なかったのである。というのも、彼らにはその資格のための善根がなかったのである。彼らにはそれら仏神変を見るためのかの清浄な智眼《ちげん》がなかったのである。狭小な所縁（〝認識対象〟）において広大な神変加持へ参入するための定《じょう》（〝集中状態〟）がなかったのである。それを想《そう》したり、見たり、参入したり、証得したり、包括したり、観察したり、体験したり、接近したり、他者たちに届かせたり、示したり、呈したり、讃えたり、見せたり、廻らしたり、もたらしたり、そこへ諸有情を引き入れたり、繋いだり、とどめたり、かの仏神変の法性《ほっしょう》（〝きまりごと〟）のうちに諸有情を繋ぎとめたりするための、かの解脱がなかったのであるし、かの神力《じんりき》がなかったのであるし、かの牛王たることがなかったのであるし、かの力がなかったのであるし、かの増上なることがなかったのであるし、かの位がなかったのであるし、想がなかったのであるし、眼の功能がなかったのである。彼らにはかの智がなかったのである。

それはなぜかというならば、具体的には、彼らは声聞乗によって出離していたし、声聞道によって完成していたし、声聞行の総体によって円満されていたし、声聞果に立脚していたし、〔四〕諦の顕現についての智に依拠していたし、実際（〝存在のきわみ〟）に立脚していたし、畢竟して寂滅という究竟に到っていたし、大悲から離れている心を有していたし、あらゆる世間を顧慮していなかったし、みずからのなすべきことに達し終えていたのである。(4)

ここでも、明らかに、「声聞は大悲を有しない」という考えかたが提示されている。
さらに、唯識派において出現したらしい『解深密経《げじんみつきょう》』――その確実な成立下限は菩提流支が同経を漢訳した延昌三年（五一四）――に次のようにある。

パラマールタサムドガタよ、一向趣寂《いっこうしゅじゃく》の者（〝ひたすら寂滅へと趣く者〟）である、声聞種姓《しゅしょう》の者である補特迦羅（〝個体〟）は、たとえあらゆる仏が努力しようとも、菩提《ぼだい》の場に坐らせ無上《むじょう》正等菩提《しょうとうぼだい》を得させることが不可能である。

それはなぜかというならば、具体的には、彼は、①悲がきわめて小さく、かつ、②苦によってきわめておののかされているゆえに、本性として劣った種姓の者に他ならないからである。彼は、悲がきわめて小さいままに、そのままに、有情利（他利）へと向かわないのである。苦にきわめておののかされているままに、そのままに、いかなる諸行の発起へも向かわないのである。有情利へと向かわないし、いかなる諸行の発起へも向かわない者が、無上正等菩提を〔得るとは〕、わたしによって説かれないのである。それゆえに、一向趣寂の者と呼ばれるのである。(5)

ここでは、声聞は本性として劣った種姓の者であって、悲がきわめて小さいと説かれている。『解深密経』においては、「声聞は大悲を有しない」という考えかたが生得的な種姓の考えかたと結びつけられ、一種のレイシズムとなっているのである。

三　声聞は大慈大悲を有しない

次に、「声聞は大慈大悲を有しない」という考えかたに移る。

『集一切福徳三昧経』――その確実な成立下限は竺法護が同経を漢訳した西晋の武帝の代（二六五―二九〇）――に次のようにある。

また次に、ナーラーヤナよ、慈悲ではあるが大慈大悲でないものもある。大慈大悲なるもの、それは声聞独覚のすべてにない。声聞独覚にあるもの、それは慈悲である。「あらゆる有情は安楽なれ」（〝生きとし生けるものが幸せでありますように〟）という、これは慈悲であるが、大慈大悲ではない。

では、大慈大悲とは何かというならば、あらゆる有情に対する平等心なるもの、それが大慈である。あらゆる有情をあらゆる苦から解放することとなるもの、それが大悲である。

みずからの安楽を棄ててのち、五趣へ受生している有情たちのうちに、故意に有《う》（〝輪廻的生存〟）へ趣くことを採ることとなるもの、それが大慈と呼ばれるのである。「わたしによって、これら有情たちは輪廻の悪道から引き抜かれ、善道に置かれるべきである」と思うこととなるもの、それが大悲と呼ばれるのである。

ナーラーヤナよ、そういうわけで、この異門（〝やりかた〟）からも、汝によって、声聞独覚に慈悲ではあるが大慈大悲でないものもあるのが、このように知られるべきである。ナーラーヤナよ、それゆえに、菩薩摩訶薩たちによって大慈大悲が伴われるべきである。(6)

ここでは、声聞独覚は、たとえ口で「あらゆる有情は安楽なれ」（〝生きとし生けるものが幸せでありますように〟）と唱えている点において慈悲を有するにせよ、身をもってあらゆる有情を苦から解放させようとしない点において大慈大悲を有しないと説かれている。

さらに、『阿闍貰王女阿術達菩薩経』（『大宝積経』無畏徳菩薩会）――その確実な成立下限は竺法護が同経を漢訳した西晋の武帝の代（二六五―二九〇）――に次のようにある。

娘は言った。「父《とう》さま、いったい、獣の王獅子が野干《やかん》（〝ジャッカル〟）のために起ち上がったり、迎えに行ったりするのを、聞いたことがあるかしら、見たことがあるかしら。」

王は言った。「娘よ、それはないな。」

娘は言った。「父さま、それと同様に、無上正等菩提へ発心してのち、大慈大悲の獅子吼をしている誰が、小なるものに勝解《しょうげ》（〝納得〟）しており、野干のようになっており、大慈大悲から離れている声聞たちに対し、歓喜しつつ、起ち上がったり、迎えに行ったり、敬礼したり、恭敬したりするかしら。(7)」

ここでは、声聞は大慈大悲から離れていると説かれている。

さらに、『地蔵十輪経』――その確実な成立下限は失名の訳者が同経を漢訳した北涼の代（三九七―四三九）――に次のようにある。

また次に、良家の息子よ、菩薩摩訶薩には、さらに、大慈という大甲冑輪がある。その輪によって伴われている菩薩摩訶薩は、初めての心を発《おこ》した時からあらゆる五欲を斥けるし、あらゆる声聞独覚を超えるし、あらゆる声聞独覚にとって大福田《だいふくでん》となるし、あらゆる声聞独覚乗の者によって供養され、親近され、守護されるであろう。

大慈という大甲冑輪とは何かというならば、良家の息子よ、菩薩の慈は二種類である。①法を所縁とする慈と、②有情を所縁とする慈とである。

①法を所縁とする慈が、大慈と呼ばれるし、大甲冑輪と呼ばれる。

②有情を所縁とする慈は、大慈と呼ばれないし、大甲冑輪ではない。

それはなぜかというならば、②有情を所縁とする慈は声聞独覚乗の者たちと共有である。声聞独覚は、自己への貢献と安楽とのために〔②有情を所縁とする慈を精勤修習〕するが、〔ほかの〕有情のためには②有情を所縁とする慈を精勤修習しない。声聞独覚は、自己の寂滅のために、自己の涅槃のために、自己の煩悩の滅のために、自己の結《けつ》（〝束縛〟）の滅のために〔②有情を所縁とする慈を精勤修習〕するが、〔ほかの〕有情のためには②有情を所縁とする慈を精勤修習しない。それゆえに、この慈は大慈と呼ばれないし、大甲冑ではないのである。

①法を所縁とする慈は、声聞独覚乗の者たちと共有でなく、ただ諸菩薩摩訶薩によってのみ修行される。菩薩摩訶薩は、あらゆる有情への貢献と安楽とのために、この①法を所縁とする慈を精勤修習する。菩薩摩訶薩は、あらゆる有情の寂滅、涅槃獲得、煩悩結の滅のために、この①法を所縁とする慈を精勤修習する。それゆえに、この慈は大慈と呼ばれるし、大甲冑輪であるのである。

さらに、①法を所縁とする慈を修習している菩薩は、〔五〕蘊に依拠しないし、〔十二〕処に依拠しないし、〔十八〕界に依拠しないし、〔四〕念住に依拠しないし、しまいには、菩提道分に依拠しない。欲界に依拠しないし、色界に依拠しないし、無色界に依拠しないし、今世に依拠しないし、来世に依拠しないし、此岸に依拠しないし、彼岸に依拠しないし、有所得に依拠しないし、無所得に依拠しない。そのように①法を所縁とする慈を修習している菩薩は、声聞独覚乗の地を超えている。それが、菩薩の、法を所縁とする大慈という大甲冑輪と呼ばれるのである。

良家の息子よ、この大慈という大甲冑輪によって伴われている菩薩摩訶薩は、初めての心を発した時からあらゆる五欲を斥けるし、菩薩摩訶薩と呼ばれるし、あらゆる声聞独覚を超えるし、あらゆる声聞独覚にとって大福田となるし、あらゆる声聞独覚乗の者によって供養され、親近され、守護されるであろう(8)。

また次に、良家の息子よ、菩薩摩訶薩には、さらに、大悲という大甲冑輪がある。その輪によって伴われている菩薩摩訶薩は、初めての心を発した時からあらゆる五欲を斥けるし、あらゆる声聞独覚を超えるし、あらゆる声聞独覚にとって大福田《だいふくでん》となるし、あらゆる声聞独覚乗の者によって供養され、親近され、守護されるであろう。

それはなぜかというならば、あらゆる声聞独覚乗の者は、自己への貢献と安楽とのために悲を修行するが、あらゆる有情への貢献と安楽とのために大悲を修行することを望まない。菩薩摩訶薩は、自己への貢献と安楽とのために悲を修行するのではなく、あらゆる有情への貢献と安楽とのために大悲を修行することを望むのである。それゆえに、大悲という大甲冑輪によって伴われている菩薩は、あらゆる声聞独覚を超えるし、あらゆる声聞独覚にとって大福田となるし、あらゆる声聞独覚乗の者によって供養され、親近され、守護されるであろう。

菩薩摩訶薩は、諸有情を饒益《にょうやく》するために、〔①施、②利行、③愛語、④同事という〕四摂《ししょう》事《じ》によって彼らを成熟させる。具体的に言えば、大悲によって、諸有情への貢献と安楽とのために、①施という摂《しょう》を行ずる。宝、財、禽獣、奴隷、召使い、国、城、妻、子、しまいには身、命を、惜しむことなく喜捨する。無所得を行《ぎょう》ずることを加行《けぎょう》（〝取り組み〟）とするゆえに、〝あらゆる所化《しょけ》（〝教化されるべき者〟）である有情がいる〟とは見ないし、〝施者《せしゃ》がいる〟とは見ないし、〝受者がいる〟とは見ないし、〝施物《せもつ》がある〟とは見ないし、〝施行《せぎょう》がある〟とは見ないし、〝施行によって得られるべきむくいがある〟とは見ないし、しまいには〝無所得の行がある〟とは見ない。それと同様に、大悲によって、諸有情への貢献と安楽とのために、②愛語という摂《しょう》を行ずるし、③利行という摂《しょう》を行ずるし、④同事という摂《しょう》を行ずる。適切に、上述のように、しまいには〝無所得の行がある〟とは見ない。

菩薩摩訶薩は、つねに、最勝の調伏心と、寂静心と、無量無数心と、あらゆる〔五〕蘊、〔十二〕処、〔十八〕界に依拠しない心とから生じた、無動、無住なる、大悲という大甲冑輪によって、あらゆる所化である有情を、倦むことなく成熟させる。それゆえに、あらゆる声聞独覚と共有でない、菩薩の、大悲という大甲冑輪と呼ばれるのである。
良家の息子よ、この大悲という大甲冑輪によって伴われている菩薩摩訶薩は、初めての心を発した時からあらゆる五欲を斥けるし、菩薩摩訶薩と呼ばれるし、あらゆる声聞独覚を超えるし、あらゆる声聞独覚にとって大福田となるし、あらゆる声聞独覚乗の者によって供養され、親近され、守護されるであろう。(9)

ここでは、声聞独覚は、慈と悲とを修習するにせよ、大慈と大悲とを修習しないと説かれている。

四　本章のまとめ

本章において確認してきたことを表示するならば、次頁の表（1－1および1－2）のとおりである。

諸大乗経のうちには、「声聞は大悲を有しない」という考えかたと、「声聞は大慈大悲を有しない」という考えかたとが存在している。両者の考えかたはほぼ同じころから現われていた。

ちなみに、後者の考えかたが提示されている現存最古の大乗経である『集一切福徳三昧経』においては、前者の考えかたが提示されている現存最古の大乗経である『十地経』の十地が言及されて

表1−1

「声聞は大悲を有しない」という考えかたが提示されている大乗経	確実な成立下限
『十地経』（『華厳経』十地品）	竺法護が同経を漢訳した元康七年（二九七）
『海意菩薩所問浄印法門経』（『大集経』海慧菩薩品）	曇無讖が同経を漢訳した東晋の安帝の代（三九六—四〇三、四〇四—四一八）
『ガンダヴューハ』（『華厳経』入法界品）	仏駄跋陀羅が同経を漢訳した元熙二年（四二〇）
『解深密経』	菩提流支が同経を漢訳した延昌三年（五一四）

表1−2

「声聞は大慈大悲を有しない」という考えかたが提示されている大乗経	確実な成立下限
『集一切福徳三昧経』	竺法護が同経を漢訳した西晋の武帝の代（二六五—二九〇）
『阿闍貰王女阿術達菩薩経』（『大宝積経』無畏徳菩薩会）	竺法護が同経を漢訳した西晋の武帝の代（二六五—二九〇）
『地蔵十輪経』	失名の訳者が同経を漢訳した北涼の代（三九七—四三九）

いる。『集一切福徳三昧経』に次のようにある。

無生法忍を得ている菩薩十名の力なるもの、それは十地に立脚している最後有《さいごう》（〝最後の輪廻的生存〟）の者である菩薩一名の力である。マウドガリヤーヤナよ、その力によって伴われている菩薩摩訶薩は生まれた無間《むけん》（〝直後〟）に地上を七歩あゆむであろう。(10)

ただし、十地は『集一切福徳三昧経』の鳩摩羅什訳と蔵訳とにおいて言及されているにすぎず、現存最古の漢訳である竺法護において言及されていない。おそらく、十地はもともと『集一切福徳三昧経』において言及されておらず、のちになって『十地経』にもとづいて付加されたのである。したがって、『十地経』のほうが『集一切福徳三昧経』よりも古いとは決して言えない。

インドにおいて、大乗経を支持する諸学派によって受け容れられたのは、これら、両者の考えかたである。前者の考えかたと、後者の考えかたとは相反するものでない以上、前者の考えかたを受け容れることと、後者の考えかたを受け容れることとは相反するものでない。

ただし、どちらかと言えば、「声聞は大悲を有しない」という考えかたのほうが広く受け容れられたようである。そのことは、伝統的に、仏の諸属性のひとつとして大悲が挙げられてきたことと関係する。説一切有部においては、前述のように、十力、四無所畏、三念住、大悲という、十八不共仏法のうちに大悲が挙げられているし、唯識派においては、三十二相、八十随好、四一切種清浄、十力、四無所畏、三念住、三不護、大悲、無忘失法、永害習気、一切種妙智という、百四十不共仏法のうちに大悲が挙げられている。それゆえに、「仏は大悲を有する」という考えかたと相対するかたちで、「声聞は大悲を有しない」という考えかたが広く受け容れられたのである。たとえば、唯識派の『瑜伽師地論』摂決択分《しょうけっちゃくぶん》に次のようにある。

〔質問。〕どのように声聞を安立するのか。

回答。三つの因によってであって、変化《へんげ》（〝仮現〟）と、願と、法性《ほっしょう》（〝きまりごと〟）とによってである。

その場合、変化とは、調伏の力によって、如来がそこかしこに変化《へんげ》声聞（〝仮現である声聞〟）を変化《へんげ》することとなるものである。

その場合、願とは、声聞乗の者として願を立てた補特伽羅《ふとがら》（〝個体〟）を、声聞として安立することとなるものである。

その場合、法性とは、①本性として悲が小さく、かつ、②苦によっておののかされている補特伽羅なるもの、彼は、それら二つの因のせいで、他利（〝他者の利〟）をも望まないし、他利のための輪廻をも望まない。その場合、その法性によって、声聞として施設《せせつ》するのである。彼は現等覚することを法（〝属性〟）としているにせよ、もろもろの安立諦（〝設立された〔四〕諦〟）に対し、おののきという行相によって多くは前進する。それによって、それを現証するのである。声聞と同じように、そのように、独覚たちもある。彼（独覚）はたとえ諸仏がお出ましにならなくても現等覚するので、区別されているのである。(11)

重要なのは、インドにおいて、「声聞は大慈大悲を有しない」という考えかたは、決して、「声聞は間違っている」と批判しているわけではなく、あくまで、「声聞は劣っている」と蔑視しているだけであるという点である。そこにおいては、声聞は劣ってはいるが、間違ってはいない。「声聞は大慈大悲を有しない」という考えかたは、声聞蔑視ではあるが、声聞批判ではない。

第二章　声聞はいつ他者貢献なき者となったか

一　本章のねらい

本章においては、大乗仏教の声聞蔑視のひとつとして、「声聞は他者貢献のためには行じない」という考えかたについて確認していきたい。

じつは、部派の三蔵のうちには「声聞は他者貢献のために行ずる」という考えかたが、諸大乗経のうちには「声聞は他者貢献のためには行じない」という考えかたがそれぞれ存在している。本章においては、それらふたつの考えかたについて併せて確認していくことにしたい。

二　声聞は他者貢献のために行ずる

まず、「声聞は他者貢献のために行ずる」という考えかたから始める。

たとえば、上座部の『アングッタラ・ニカーヤ』――その確実な成立下限はブッダゴーサが註釈を著した五世紀――に次のようにある。

比丘たちよ、五法によって伴われている比丘は自己貢献のためにも他者貢献のためにも行じている状態となる。いかなる五によってかというならば――

〔1〕比丘たちよ、今世において、比丘は、自分自身、戒の円満した状態となるし、他者を、戒の円満のために承服させる。

〔2〕自分自身、定《じょう》の円満した状態となるし、他者を、定の円満のために承服させる。

〔3〕自分自身、慧《え》の円満した状態となるし、他者を、慧の円満のために承服させる。

〔4〕自分自身、解脱《げだつ》の円満した状態となるし、他者を、解脱の円満のために承服させる。

〔5〕自分自身、解脱知見《げだつちけん》の円満した状態となるし、他者を、解脱知見の円満のために承服させる。

比丘たちよ、じつに、これら五法によって伴われている比丘は自己貢献のためにも他者貢献のためにも行じている状態となるのである。(1)

ここでは、比丘が他者を戒、定、慧、解脱、解脱知見の円満のために承服させることが他者貢献と呼ばれている。この場合、比丘とは、声聞を含む、声聞乗の者である比丘であるから、声聞は他者貢献のために行ずるのである。

三　声聞は他者貢献のためには行じない

次に、「声聞は他者貢献のためには行じない」という考えかたに移る。

まず、『迦葉品』（『大宝積経』普明菩薩会）――その確実な成立下限は支婁迦讖が同経を漢訳した光和年間（一七八―一八四）――に次のようにある。

カーシャパよ、これらが菩薩の四つの悪友、悪伴侶であり、彼らは菩薩によって避けられるべきである。四つとは何かというならば――

〔1〕　自己貢献のために行じている声聞乗の者である比丘、

〔2〕わずかな利、わずかな仕事しかない独覚乗の者、
〔3〕さまざまな物言いをひらめかすローカーヤタ（〝順世外道〟）の者、
〔4〕近づくと、彼から世間的な財を集めることが起こるが、法を集めることは起こらないような、ある補特迦羅《ふとがら》（〝個体〟）である。
カーシャパよ、これらが菩薩の四つの悪友、悪伴侶であり、彼らは菩薩によって避けられるべきである。(2)

ここでは、声聞乗の者は自己貢献のために行じていると説かれている。
さらに、『顕揚大乗澄浄経』――その確実な成立下限はヴァスバンドゥ（世親）が『釈軌論』において同経を引用した四世紀――に次のようにある。

仏の聖教に対し浄信篤い声聞独覚なるもの、彼は、自己貢献をたっとんだせいで狭小かつ不円満であるゆえに、菩薩の信の特徴から離れているのである。(3)

ここでは、声聞独覚は自己貢献をたっとんだと説かれている。
さらに、『称讃大乗功徳経』――その確実な成立下限は玄奘が同経を漢訳した永徽五年（六五四）

——に次のようにある。

少女よ、例外として、大乗に初めての心を発《おこ》したばかりの、取り組み始めたばかりの菩薩にとっては、声聞乗の者たちが悪友である。それはなぜかというならば、〔声聞乗の者たちは〕自己貢献のために行じている者であるからである。(4)

ここでは、声聞乗の者は自己貢献のために行じていると説かれている。

さらに、『方広如来智経』——その確実な成立下限は智厳《ちごん》が同経を含む諸経からのアンソロジー『大乗修行菩薩行門諸経要集』を訳出した開元九年（七二一）——に次のようにある。

声聞は自己貢献のために行じている者であるが、菩薩は自己貢献と他者貢献とのために行じている者である。(5)

ここでは、声聞は自己貢献のために行じていると説かれている。

四　本章のまとめ

本章において確認してきたことを表示するならば、次頁の表（2－1および2－2）のとおりである。

部派の経蔵のうちには、「声聞は他者貢献のために行ずる」という考えかたが、諸大乗経のうちには、「声聞は他者貢献のためには行じない」という考えかたがそれぞれ存在している。後者の考えかたはまったく大乗経独自の考えかたである。

インドにおいて、大乗経を支持する諸学派によって受け容れられたのは「声聞は他者貢献のためには行じない」という考えかたのほうである。

たとえば、中観派のナーガールジュナ（龍樹）『菩提資糧論』（巻六。T32, 539ab）『十住毘婆沙論』（巻九。T26, 67a）においては、上掲の『迦葉品』の文がパラフレーズされている。

さらに、唯識派の『瑜伽師地論』摂釈分《しょうしゃくぶん》に次のようにある。

その場合、自利行《ぎょう》（〝自己の利についての行〟）とは、具体的には、自己貢献に向かう正行なるものである。具体的には、諸声聞と諸独覚とにある。具体的には、彼らは、ある時には他利

（〝他者の利〟）に向かう正行をもなすにせよ、他利のみに活動するわけではないので、それゆえに、自利行のみと言われるのである。

他利行《ぎょう》（〝他者の利についての行〟）とは、多くの生類の安楽などのために、他者貢献に向かう

表2－1

「声聞は他者貢献のために行ずる」という考えかたが提示されている部派の経蔵	確実な成立下限
『アングッタラ・ニカーヤ』	ブッダゴーサが註釈を著した五世紀

表2－2

「声聞は他者貢献のためには行じない」という考えかたが提示されている大乗経	確実な成立下限
『迦葉品』（『大宝積経』普明菩薩会）	支婁迦讖が同経を漢訳した光和年間（一七八―一八四）
『顕揚大乗澄浄経』	ヴァスバンドゥ（世親）が『釈軌論』において同経を引用した四世紀
『称讃大乗功徳経』	玄奘が同経を漢訳した永徽五年（六五四）
『方広如来智経』	智厳が同経を含む諸経からのアンソロジー『大乗修行菩薩行門諸経要集』を訳出した開元九年（七二一）

正行なるものである。具体的には、諸菩薩と諸如来とにある(6)。

ここでは、声聞には自己貢献に向かう正行があると説かれている。

ここでも重要なのは、インドにおいて、「声聞は他者貢献のためには行じない」という考えかたは、決して、「声聞は間違っている」と批判しているわけではなく、あくまで、「声聞は劣っている」と蔑視しているだけであるという点である。そこにおいては、声聞は劣ってはいるが、間違ってはいない。「声聞は他者貢献のためには行じない」という考えかたは、声聞蔑視ではあるが、声聞批判ではない。

第三章　声聞はいつ共に住めない者となったか

一　本章のねらい

本章においては、大乗仏教の声聞蔑視のひとつとして、「菩薩は声聞と共に住まない」という考えかたについて確認していきたい。

じつは、諸大乗経のうちには、「菩薩は声聞と共に住む」という考えかたと「菩薩は声聞と共に住まない」という考えかたとが存在している。本章においては、それらふたつの考えかたについて併せて確認していくことにしたい。

二　菩薩は声聞と共に住む

まず、「菩薩は声聞と共に住む」という考えかたから始める。

たとえば、『方便善巧経』（『大宝積経』大乗方便会）――その確実な成立下限は竺法護が同経を漢訳した太康六年（二八五）――に次のようにある。

良家の息子よ、また次に、方便善巧（〝手だてに巧み〟）な菩薩は声聞独覚と共に住みつつも彼らに対し羨望しない。もし声聞独覚に対し恭敬した者を見たならば、彼は二つの因によってみずからを洞察する。二つの因とは何かというならば、①菩薩〔という因〕からは諸仏世尊が起こるし、②仏〔という因〕からは声聞独覚が起こる。

〝彼ら（声聞独覚）に対し恭敬した場合、わたし（菩薩）に対しまさしく先に恭敬したのである。彼らに対してではない。彼らはわたしの父（仏）の財を受用するのである。彼らに対しわたしは羨望すべきではない。嫉妬すべきでない〟と思うのである。(1)

意味はわかりやすい。

次に、『法華経』安楽行品——その確実な成立下限は竺法護が同経を漢訳した太康七年（二八六）——に次のようにある。

声聞乗の者である比丘や比丘尼や優婆塞や優婆夷に近づかず、敬わず、仕えない。彼らと知り合いにならない。経行処（〝緩歩の場〟）においても精舎《しょうじゃ》においても、彼らと集う場を持つようにならない。例外として、彼らが歩み寄ってきた際には、時々、法を説いてやるが、しかし、彼らに依存しないまま説いてやる。(2)

ここでは、大乗の者である比丘は、経行処においても精舎においても、声聞乗の者である比丘や比丘尼や優婆塞や優婆夷と積極的に関わらないと説かれている。このことは、大乗の者である比丘が精舎において声聞乗の者である比丘や比丘尼と共に住むことを示唆している。大乗の者である比丘は、彼らと共に住みつつも、彼らに近づかず、敬わず、仕えないし、彼らと知り合いにならないのである。従来、安楽行品は「菩薩は声聞と共に住まない」という考えかたとして理解されがちであったが（たとえば、平川彰［1989: 376］）、むしろ、「菩薩は声聞と共に住む」という考えかたとして理解されるべきである。

さらに、『華手経《けしゅきょう》』——その確実な成立下限は鳩摩羅什が同経を漢訳した弘始八年（四〇六）——

に次のようにある。

シャーラドヴァティープトラよ、これら四法は無上正等菩提《むじょうしょうとうぼだい》を現等覚《げんとうがく》することを欲する菩薩摩訶薩によって放棄されるべきである。四とは何かというならば――

〔1〕シャーラドヴァティープトラよ、菩薩摩訶薩によって悪伴侶（〝悪い連れ〟）が放棄されるべきである。

〔2〕シャーラドヴァティープトラよ、菩薩摩訶薩によって女性との交際が放棄されるべきである。

〔3〕〔シャーラドヴァティープトラよ、〕菩薩摩訶薩によってニルグランタ（〝離繋外道〟）の言説とローカーヤタ（〝順世外道〟）の典籍とが放棄されるべきである。

〔4〕シャーラドヴァティープトラよ、菩薩摩訶薩によって邪見への陥入が放棄されるべきである。

シャーラドヴァティープトラよ、それら四法が無上正等菩提を現等覚することを欲する菩薩摩訶薩によって放棄されるべきである。

シャーラドヴァティープトラよ、それら四法のように、そのように、ほかの、さえぎりをなす法がある。〔と〕わたしは観察しているのである。シャーラドヴァティープトラよ、そういうわけで、大乗へ正しく出立している者によって、それら四法が放棄されるべきであるし、さらに、放棄してのち、無上正等菩提を現等覚することを欲する者によって、四法が親近されるべきであるし、修習されるべきであるし、多くされるべきである。四とは何かというならば――

〔1〕シャーラドヴァティープトラよ、仏か、菩薩か、菩薩蔵の法門を教授教誡してくれる善友である声聞かが親近されるべきであるし、親昵《しんじつ》されるべきであるし、多くされるべきである。

〔2〕シャーラドヴァティープトラよ、また次に、菩薩によって、女性との交際を回避するために、出離と出家と阿蘭若住（〝静かな郊外に住すること〟）とが親近されるべきであるし、摂受されるべきであるし、承事されるべきである。

〔3〕シャーラドヴァティープトラよ、また次に、菩薩によって、ニルグランタの言説とローカーヤタ〔の典籍〕とを回避するために、それら諸法を把握すること、体得すること、忘失しないことに取り組みがなされるべきである。

〔4〕シャーラドヴァティープトラよ、また次に、菩薩によって、邪見を回避するために、大空性《だいくうしょう》の正見が親近されるべきであるし、摂受されるべきである。(3)

ここでは、菩薩は菩薩蔵の法門を教授教誡してくれる善友である声聞に親近すべきであると説かれている。第五章において確認するように、菩薩蔵の法門とは、大乗経である。このことは、たとえみずからは菩薩でないにせよ、菩薩蔵を教授教誡してくれる声聞がいたことを意味している。すなわち、部派のうちに、部派の三蔵をたもつ声聞のみならず、菩薩蔵をたもつ声聞がいたことを示唆している。菩薩はそのような声聞に親近することを勧められていたのである。

三　菩薩は声聞と共に住まない

次に、「菩薩は声聞と共に住まない」という考えかたに移る。

『迦葉品』（『大宝積経』普明菩薩会）――その確実な成立下限は支婁迦讖が同経を漢訳した光和年間（一七八―一八四）――に次のようにある（第二章において既出）。

カーシャパよ、これらが菩薩の四つの悪友、悪伴侶であり、彼らは菩薩によって避けられるべきである。四つとは何かというならば――

〔1〕自己貢献のために行じている声聞乗の者である比丘、

〔2〕わずかな利、わずかな仕事しかない独覚乗の者、

〔3〕さまざまな物言いをひらめかすローカーヤタ（〝順世外道〟）の者、

〔4〕近づくと、彼から世間的な財を集めることが起こるが、法を集めることは起こらないような、ある補特迦羅《ふとがら》（〝個体〟）である。

カーシャパよ、これらが菩薩の四つの悪友、悪伴侶であり、彼らは菩薩によって避けられるべきである。（出典は第二章において既出）

ここでは、声聞乗の者は菩薩によって避けられるべきであると説かれている。

さらに、『二万五千頌般若波羅蜜多』――その確実な成立下限は無羅叉が同経を漢訳した元康元年（二九一）――に次のようにある。

また次に、アーナンダよ、菩薩摩訶薩たちは声聞乗の者である補特迦羅（〝個体〟）たちと共にとどまるべきではない。もし〔共に〕とどまる場合、彼ら（菩薩摩訶薩たち）は誰のもとでも悪《あ》しざまにふるまうべきではない。それはなぜかというならば、具体的には、〔菩薩摩訶薩たちには次のような思いがあるからである。〕〝わたしが彼らのもとで悪しざまにふるまったり、いらいらしたりすること、そのことはわたしにふさわしくないであろう。それはなぜかというならば、具体的には、無上正等菩提を現等覚してのち、わたしによって、彼らはあらゆる苦から解放されるべきだからである(4)。〟

ここでは、菩薩は声聞乗の者と共にとどまるべきではないと説かれている。

さらに、『悲華経』――その確実な成立下限は失名の訳者が同経を漢訳した後秦の時代（三八四―四一七）――に次のようにある。

婆羅門よ、これらが諸菩薩の四懈怠事《けたいじ》である。懈怠事なるものによって伴われている、ある諸菩薩は、長期にわたる輪廻を得る者であるし、見《けん》の断崖において、輪廻の牢獄において諸苦を体験するし、すみやかには無上正等菩提を現等覚しない。四とは何かというならば――今世において、ある菩薩は卑小な軌則を有する者、卑小な伴侶（〝連れ〟）を有する者、卑小な喜捨を有する者、卑小な願を有する者となるのである。

〔1〕さらに、どのように菩薩は卑小な軌則を有する者となるのかというならば、今世において、ある者は悪戒の者となるし、身語意律儀がないまま行動する者となる。

〔2〕声聞独覚乗の者たちと共に交じって行動する者となる。

〔3〕さらに、あらゆるものを喜捨する者とならないし、あらゆるところで喜捨する者とならないのであって、天と人との吉祥な楽を請い求める者でありつつ施《せ》を与える。

〔4〕増上意楽《ぞうじょういぎょう》（〝すぐれた志〟）によっては仏国土の功徳の配置に着手しないし、導かれるべき者を顧慮しないで願に着手する。

これら四法によって伴われている懈怠な菩薩は、長期にわたって輪廻の牢獄において諸苦を体験するし、すみやかには無上正等菩提を現等覚しない。

四法によって伴われている菩薩はすみやかに無上正等菩提を現等覚する。四とは何かというならば――

〔1〕持戒の者、身語意律儀がある者となる。

〔2〕大乗へ出立した者たちと共に交じって行動する者となる。

〔3〕あらゆるものを喜捨する者、あらゆるところで喜捨する者であって、諸有情を苦から解放してやるために悲心《ひしん》（〝同情の心〟）を発することを与える。

〔4〕増上意楽によって仏国土の功徳の配置に〔着手するし〕、導かれるべき者を顧慮して願に着手する。

これら四法によって伴われている菩薩はすみやかに無上正等菩提を現等覚する。(5)

ここでは、声聞独覚乗の者と共に交じって行動する菩薩はすみやかには無上正等菩提を現等覚しないと説かれている。

さらに、『入定不定印経』――その確実な成立下限は般若流支が同経を漢訳した興和四年（五四二）――においては、①家畜の車で行くような菩薩、②象の車で行くような菩薩、③月と太陽とが行くような菩薩、④声聞の神力で行くような菩薩、⑤如来の神力で行くような菩薩という、五種類の菩薩が説かれている。そのうち、①②は無上正等菩提へ決定されていない者、③④⑤は無上正等菩提へ決定されている者と規定されている。

まず、①②について、同経に順に次のようにある。

マンジュシュリーよ、そのように、無上正等菩提へ心を発《おこ》してのち、大乗をたもたず、朗読せず、声聞乗の者たちと共に住み、声聞乗の者たちに近づき、敬い、仕え、彼らと共に知り合いになり、軌則を有して受用し、園か精舎か経行処（〝緩歩の場〟）かを共に置き、声聞乗を朗読し、暗唱し、思惟し、洞察し、他者たちに朗読させ、ないし洞察させる、誰か良家の息子あるいは良家の娘なるもの、彼（あるいは彼女）は、かの、すでに起こされている、声聞乗をたもつことという善根《ぜんこん》が造作することによって、鈍い慧《え》の者となるし、無上智への道から引き戻されるし、退かされる。かの菩薩のもとで、菩提心（〝無上正等菩提を求める心〟）の修習から起こった慧根《えこん》・慧眼《えげん》なるもの、それも、彼のもとで、かの、すでに起こされている、声聞乗をたもつことという善根《ぜんこん》が造作することによって、鈍くされるし、失わされる。(6)

マンジュシュリーよ、そのように、無上正等菩提へ心を発してのち、声聞乗の者たちと共に住み、声聞乗の者たちに近づき、敬い、仕え、彼らと共に知り合いになり、軌則を有して受用し、園か精舎か経行処かを共に置き、声聞乗を朗読し、暗唱し、思惟し、洞察し、他者たちに朗読させ、暗唱させ、浄化させる、誰か良家の息子あるいは良家の娘なるもの、彼（あるいは彼女）は、かの、すでに起こされている、声聞乗をたもつことという善根が造作することによって、鈍い慧の者となるし、無上智への道から引き戻されるし、退かされる。かの菩薩のもとで、菩提心の修習から起こった慧根・慧眼なるもの、それも、彼のもとで、かの、すでに起こされている、声聞乗をたもつことという善根が造作することによって、鈍くされるし、失わされる。(7)

ここでは、声聞乗の者と共に住む者は無上正等菩提に対し退かされると説かれている。
次に、③④⑤について、同経に順に次のようにある。

マンジュシュリーよ、そのように、無上正等菩提へ心を発してのち、声聞乗の者たちと共に住まず、声聞乗の者たちに近づかず、敬わず、仕えず、彼ら声聞乗の者たちと共に知り合いにならず、軌則を有して受用せず、園か精舎か経行処かを共に置かず、声聞乗を朗読せず、暗唱せず、思惟せず、他者たちに最低一偈すら朗読させず、暗唱させない、誰か良家の息子あるいは良家の娘なるもの、彼（あるいは彼女）は、何かを朗読する際、それも他ならぬ大乗を朗読するし、何かを説く際、それも他ならぬ大乗を説く。(8)

マンジュシュリーよ、そのように、無上正等菩提へ心を発してのち、声聞乗の者たちと共に住まず、声聞乗の者たちに近づかず、敬わず、仕えず、彼ら声聞乗の者たちと共に知り合いにならず、軌則を有して受用せず、園か精舎か経行処かを共に置かず、声聞乗を朗読せず、暗唱せず、思惟せず、洞察せず、他者たちに最低一偈すら朗読させず、暗唱させない、誰か良家の息子あるいは良家の娘なるもの、彼（あるいは彼女）は、何かを朗読する際、それも他ならぬ大乗を朗読するし、何かを説く際、それも他ならぬ大乗を説く。(9)

マンジュシュリーよ、そのように、無上正等菩提へ心を発してのち、声聞乗の者たちと共に住まず、声聞乗の者たちに近づかず、敬わず、仕えず、彼ら声聞乗の者たちと共に知り合いにならず、軌則を有して受用せず、園か精舎か経行処かを共に置かず、声聞乗を朗読せず、暗唱せず、思惟せず、洞察せず、他者たちに最低一偈すら朗読させず、暗唱させない、誰か良家の息子あるいは良家の娘なるもの、彼（あるいは彼女）は、何かを朗読する際、それも他ならぬ大乗を朗読するし、何かを暗唱する際、それも他ならぬ大乗を暗唱するし、何かを説く際、それも他ならぬ大乗を説く。(10)

ここでは、声聞乗の者と共に住まない者は無上正等菩提へ進むと説かれている。

さらに、『称讃大乗功徳経』――その確実な成立下限は玄奘が同経を漢訳した永徽五年（六五四）――に次のようにある。

するとき、さて、少女グナーランクリタサンクスミターは世尊に次のように申し上げた。「世尊よ、菩薩摩訶薩が同じ精舎にすら共にいるべきでないような、菩薩の悪友たちとは何でしょうか。」

世尊はおっしゃった。「少女よ、天を伴い、魔を伴い、梵天を伴う世間において、沙門と婆羅門とを伴う生類《しょうるい》のうちに、菩薩摩訶薩の悪友をわたしは見ない。

少女よ、例外として、大乗に初めての心を発したばかりの、取り組み始めたばかりの菩薩にとっては、声聞乗の者たちが悪友である。それはなぜかというならば、〔声聞乗の者たちは〕自己貢献のために行じている者であるからである。大乗に初めての心を発したばかりの、取り組み始めたばかりの菩薩は、声聞乗の者たちと同じ精舎に、あるいは同じ宿坊に、あるいは同じ経行処に、共にいるべきでないし、同じ道も行くべきでない。

例外として、不壊の浄信を具えている博識の菩薩が、〔声聞乗の者たちを〕無上正等菩提へ向けて大乗によって成熟させるために、彼ら〔声聞乗の者たち〕と共に住むべきであるのを、わたしは認める。(11)」

ここでは、初心者である菩薩は声聞乗の者たちと共に住むべきでないと説かれている。

さらに、『方広如来智経』――その確実な成立下限は智厳《ちごん》が同経を含む諸経からのアンソロジー『大乗修行菩薩行門諸経要集』を訳出した開元九年（七二一）――に次のようにある。

マウドガリヤーヤナよ、諸菩薩の菩提は善友と関係している。

マウドガリヤーヤナよ、菩薩は声聞乗の者に親近すべきではない。独覚乗の者に親近すべきではない。

マウドガリヤーヤナよ、それはなぜかというならば、悪戒の者と邪見の者とは菩薩の悪伴侶（〝悪しき連れ〟）なのではないが、しかるに、声聞乗の者と独覚乗の者とは菩薩摩訶薩の悪伴侶なのである。それはなぜかというならば、悪戒の者は菩薩の戒を壊すことが不可能であるし、邪見の者は菩薩の見を壊すことが不可能である。それはなぜかというならば、悪戒の者によっては菩薩の戒は悪くされることが不可能であるし、邪見の者によっては菩薩の見は邪まにされることが不可能であるが、声聞乗の者と独覚乗の者とによっては菩薩は無漏である智に入ることが不可能である。そういうわけで、声聞独覚乗の者は菩薩の悪伴侶である。

次に、菩薩乗に立脚している者が悪戒の者と邪見の者と共に交歓しているのは可であるが、声聞独覚乗の者たちとはそうでない。悪戒の者と邪見の者とは菩薩にとって遠くにいるものであり、声聞独覚乗の者は菩薩乗に立脚している者に妨害をなす加害者であるように見られる。いまだ簡択（無漏である智）がない乗に立脚している菩薩、彼は努めることが不可能である。そういうわけで、菩薩は声聞独覚乗の者たちと共に交歓すべきでない。

獅子と野干《やかん》（〝ジャッカル〟）とが共に交歓することは不合理である。あたかも野干のように、そのように、あらゆる声聞独覚乗の者はあると見られる。あたかも獅子のように、そのように、菩薩乗に立脚している者はあると知られるべきである。それはなぜかというならば、声聞は自己貢献のために行じている者であるが、菩薩は自己貢献と他者貢献とのために行じている者である。声聞は自己の道を知るが、菩薩は自己の道とあらゆる有情の道とを知る。声聞は自己の心を浄めるが、菩薩は自己の心とあらゆる有情の心とを浄める。声聞と独覚とは自己の煩悩を寂滅させるが、菩薩は自己の煩悩と他者の煩悩とを寂滅させる。声聞は一路から逃げるが、菩薩は大道から行く。声聞独覚は煩悩を断ちきり、習気《じっけ》（〝〔煩悩の〕残り香〟）を断ちきらないが、菩薩は、菩提を現等覚した場合、習気の連続を伴う煩悩を断ちきる。声聞は他者によって説かれた道によって般涅槃するが、菩薩は自生者《じしょうしゃ》（〝みずから起こる者〟。仏）の道によって般涅槃する。諸声聞の正法はとどまらないが、菩薩の正法は無上正等菩提を現等覚したのちとどまる。声聞独覚には力《りき》の円満がないが、諸菩薩には無上正等菩提を現等覚したのち十力の円満がある。声聞独覚には無所畏《むしょえ》の円満がないが、諸仏には〔四〕無所畏の円満がある。声聞独覚には如来の無礙解《むげげ》がないが、如来には不共《ふぐう》（〝〔声聞独覚と〕共有ならざるもの〟）である無礙解がある。あらゆる声聞独覚には相がないが、如来には不共である相がある。(12)

ここでは、菩薩は声聞独覚乗の者たちと共に交歓すべきでないと説かれている。

四　本章のまとめ

本章において確認してきたことを表示するならば、次頁の表（3－1および3－2）のとおりである。

諸大乗経のうちには、「菩薩は声聞と共に住む」という考えかたと、「菩薩は声聞と共に住まな

表3－1

「菩薩は声聞と共に住む」という考えかたが提示されている大乗経	確実な成立下限
『方便善巧経』（『大宝積経』大乗方便会）	竺法護が同経を漢訳した太康六年（二八五）
『法華経』安楽行品	竺法護が同経を漢訳した太康七年（二八六）
『華手経』	鳩摩羅什が同経を漢訳した弘始八年（四〇六）

表3－2

「菩薩は声聞と共に住まない」という考えかたが提示されている大乗経	確実な成立下限
『迦葉品』（『大宝積経』普明菩薩会）	支婁迦讖が同経を漢訳した光和年間（一七八―一八四）
『二万五千頌般若波羅蜜多』	無羅叉が同経を漢訳した元康元年（二九一）
『悲華経』	失名の訳者が同経を漢訳した後秦の代（三八四―四一七）
『入定不定印経』	般若流支が同経を漢訳した興和四年（五四二）
『称讃大乗功徳経』	玄奘が同経を漢訳した永徽五年（六五四）
『方広如来智経』	智厳が同経を含む諸経からのアンソロジー『大乗修行菩薩行門諸経要集』を訳出した開元九年（七二一）

い」という考えかたとが存在している。後者の考えかたのほうが、前者の考えかたよりも、早くから現われている。

「菩薩は声聞と共に住まない」という考えかたは、その考えかたが提示されている現存最古の経である『迦葉品』によるかぎり、もともと、阿蘭若住を愛する、出家者である菩薩たちから発生したと考えられる。彼らは、いわば、屋外志向の者たちであって、文字どおり、声聞と共に住んでいなかった。

インドにおいて、大乗経を支持する諸学派によって受け容れられたのは「菩薩は声聞と共に住む」という考えかたのほうである。大乗経を支持する諸学派に属している、出家者である菩薩たちは、いわば、屋内志向の者たちであって、場合によっては、声聞と共に住んでいた。インドに留学した玄奘（六〇二—六六四）からの情報にもとづく『大唐西域記』においては、「大小二乗」を兼学している伽藍がしばしば紹介されている。

もちろん、大乗経を支持する諸学派によって「菩薩は声聞と共に住まない」という考えかたが捨て去られたわけではない。たとえば、中観派の『菩提資糧論』（巻六。T32, 539ab）『十住毘婆沙論』（巻九。T26, 67a）においては、上掲の『迦葉品』の文がパラフレーズされている（とりわけ、『十住毘婆沙論』頭陀品は、阿蘭若住を愛する、出家者である菩薩たちの立場から書かれている）。さらに、唯識派の『瑜伽師地論』摂決択分《しょうけっちゃくぶん》中菩薩地においては、『迦葉品』の全体が註釈されている。

ただし、そもそも、いかに阿蘭若住を愛する、出家者である菩薩たちであっても、雨季においては律蔵にしたがってかならず露地でない場所において安居《あんご》をなさなければならない。出家者である菩薩たちは、安居をなす者たちがひとり残らず出家者である菩薩となっていないかぎり、雨季においてはおおむね露地でない場所において声聞と共に住んでいたはずである。大乗経を支持する諸学派において、「菩薩は声聞と共に住まない」という考えかたが現実になることは少なく、理想にとどまることが多かったと考えられる。

ここでも重要なのは、インドにおいて、「菩薩は声聞と共に住まない」という考えかたは、決して、「声聞は間違っている」と批判しているわけではなく、あくまで、「声聞は劣っている」と蔑視しているだけであるという点である。そこにおいては、声聞は劣ってはいるが、間違ってはいない。「菩薩は声聞と共に住まない」という考えかたは、声聞蔑視ではあるが、声聞批判ではない。

第四章　声聞はいつ尊敬されない者となったか

一　本章のねらい

本章においては、大乗仏教の声聞蔑視のひとつとして、「菩薩は声聞を尊敬しない」という考えかたについて確認していきたい。

じつは、諸大乗経のうちには、「菩薩は声聞を尊敬する」という考えかたと「菩薩は声聞を尊敬しない」という考えかたとが存在している。本章においては、それらふたつの考えかたについて併せて確認していくことにしたい。

二　菩薩は声聞を尊敬する

まず、「菩薩は声聞を尊敬する」という考えかたから始める。

『郁伽長者所問経』（『大宝積経』郁伽長者会）――その確実な成立下限は安玄が同経を漢訳した二世紀末――に次のようにある。

　さらに、居士《こじ》よ、どのように在家者である菩薩はサンガに帰依している者となるかというならば、居士よ、今世においてサンガに帰依している、在家者である菩薩は、もし、預流か一来か不還か阿羅漢か異生かである、声聞乗の者か独覚乗の者かを見たならば、彼はその者に対し尊重を伴う者、恭敬を伴う者、起ち上がって迎えることに努める者、よいことばをかける者、右まわりにめぐることを採る者となる。彼は、彼ら正しく行じている者たちに仕えつつ、次のように、〝わたしも無《む》上《じょう》正等《しょうとう》菩提《ぼだい》を現等覚《げんとうがく》したのち、声聞が功徳を成就するために、法を説いてやるだろう〟という念（〝こころがけ〟）を得る。彼らに対し尊重を伴う者、恭敬を伴う者となるが、彼らに対し羨望しない。そのように、居士よ、在家者である菩薩はサンガに帰依している者となるのである。[1]

意味はわかりやすい。文中の「声聞乗の者か独覚乗の者か」は同経の現存最古の漢訳である安玄訳に「声聞乗の者」とある。独覚乗の者はサンガの構成者ではないから、安玄訳のほうが適切である。

ただし、「菩薩は声聞を尊敬する」という考えかたが提示されている大乗経はこのほかにほとんど見つからない。

三　菩薩は声聞を尊敬しない

次に、「菩薩は声聞を尊敬しない」という考えかたに移る。

『阿闍貰王女阿術達菩薩経』（『大宝積経』無畏徳菩薩会）――その確実な成立下限は竺法護が同経を漢訳した西晋の武帝の代（二六五―二九〇）――に次のようにある。

> 次に、その時、アジャータシャトル王の宮に、生まれてから十二年たっている、かたちよく、美しく、見めよく、まったく最高にいろよく、かつての勝者《しょうじゃ》（仏）のもとでなすべきことをなし終え、善根を発し終え、多くの百千の諸仏に親近《しんごん》し終え、無上正等菩提に対し不退（〝退かな

い状態〟）である、アショーカダッターという名の娘がいた。彼女はおのが父の宮において黄金の脚ある椅子に坐っていた。すると、娘アショーカダッターは、彼ら大声聞たちを見ていながら、その椅子から起たなかった。迎えにも行かず、敬礼もせず、ことばも述べず、席も拡げず、食《じき》も与えず、黙ったまま坐っていた。すると、アジャータシャトル王は、彼ら大声聞たちが王宮に来たと聞いてのち、おのが楼閣、鐘楼があるところ、そこへ行き、着いてのち、彼ら大声聞に対し、最高の愛敬によって歓喜し、さらに、席を拡げた。

アジャータシャトル王は、娘アショーカダッターが、彼ら大声聞たちを見ていながら、黙ったまま坐っているのを見てのち、娘アショーカダッターに次のように言った。「娘よ、このかたがたはかの釈迦牟尼《しゃかむに》世尊・如来・阿羅漢・正等覚者の大声聞であって、偉大性の功徳という法（〝属性〟）を具え、漏《ろ》が尽くされ、なすべきことがなされ、なすことがなされ、重荷が下ろされ、自利が得られ、有結《うけつ》が尽くされ、正智によって心が解脱され、福田《ふくでん》となっており、哀憐を有しており、世間において、哀憐ゆえに、乞食《こつじき》ゆえに、遊行しているのを、おまえは知らないのかね。なぜおまえはかのかたがたを見、見ていながら椅子からも起たず、迎えにも行かず、敬礼もせず、ことばも述べず、席と食《じき》とを顧みず、信と恭敬とを起こさず、なぜ不恭敬を示し、黙ったまま坐っているのかね。おまえはどんなわけを見いだしているのかね。」

そう言われるや、娘アショーカダッターは応えて、みずからの父アジャータシャトル王に次のように言った。「父《とう》さま、これをどうお思いになるかしら。いったい、転輪聖王《てんりんじょうおう》が小王のために起ち上がったり迎えに行ったりするのを、何であれ、聞いたことがあるかしら、見たことがあるかしら。」

王は言った。「娘よ、それはないな。」

娘は言った。「父さま、いったい、諸天の王シャクラがほかの諸天のために起ち上がったり迎えに行ったりするのはいかが。」

王は言った。「娘よ、それはないな。」

娘は言った。「父さま、いったい、娑婆の主ブラフマーがほかの諸天のために起ち上がったり迎えに行ったりするのはいかが。」

王は言った。「娘よ、それはないな。」

娘は言った。「父さま、いったい、大海（の神）が湖、池、泉、小池、水穴、井戸（の神）に敬礼するのを、聞いたことがあるかしら、見たことがあるかしら。」

王は言った。「娘よ、それはないな。」

娘は言った。「父さま、いったい、山の王スメールがほかのもろもろの黒山に低頭したり、敬礼したりするのを、聞いたことがあるかしら、見たことがあるかしら。」

王は言った。「娘よ、それはないな。」

娘は言った。「父さま、いったい、日、月、星の群れが蛍の光を欲するのを、聞いたことがあるかしら、見たことがあるかしら。」

王は言った。「娘よ、それはないな。」

娘は言った。「父さま、いったい、獣の王獅子が野干《やかん》（〝ジャッカル〟）のために起ち上がったり、迎えに行ったりするのを、聞いたことがあるかしら、見たことがあるかしら。」

王は言った。「娘よ、それはないな。」

娘は言った。「父さま、それと同様に、無上正等菩提へ発心してのち、大慈大悲の獅子吼をしている誰が、小なるものに勝解《しょうげ》（〝納得〟）しており、野干のようになっており、大慈大悲から離れている声聞たちに対し、歓喜しつつ、起ち上がったり、迎えに行ったり、敬礼したり、恭敬したりするかしら。

父さま、無上の法輪を転じていたり、転じさせていたりする大法王の誰が、小なる、劣った、隠れた、わずかばかりである智によって伴われている者たちに対し、歓喜し、敬礼したり、低頭したりするかしら。

父さま、清浄な諸天の主を求めている、諸天の主、諸天のインドラのような誰が、小善の諸天のような声聞たちに対し、欲したり、敬礼したり、起ち上がったり、迎えに行ったりするかしら。

父さま、世間においてブラフマーの無上の鐘楼を求めている、娑婆の主ブラフマーのような誰が、小善根のブラフマーのような声聞に対し、欲したり、起ち上がったり、迎えに行ったり、敬礼したりするかしら。

父さま、等しきものなきものと等しき法を観察する、量りしれない、大海のような智を探している誰が、牛の蹄涔《ていしん》（〝足跡に溜まった水〟）ほどの戒に随行している声聞たちに対し、欲したり、起ち上がったり、迎えに行ったり、敬礼したりするかしら。

父さま、スメールのような静慮《じょうりょ》と解脱とによって伴われている如来の色身《しきしん》（〝物質的なからだ〟。肉体）を求めている誰が、芥子粒のような定《じょう》の力によって伴われている声聞たちに対し、起ち上がったり、迎えに行ったり、敬礼したり、低頭したり、欲を生じたりするかしら。

父さま、諸仏世尊の偉大性である、量りしれない日月の光のような、慧《え》、福、智、徳について聴いてのち、誰が、蛍の光のような、自己という連続体を照らすにとどまっており、他者の声に随っている声聞たちの解脱に対し、欲を生じたりするかしら。あたしは、諸如来が般涅槃したまうたのちすら、声聞たちに対し、敬礼しません。在世したまううちは、なおさらです。それはなぜかというならば、誰が月輪、日輪をさし措いて、蛍に対し、敬礼したりするかしら。

父さま、声聞に近づくものは声聞の心とともにあるようになるのです。正等覚者《しょうとうがくしゃ》（仏）に近づくものは、一切智者《いっさいちしゃ》（〝すべてを知る者〟。仏）の、宝のような心を発《おこ》すこととともにあるようになるのです。」

　すると、アジャータシャトル王は娘アショーカダッターに次のように言った。「このように、おまえがこれら声聞がたを見ていながら、起ち上がらず、迎えに行かず、敬礼せず、親近せず、このかたがたに席と食《じき》とを顧みないのは、娘よ、おまえが増上慢の持ち主なのだよ。」

　そのように言われるや、娘アショーカダッターはみずからの父アジャータシャトル王に次のように言った。「父さま、あたしは増上慢の持ち主ではありません。それはなぜかというならば、父さま、あなたは、都にいる貧者たちに対し、起ち上がりませんでしたし、迎えに行きませんでしたし、席を拡げませんでしたから、あなたこそ増上慢の持ち主であるとするのです。」

　王は言った。「娘よ、彼らはわたしと等しい者ではないよ。」

　娘は言った。「父さま、それと同様に、初めての心を発した菩薩はあらゆる声聞独覚と等しい者ではないのです。」

　王は言った。「娘よ、菩薩たちは我慢（〝われありというおごり〟）、憍《きょう》（〝たかぶり〟）を棄て、あらゆる有情に低頭し敬礼するのではないのね。」

　娘は言った。「父さま、菩薩は恨、忿《ふん》、恚《い》、過失を棄てることと、善根を成熟させることのために、あらゆる有情に低頭し敬礼するのです。

　父さま、これら声聞たちに、〔諸仏が〕恨、怨、忿、恚、過失を除かせることはありませんし、棄てさせること、さらに、善を増えさせることはありません。父さま、あらゆる声聞に対し、百千の諸仏が、あらんかぎりの声聞戒、あらんかぎりの定《じょう》、あらんかぎりの慧《え》という法を説くことになっても、父さま、彼らに戒もどこから現われたりしましょうか、定もどこから現われたりしましょうか、慧もどこから現われたりしましょうか、解脱もどこから現われたりしましょうか、解脱智見もどこから現われたりしましょうか。父さま、たとえば、水で満たされた壺の中に雨が降った場合、それはひとつぶの水滴も受け容れられませんし、〔ひとつぶの水滴も〕そこにとどまらないでしょう。父さま、それと同様に、声聞たちに、もし、百千の諸仏が法を説くことになっても、彼らは受け容れられないでしょうし、戒、定、慧、解脱、解脱智見も彼らにとどまらないでしょうし、増えないでしょう。父さま、たとえば、大海はあらゆる川とあらゆる降雨とを受け容れられますし、〔あらゆる川とあらゆる降雨とも〕そこにとどまります。それはなぜかというならば、大海は無量だからです。父さま、そのように、彼ら、大海のような菩薩はあらゆる説かれた法という水を受け容れられますし、あらゆる説かれた法は彼にとどまります。それはなぜかというならば、すなわち、菩薩摩訶薩たちの一切智者性心《いっさいちしゃしょうしん》（〝すべてを知る者たることを求める心〟。仏たることを求める心）という器、それは等しきものなきものと等しいからです。」

　そこにおいて、次のように言われた。――

アショーカダッタ－、徳輝《とくき》まとい、アジャータシャトルの娘《こ》となれり。
五百の声聞、来たれるも、彼《か》は其《そ》に礼せんとは起たず。
アジャータシャトル、彼《か》に言いき。「娘よ、われより、これを聴け。
汝、五百の声聞を見、礼なすために、なぜ起たざる。」
アショーカダッタ－、応《いら》えにき。「これら声聞、われ、見しに、
礼の思い、なぜ生ぜざる。われ、在り。父さま、偈をば聴け。――
たとえば、ある人、海にても、宝窟に水晶採るごとく、
われは、声聞みなは斯《か》く、智界に声聞採るとなす。
たとえば、王者、財力者、領主、転輪王に侍し、
硬貨一枚のみ乞わば、彼が王者に依るは無駄。
転輪王に侍してのち、千コーティを乞う者は――
彼は貧者のあまた富ます。彼は王者に依るに善し。
硬貨乞う身の人のごとく、数限りなき仏徳を、
聴きて小乗に欲出す者。声聞みなに、われ、其《そ》を思《し》す。
富《とみ》成さしむる人のごとく、智ある菩薩はそのごとく、
勝者《しょうじゃ》、法王に侍するまま、菩提に触れて、有情を牽《ひ》く。

医師、百病の虜《りょ》をほどく。斯《か》く、煩悩の虜《りょ》となれる、
他声《たしょう》に随う、声聞みな、菩薩は医師に似てほどく。
多《た》有情治す医師を捨て、癒えし有情に、誰、礼せん。
斯《か》く、等覚者《とうがくしゃ》なる医師求まば、癒えし声聞に、誰、礼せん。
病《やまい》の癒えし者みなを、医師らは癒しえぬごとく、
斯《か》く、癒えし者、声聞に、諸仏なる医師、癒しをせず。
ここに、ある医師、己《おの》で自《じ》を、癒すを思い、他《た》有情否《いな》む。
斯《か》く自《じ》を満たす、我慢ある、彼ら医師には、欲心せず。
ある医師、悲起こし、自《じ》のごとく、斯《か》く、病《やまい》より、他《た》もほどく。
彼は供養に足り、讃《ほ》まれ、世間のみなに礼さるる所依。
智明《ちみょう》の要に通じてのち、自《じ》ほどき、他《た》有情否《いな》む者——
彼は自《じ》ほどく医師に似る。智者に礼さるる所依ならず。
智明《ちみょう》の要に通じてのち、苦より無数有情ほどく者——
彼、上《じょう》菩提への、欲、起こす。世間のみなに讃《ほ》まるは彼。
エーランダ樹は美《は》しからず。それらの蔭《かげ》も広からず。
エーランダ樹似の、声聞みなの、解脱の蔭は所依ならず。

よき栴檀の大木は、陽射《ひさ》せる生類《しょうるい》たちの所依。
われ、諸菩薩を、やはり斯《か》く、天含む世の益者となす。
牛の蹄涔《ていしん》、広からず、陽射《ひさ》せる者を冷やしえず。
ガンジス河は千コーティ、有情、安んじて、海へ行く。
蹄涔《ていしん》に似る、声聞みな、有情みなの熱、冷やしえず。
ガンジス河似の、諸菩薩は、無辺の有情、法もて安んず。
たとえば、宝の雨、降るに、貧者ら、子安貝《こやすがい》を取り、
ある者、あまたの宝を取り、貧者有情を富ますごとく、
斯《か》く、仏《ぶつ》、宝の雨降らし、諸声聞、宝の正法《しょうぼう》より、
わずかに取るも、諸菩薩は、有情のためにあまた取る。
たとえば、有情はスメールの、そば来て、金《きん》の色《いろ》となる。
有情はほかの山に来て、金《きん》のすがたとなりはせず。
諸菩薩、スメールなるごとし。天含む生類、かの力《りき》にて、
ひとすがた、解脱色《いろ》となる。諸声聞の智、求めはせず。
父さま、たとえば、草濡らす、葉先の露《つゆ》は穀育てず。
覆える雲は、この地表、満たして、穀を殖やさしむ。

声聞みなは露に似る。菩薩は覆う雲に似る。

大悲なせるに親近《しんごん》せば、三千、正法水《しょうぼうすい》もて満たす。〔※三千はおそらく三千大千世界。〕

カーラヴィー花《か》は香《か》よからず。そは男女をば喜ばせず。

チャンパカ花《か》にある香《か》を喜ぶ。斯《か》く、ウトパラと、ヴァールシキーを。

声聞、カーラヴィー香《か》に似、その智を、生類、喜ばず。

一切智香《いっさいちか》の菩薩をば、天と人《にん》とはみな喜ぶ。

ひとり居《い》る彼に、何の奇ある。無辺有情を牽くは善し。

声聞、ひとり居《い》る孤人に似る。諸菩薩、商隊主《ぬし》に似る。

客は他者から貰うを要す。生類みなに遣る。みな客。

声随《よ》る声聞みなは客。菩薩はみなのホストに似る。

筏に依る者、大河より、他者らを渡すことを得ず。

堅固な船の中、立ちて、多《た》コーティの有情渡す。

声聞、筏に依るに似る。いかに他《た》有情渡し得ん。

等菩提なる船の菩薩、有情を苦の海より渡す。

たとえば、陣中、驢《ろ》に乗らば、敵にうち勝つことを得じ。

象、馬、車に乗るならば、陣中、諸敵を降《くだ》すを得ん。

声聞は驢《ろ》に乗るに似る。菩薩は象に乗るに似る。
有情みなへの利楽のため、彼ら、樹王下《げ》に魔も降《くだ》す。
たとえば、空《そら》に星出るも、夜《よ》はそれらもて美《は》しからず。
満ちたる月の出《で》によりて、夜《よ》は空《そら》に心《しん》ありて美《は》し。
これら声聞は、父さま、星。菩薩は、王さま、月に似る。
あらゆる有情利益《りやく》のため、生類、智の出《で》により照らす。
父さま、群れなす蛍光は、わざへと進む能《あた》わぬも、
この贍部洲《せんぶ》に、日光は、百の種種なるわざをなす。
これら声聞は蛍に似る。彼らは智なる光を見ず。
仏《ぶつ》は、解脱なる、日のごとき、慧《え》と智によりて、有情を度す。
父さま、百の野干《やかん》、たけぶとも、獣の群れは戦《おのの》かず。
獅子のたけびで、鳥獣を、連れる象すら諸方へ散る。
父さま、声聞はかく野干に似、彼らのたけびに諸魔は怖じず。
王さま、菩薩行、行じたる、者に魔とまた魔類は怖ず。
父さま、これゆえ、われは見て、小乗に向け、欲、起こさず。
無上菩提を棄て、誰か、小乗に向け、欲、起こさん。

正しき菩提、棄ててのち、小乗に向け、欲、起こす、
彼ら、生悪《しょうあ》し、利得を得じ。人に生ずも、彼らは悪《あ》し。
天含む世間利益《りやく》のため、上《じょう》菩提への、欲、起こす、
彼ら、生善《しょうよ》し、利得を得ん。人の身《み》得たる、彼らは善《よ》し。
さらには、身《しん》、語、意によりて、世間利益《りやく》に業作《な》し、意着《つ》け、
有情利益《りやく》につねに係る、彼らは優曇華《うどんげ》のごとし。

すると、アジャータシャトル王は、娘アショーカダッターによって応えられた、これら説かれた偈を聴いてのち、何も言わなくなってしまった[2]。

意味はわかりやすい。それにしても、なんだか性格の悪い少女である（笑）。

ちなみに、諸大乗経のうちには、このように、菩薩である少女が成人男性をやりこめる話がしばしば出てくる。ただし、このような話がしばしば出てくるからと言って、大乗仏教は女性尊重であるなどと考えてはならない。菩薩である少女が成人男性をやりこめる話は、菩薩に少女の姿を取らせることによって菩薩と成人男性とのコントラストを高め、菩薩の機知を効果的に表現しているにすぎない。たとえば、『法華経』において八歳の龍女が声聞シャーリプトラをやりこめる話などもそうである。

『阿闍貰王女阿術達菩薩経』においては、声聞が牛の蹄涔《ていしん》に、仏が大海に喩えられているし、声聞が蛍光に、仏が日光に喩えられている。この喩えは『維摩経』においても用いられている。菩薩ヴィマラキールティが声聞プールナに言ったことばとして、同経に次のようにある。

大海を牛の蹄涔《ていしん》に注いではなりません。日光を蛍光によって消してはなりません。(3)

ただし、この喩えは『維摩経』の鳩摩羅什訳、玄奘訳、蔵訳、現存梵文にあるにすぎず、現存最古の訳である支謙訳にない。したがって、この喩えは、もともと、『維摩経』にあったのではなく、のちに、『阿闍貰王女阿術達菩薩経』にもとづいて付け加えられたと考えられる。

「菩薩は声聞を尊敬しない」という考えかたが提示されている大乗経としては、このほか、『法華経』安楽行品――その確実な成立下限は竺法護が同経を漢訳した太康七年（二八六）――、『入定不定印経』――その確実な成立下限は般若流支が同経を漢訳した興和四年（五四二）――がある。第三章において紹介したように、『法華経』安楽行品においては、菩薩は「声聞乗の者である比丘や比丘尼や優婆塞や優婆夷に近づかず、敬わず、仕えない」と説かれ、『入定不定印経』においては、菩薩は「声聞乗の者たちに近づかず、敬わず、仕え」ないと説かれていた。詳しくは、第三章を見られたい。

四　本章のまとめ

本章において確認してきたことを表示するならば、左の表（4－1および4－2）のとおりである。諸大乗経のうちには、「菩薩は声聞を尊敬する」という考えかたと、「菩薩は声聞を尊敬しない」

表4－1

「菩薩は声聞を尊敬する」という考えかたが提示されている大乗経	確実な成立下限
『郁伽長者所問経』（『大宝積経』郁伽長者会）	安玄が同経を漢訳した二世紀末

表4－2

「菩薩は声聞を尊敬しない」という考えかたが提示されている大乗経	確実な成立下限
『阿闍貰王女阿術達菩薩経』（『大宝積経』無畏徳菩薩会）	竺法護が同経を漢訳した西晋の武帝の代（二六五―二九〇）
『法華経』安楽行品	竺法護が同経を漢訳した太康七年（二八六）
『入定不定印経』	般若流支が同経を漢訳した興和四年（五四二）

という考えかたとが存在している。どちらかと言えば、前者の考えかたのほうが、後者の考えかたよりも、早くから現われている。

インドにおいて、大乗経を支持する諸学派によって受け容れられたのは「菩薩は声聞を尊敬する」という考えかたのほうである。たとえば、唯識派の『瑜伽師地論』本地分中菩薩地戒品において説かれている四の他勝処法と四十四の違犯とのうち、第三の違犯に次のようにある。

【汚れある違犯】　菩薩が年上の、徳のある、尊敬されるにふさわしい仏教徒を見てのち、慢に捉われ、あるいは怨恨の心を持ち、あるいは瞋恚の心を持ち、立ち上がっては席を譲らない。さらに、他者から話しかけられ、語りかけられ、挨拶され、訊ねられた場合、慢に捉われ、あるいは怨恨の心を持ち、あるいは瞋恚の心を持ち、適切なやりかたによっては、ことばを使って応対しないのは、違犯を伴うもの、逸脱を伴うものとなり、汚れある違犯に陥る。

【汚れなき違犯】　〔菩薩が〕もし慢に捉われず、あるいは怨恨の心を持たず、あるいは瞋恚の心を持たないにせよ嬾惰や懈怠のせいで、あるいは無記（〝白紙状態〟）なる心を持ちつつ失念のせいで〔席を譲らないし、ことばを使って応対しないの〕は、違犯を伴うもの、逸脱を伴うものとなるが、汚れある違犯に陥らない。

【無違犯】　①〔菩薩が〕重病である、あるいは乱心しているならば、違犯はない。

②〔菩薩が〕眠っているならば、違犯はない。その相手は〝〔菩薩は〕目覚めているな〟という想いを持ち、近づき、話しかけ、語りかけ、挨拶し、訊ねるかもしれないが。
③他者たちに法を説くことに、あるいは論議を決択することに取り組んでいる者〔である菩薩〕については、違犯はない。
④その相手とは別の者に挨拶している者〔である菩薩〕については、違犯はない。
⑤法を説いている他者たちに、あるいは論議を決択することに、耳を傾け、聴いている者〔である菩薩〕については、違犯はない。
⑥法話の味をそぐことと、説法者の心とに配慮している者〔である菩薩〕については、違犯はない。
⑦その方便によって彼ら有情たちを調伏し、教化し、悪しき場所から抜け出させてのち、善き場所に安住させてやる者〔である菩薩〕については、違犯はない。
⑧サンガの規制に配慮している者〔である菩薩〕については、違犯はない。
⑨他の大多数の者たちの心に配慮している者〔である菩薩〕については、違犯はない。(4)

ここでは、「菩薩が年上の、徳のある、尊敬されるにふさわしい仏教徒を見てのち、慢に捉われ、あるいは怨恨の心を持ち、あるいは瞋恚の心を持ち、立ち上がっては席を譲らない」ことが禁じられている。

「仏教徒」（sahadhārmika. 直訳は〝法と共にある者〟）とは、序章において確認した、七衆である。たとえば、上座部の『マッジマ・ニカーヤ』に対するブッダゴーサの註釈に次のようにある。

「じつにまた、仏教徒たちは」とあるのは、比丘、比丘尼、式叉摩那、沙弥、沙弥尼、優婆塞、優婆夷という、これら、七つの、法と共にある行者たちである。(5)

すなわち、唯識派においては、菩薩は、声聞を含め、徳のある、尊敬されるにふさわしい七衆をすべて尊敬すると考えられているのである。唯識派は「菩薩は声聞を尊敬しない」という考えかたが提示されている『阿闍貰王女阿術達菩薩経』（『大宝積経』無畏徳菩薩会）を好まなかったらしい。

ここでも重要なのは、インドにおいて、「菩薩は声聞を尊敬しない」という考えかたは、決して、「声聞は間違っている」と批判しているわけではなく、あくまで、「声聞は劣っている」と蔑視しているだけであるという点である。そこにおいては、声聞は劣ってはいるが、間違ってはいない。「菩薩は声聞を尊敬しない」という考えかたは、声聞蔑視ではあるが、声聞批判ではない。

第二部　大乗仏教と声聞乗蔑視

第五章　部派の三蔵はいつ声聞蔵と呼ばれたか

一　本章のねらい

本章においては、大乗仏教の声聞乗蔑視のひとつとして、「部派の三蔵は声聞蔵である」という考えかたについて確認していきたい。

もともと、部派の三蔵は三蔵とのみ呼ばれていた。ところが、のちに、諸大乗経の集合体が菩薩蔵と呼ばれるようになるにつれ、部派の三蔵は声聞蔵と呼ばれるようになった。

もともと、部派の三蔵は菩薩のものでもあった。中観派の『根本中頌』は某部派の経蔵のみを用いているし、唯識派の『瑜伽師地論』摂事分《しょうじぶん》は説一切有部の『雑阿含経』に対する註釈である。ところが、諸大乗経の集合体が増大するようになるにつれ、大乗仏教においては、部派の三蔵は声聞のもの、諸大乗経の集合体は菩薩のものと考えられるようになった。

じつは、諸大乗経のうちには、「大乗経は菩薩蔵である」という考えかたと「部派の三蔵は声聞蔵である」という考えかたとが存在している。本章においては、それらふたつの考えかたについて併せて確認していくことにしたい。

二　大乗経は菩薩蔵である

まず、「大乗経は菩薩蔵である」という考えかたから始める。

じつは、この考えかたは声聞たちのあいだから生まれたという可能性がある。大衆部のうち大乗経を支持する学派においては、大乗経の集合体が菩薩蔵と呼ばれていたらしい。

たとえば、玄暢（四一六―四八四）は「訶梨跋摩《かりばつま》伝序《でんじょ》」（僧祐『出三蔵記集』巻十一。T55, 79a）においてハリヴァルマン（訶梨跋摩。四世紀）がパータリプトラ（現在のプルシャプラ）に住んでいた大乗を遵奉する大衆部のサンガにおいて方等（大乗）に心を研《みが》いて『成実論《じょうじつろん》』を著したことを伝えているが、ハリヴァルマンが『成実論』（巻十二。T32, 338c）において引用している菩薩蔵は『二万五千頌般若波羅蜜多』（PVSPP I-1, 87, 6–22. 鳩摩羅什訳『摩訶般若波羅蜜経』巻二。T8, 226a）に合致している。

さらに、中観派のバーヴィヴェーカ（清弁。六世紀）が『中観心論註・思択炎』において引用している、大衆部の分派である東山部と西山部との菩薩蔵は『勝思惟梵天所問経』に合致している（Malcolm David Eckel [2008: 167–168]。なお、この引用については加納和雄 [2023]）。

なお、『成実論』（巻十四、悪覚品。T32, 352c）と『分別功徳論』（巻一。T25, 32b）——所属部派不明の『増一阿含経』に対する、大乗経を援用する著者不明の註釈——とにおいては、経蔵、律蔵、論蔵、雑蔵《ぞうぞう》（上座部の経蔵における『クッダカ・ニカーヤ』に該当）、菩薩蔵という五蔵が説かれている。

弁機『大唐西域記』（巻九。T51, 923a）においては、大衆部において、経蔵（素呾纜蔵）、律蔵（毘奈耶蔵）、論蔵（阿毘達磨蔵）、雑蔵（雑集蔵）、呪蔵（禁呪蔵）という五蔵が説かれていたと伝えられているが、あるいは、大衆部のうち大乗経を支持する学派においては、経蔵、律蔵、論蔵、雑蔵、菩薩蔵という五蔵が説かれていたのかもしれない。チャンドラキールティ『三帰依七十頌』（第五十七―第五十九頌。TŚS 50–53）においては、大衆部の分派である東山部と西山部とにおいて、菩薩蔵、持明者蔵、経蔵、論蔵、律蔵、方広蔵、本生蔵という七蔵が説かれていたと伝えられている。

いくつかの大乗経においても、大乗経の集合体が菩薩蔵と呼ばれている。

たとえば、『迦葉品』（『大宝積経』普明菩薩会）——その確実な成立下限は支婁迦識が同経を漢訳した光和年間（一七八―一八四）——に次のようにある。

　カーシャパよ、四法によって伴われている菩薩は勝進者たることへ向け欠損なきことを法

（〝属性〟）としている者となる。四とは何かというならば――

〔1〕善く聞かれたものを求めるが、悪しく聞かれたものをではない。――すなわち、六波羅蜜多菩薩蔵を求めることを手始めに。さらに、あらゆる有情に対し慢がないことによって、あたかも犬のような者となる。

〔2〕さらに、法を得ることに満足している者、あらゆる邪命《じゃみょう》（〝よこしまな生活〟）から離れている者、聖者の種族に満足している者となる。

〔3〕さらに、無違犯によって、違犯によって、他者たちを糾さない。さらに、別の過失と誤謬とを捜し求める者とならない。

〔4〕さらに、〔如来の説法のうち、〕この者（菩薩）の慧《え》が及ばないところ、そこについて、〔彼は〕〝如来だけが眼見するおかたである〟として、〔それを〕放棄しない。如来のみがご存知であり、わたしは知らない。仏の菩提は無辺であり、勝解《しょうげ》（〝納得〟）が別々である有情たちの、勝解に応ずることによって、説法が起こるのである。〟

カーシャパよ、これら四法によって伴われている菩薩は勝進者たることへ向け欠損なきことを法（〝属性〟）としている者となるのである。[1]

ここでは、菩薩蔵が六波羅蜜多に関連づけられている。

さらに、『郁伽長者所問経』（『大宝積経』郁伽長者会）――その確実な成立下限は安玄が同経を漢訳した二世紀末――に次のようにある。

〔在家者である菩薩は〕菩薩蔵をたもつ者に親近して六波羅蜜多と方便善巧とに結びつけられるべきである。(2)

ここでは、菩薩蔵が六波羅蜜多と方便善巧とに関連づけられている。

さらに、『離垢施女経』（『大宝積経』無垢施菩薩応辯会）――その確実な成立下限は竺法護が同経を漢訳した太康十年（二八九）――に次のようにある。

娘よ、四法によって伴われている菩薩は辯才を得る。四とは何かというならば――

〔1〕菩薩蔵をたもつ。

〔2〕昼と夜とに三品法門を朗読する。

〔3〕諸仏世尊の菩提――世間すべてに随順しないもの、不生不滅と決定されているもの――に歓喜を生じてのち、たもつ。

〔4〕身と命と生活用品とを顧みない。

娘よ、それら四法によって伴われている菩薩が辯才を得るのである。
その場合、次のことが言われる。
菩　薩　蔵《ボーディサットヴァ・ピタカ》をば、昼と夜とに朗読す。
〝世間すべてに随順せず、不生〟と言われているものに、
歓喜獲得してのちに、仏の教《ぶつみおしえ》をばたもつ。
身と命とを顧みず、彼は菩提を顧みる。
これなる四に親しまば、彼の辯才、増大す。
世間すべてを、天含め、種々の花輪に似て、嘉《よみ》さす。(3)

ここでは、菩薩蔵は特に何にも関連づけられていない。

さらに、『度世品経』（『華厳経』離世間品）――その確実な成立下限は竺法護が同経を漢訳した元康元年（二九一）――に次のようにある。

おお、勝者《しょうじゃ》の息子よ、これら十が諸菩薩の耳である。十とは何かというならば――
〔1〕具体的には、称讃を聞いた場合、歓喜を放棄する。
〔2〕不評を聞いた場合、瞋恚を放棄する。

〔3〕声聞独覚についての法話を聞いた場合、欲しないし、非難しない。

〔4〕菩薩出現についての法話を聞いた場合、歓喜、信解、大渇仰が生ずる。

〔5〕那落迦（〃地獄の有情〃）、畜生、琰摩《えんま》世間、餓鬼、阿修羅、難処、貧しい生まれの者を聞いた場合、大悲の鎧をまとう。

〔6〕天、人という殊勝な連続体を聞いた場合、〃無常だ〃と法を把握する覚慧が起こる。

〔7〕仏の功徳と称讃とを聞いた場合、それの功徳と称讃とを円満すべき精進がある。

〔8〕波羅蜜多摂《しょう》事《じ》菩薩蔵の法話を聞いた場合、あらゆるものの彼岸へ趣く。

〔9〕おお、勝者の息子よ、菩薩の耳根においては、十方の諸世界からあらゆる称揚の声をも聴くであろうし、聞くであろうが、あらゆる声を、あたかもこだまのように、言説されるべからざるものとして洞察するし、知る。

〔10〕おお、勝者の息子よ、菩薩は入定《にゅうじょう》している法耳《ほうに》によって伴われ、初めての心を発《おこ》してから菩提座に至るまで、菩薩道にとどまらないにせよ、有情を成熟させることを捨てない。

おお、勝者の息子よ、それら十が諸菩薩の耳である。それらに依拠して諸菩薩は如来の大智の無上の好評を得ることになるのである。（4）

ここでは、菩薩蔵が〔諸〕波羅蜜多と〔四〕摂事とに関連づけられている。

さらに、『海意菩薩所問浄印法門経』（『大集経』海慧《かいえ》菩薩品）――その確実な成立下限は曇無讖が同経を漢訳した東晋の安帝の代（三九六―四〇三、四〇四―四一八）――に次のようにある。

サーガラマティよ、また次に、大乗にさまたげとなるものである四法がある。四とは何かというならば――

〔1〕悪しく聞かれたものを聞く。具体的には、ローカーヤタ（〝順世外道〟）の典籍を捜し求める。

〔2〕この、六波羅蜜多菩薩蔵の法門を聞かない。

〔3〕魔業が起こることによって、増上慢をなす。

〔4〕法障が起こってのち、法を放棄する。

サーガラマティよ、それら四法が大乗にさまたげとなるものである。(5)

ここでは、菩薩蔵が六波羅蜜多に関連づけられている。

さらに、『華手経《けしゅきょう》』――その確実な成立下限は鳩摩羅什が同経を漢訳した弘始八年（四〇六）――に次のようにある（第三章において既出）。

シャーラドヴァティープトラよ、これら四法は無上正等菩提《むじょうしょうとうぼだい》を現等覚《げんとうがく》することを欲する菩薩摩訶薩によって放棄されるべきである。四とは何かというならば――

〔1〕シャーラドヴァティープトラよ、菩薩摩訶薩によって悪伴侶（〝悪い連れ〟）が放棄されるべきである。

〔2〕シャーラドヴァティープトラよ、菩薩摩訶薩によって女性との交際が放棄されるべきである。

〔3〕〔シャーラドヴァティープトラよ、〕菩薩摩訶薩によってニルグランタ（〝離繫外道〟）の言説とローカーヤタ（〝順世外道〟）の典籍とが放棄されるべきである。

〔4〕シャーラドヴァティープトラよ、菩薩摩訶薩によって邪見への陥入が放棄されるべきである。

シャーラドヴァティープトラよ、それら四法が無上正等菩提を現等覚することを欲する菩薩摩訶薩によって放棄されるべきである。

シャーラドヴァティープトラよ、それら四法のように、そのように、ほかの、さえぎりをなす法はある。〔と〕わたしは観察しているのである。シャーラドヴァティープトラよ、そういうわけで、大乗へ正しく出立している者によって、それら四法が放棄されるべきであるし、さらに、放棄してのち、無上正等菩提を現等覚することを欲する者によって、四法が親近されるべきであるし、修習されるべきであるし、多くされるべきである。四とは何かというならば――

〔1〕シャーラドヴァティープトラよ、仏か、菩薩か、菩薩蔵の法門を教授教誡してくれる善友である声聞かが親近されるべきであるし、修習されるべきであるし、多くされるべきである。

〔2〕シャーラドヴァティープトラよ、また次に、菩薩によって、女性との交際を回避するために、出離と出家と阿蘭若住（〝静かな郊外に住すること〟）とが親近されるべきであるし、摂受されるべきであるし、承事されるべきである。

〔3〕シャーラドヴァティープトラよ、また次に、菩薩によって、ニルグランタの言説とローカーヤタ〔の典籍〕とを回避するために、それら諸法を把握すること、体得すること、忘失しないことに取り組みがなされるべきである。

〔4〕シャーラドヴァティープトラよ、また次に、菩薩によって、邪見を回避するために、大空性《だいくうしょう》の正見が親近されるべきであるし、摂受されるべきである。

（出典は第三章において既出）

第三章において一言したように、ここでは、部派のうちに、部派の三蔵をたもつ声聞のみならず、菩薩蔵をたもつ声聞がいたことが示唆されている。

さらに、『入楞伽経』――その確実な成立下限は求那跋陀羅が同経を漢訳した元嘉二十年（四四三）――に次のようにある。

その場合、あらゆる善根を捨てることとは何かというならば、すなわち、「これらは、経律という、解脱に随順するものではない」と言う者が、菩薩蔵を放棄すること、中傷することである。あらゆる善根を捨てることゆえに、涅槃しないのである。(6)

ここでは、部派の経律ではないということを理由として菩薩蔵を放棄すること、中傷することがあらゆる善根を捨てることであると説かれている。

三　部派の三蔵は声聞蔵である

次に、「部派の三蔵は声聞蔵である」という考えかたに移る。

いくつかの大乗経においては、声聞蔵、独覚蔵、菩薩蔵という三つが説かれている。

たとえば、『阿奢世王懺悔経』――その確実な成立下限は支婁迦識が同経を漢訳した二世紀――に次のようにある。


　次に、良家の息子たちよ、これら三つが蔵である。三とは何かというならば、具体的には、声聞蔵、独覚蔵、菩薩蔵である。

　良家の息子たちよ、その場合、声聞蔵とは、他者（仏）の声に随順することによって、得るものである。

　独覚蔵とは、縁起を観察することによって、因が尽きることを観察するものである。

　良家の息子たちよ、菩薩蔵とは、無量の法を観察し、自生者《じしょうしゃ》（〝みずから起こる者〟。仏）の智に随順するものである。(7)


「声聞蔵とは、他者（仏）の声に随順することによって、得るものである」とある、「得る」については、何を得るのか、目的語が書かれていない。支婁迦識訳（『仏説阿奢世王経』巻下。T15, 398a）においては、目的語が書かれていないままであるが、竺法護訳（『文殊支利普超三昧経』巻中。T15, 418a）においては、「解脱」を得ると目的語が書き加えられ、法天訳（『未曾有正法経』巻四。T15, 439c）においては、「涅槃」を得ると目的語が書き加えられ、さらに、諸経からのアンソロジーである智厳《ちごん》訳

『大乗修行菩薩行門諸経要集』所収の同経（『阿闍世品経』。T17, 954b）においては、「道行」を得ると目的語が書き加えられている。
さらに、『悲華経』――その確実な成立下限は失名の訳者が同経を漢訳した後秦の代（三八四―四一七）――に次のようにある。

　さらに、その、花の雨から、さまざまな声が迸るであろう。具体的には、仏についての声、法についての声、優婆塞律儀についての声、聖者の八支によって伴われている勝斎近住についての声、十出家学処律儀についての声、施についての声、戒についての声、完全なる梵行によって円満されている受具についての声、〔サンガ〕管理についての声、〔経典〕読誦についての声、瞑想についての声、如理作意《にょりさい》についての声、不浄〔観〕についての声、出入息〔観〕についての声、非想非非想処についての声、無所有処についての声、識無辺処についての声、空無辺処についての声、勝処についての声、遍処についての声、止観についての声、空性と無願とについての声、無相についての声、縁起についての声、声聞蔵すべてについての声が迸るであろう。独覚乗蔵すべてについての声が迸るであろう。大乗の法話たる六波羅蜜多すべてについての声をそれら花々は撒くであろう。[8]

さらに、『三昧王経』——その確実な成立下限は那連提耶舎が同経を漢訳した天保八年（五五七）——に次のようにある。

その場合、聞かれたものを求めることとは何かというならば、すなわち、声聞独覚蔵と菩薩蔵とを、たもつこと、修習することである。(9)

さらに、『大悲経』——その確実な成立下限は那連提耶舎が同経を漢訳した天保九年（五五八）——に次のようにある。

アーナンダよ、如来は声聞蔵をどこで説いたのか。独覚蔵をどこで説いたのか。大乗菩薩蔵をどこで説いたのか。(10)

これらにおいては、いずれも、部派の三蔵が声聞蔵であるとは明言されていない。ただし、文脈上、声聞蔵が声聞のための仏説であることは明らかであるから、ここでは、「部派の三蔵は声聞蔵である」という考えかたが提示されていると考えてよい。

四　本章のまとめ

本章において確認してきたことを表示するならば、次々頁の表（5－1および5－2）のとおりである。

諸大乗経においては、「大乗経は菩薩蔵である」という考えかたと、「部派の三蔵は声聞蔵である」という考えかたとが存在している。両者の考えかたはほぼ同じころから現われていた。インドにおいて、大乗経を支持する諸学派によって受け容れられたのは、これら、両者の考えかたである。前者の考えかたと、後者の考えかたとは相反するものでない以上、前者の考えかたを受け容れることと、後者の考えかたを受け容れることとは相反するものでない。

たとえば、唯識派の『瑜伽師地論』本地分中菩薩地に次のようにある。

その場合、教に属する十二分のうち、方広なるもの、それが菩薩蔵であり、残りは声聞蔵であると知られるべきである。(11)

ここでは、十二分教のうち、方広が菩薩蔵、ほかは声聞蔵と規定されている。

さらに、唯識派のアサンガ（無著）『阿毘達磨集論』に次のようにある。

契経などというこれら〔十二分教〕は三蔵となる。契経、応頌、記別、諷頌、自説という分なるもの、これは声聞の経蔵である。縁起という分、譬喩という分、本事という分、本生という分なるもの――眷属を伴う――、これは律蔵である。方広という分、希法という分なるもの、これは菩薩の経蔵である。論議という分は〔声聞と菩薩との〕両者の論蔵である。(12)

ここでは、『瑜伽師地論』と異なって、十二分教が声聞の経蔵、菩薩の経蔵、律蔵、両者の論蔵と規定されている。

注意されるべきなのは、律蔵が声聞の律蔵と菩薩の律蔵とに分けられていないことである。『阿毘達磨集論』においては、声聞の律蔵と菩薩の律蔵とは別々でないと考えられているのである。このことは、インドにおいて、声聞の律蔵と菩薩の律蔵とが別々でなかったことを示唆する。声聞乗の律蔵と大乗の律蔵とが別々でないこと――「律検不殊」――はインドに留学した義浄（六三五―七一三）の著作『南海寄帰内法伝』（巻一、序。T54, 205c）においても説かれている。

さらに、唯識派のヴァスバンドゥ（世親）『大乗荘厳経論』『摂大乗論釈《しょうだいじょうろんしゃく》』に順に次のようにある。

表5-1

「大乗経は菩薩蔵である」という考えかたが提示されている大乗経	確実な成立下限
『迦葉品』（『大宝積経』普明菩薩会）	支婁迦讖が同経を漢訳した光和年間（一七八―一八四）
『郁伽長者所問経』（『大宝積経』郁伽長者会）	安玄が同経を漢訳した二世紀末
『離垢施女経』（『大宝積経』無垢施菩薩応辯会）	竺法護が同経を漢訳した太康十年（二八九）
『度世品経』（『華厳経』離世間品）	竺法護が同経を漢訳した元康元年（二九一）
『海意菩薩所問浄印法門経』（『大集経』海慧菩薩品）	曇無讖が同経を漢訳した東晋の安帝の代（三九六―四〇三、四〇四―四一八）
『華手経』	鳩摩羅什が同経を漢訳した弘始八年（四〇六）
『入楞伽経』	求那跋陀羅が同経を漢訳した元嘉二十年（四四三）

表5-2

「部派の三蔵は声聞蔵である」という考えかたが提示されている大乗経	確実な成立下限
『阿闍世王懺悔経』	支婁迦讖が同経を漢訳した二世紀
『悲華経』	失名の訳者が同経を漢訳した後秦の代（三八四―四一七）
『三昧王経』	那連提耶舎が同経を漢訳した天保八年（五五七）
『大悲経』	那連提耶舎が同経を漢訳した天保九年（五五八）

経、律、論が三蔵である。他ならぬそれら三つが、小乗と最勝乗との区別によって、二つとなる。声聞蔵と菩薩蔵とである。(13)

その場合、経、律、論が三蔵である。他ならぬそれら三つが、小乗と最勝乗との区別によって、二つとなる。声聞蔵と菩薩蔵とである。(14)

ここでは、声聞の三蔵が声聞蔵と規定され、菩薩の三蔵が菩薩蔵と規定されている。注意されるべきなのは、声聞の三蔵と菩薩の三蔵とが分けられていること、すなわち、声聞の律蔵と菩薩の律蔵とが分けられていることである。『大乗荘厳経論』『摂大乗論釈』においては、声聞の律蔵と菩薩の律蔵とは別々であると規定されているのである。

声聞の三蔵が部派の三蔵であるのはわかるが、菩薩の三蔵とは何であろうか。このことについて、インドに留学した玄奘（六〇二—六六四）の高弟である、中国法相宗の祖、基《き》（六三二—六八二）は西域（インド）の説を紹介している。基『大乗法苑義林章《だいじょうほうおんぎりんじょう》』諸蔵章に次のようにある。

今、大乗においても、やはり二説がある。西域における相伝である。その内容は次のとおりである。

一師は言っている。「世尊においては、やはり特別な部類による説がある。『華厳経』『般若経』などという諸経は経蔵である。『阿毘達磨経』『解深密経』などという諸経は論蔵である。『毘奈耶瞿沙経《びなやぐしゃきょう》』は律蔵である。」

この〔律〕蔵の梵本は、今、西国（インド）のナーランダー寺になおもわずかな部分が残っているが、ほとんどは隠没してしまっている。

古人（慧遠《えおん》。五二三―五九二）は伝承によって言っていた。「『清浄毘尼経』は律蔵である。」（慧遠『大乗義章』巻一、衆経教迹義。T44, 469b）

第二師は言っている。「所詮《しょせん》（〝言語表現されるべきことがら〟）にしたがって三蔵を分ける。特別な部類がない。『解深密経』は多分に慧学を詮《せん》（〝言語表現〟）しているし、『文殊師利問経』などは多分に戒学を詮しているし、『首楞厳経』は多分に定学を詮している。多分の所詮にしたがって三蔵を分ける。たとえば、『涅槃経』は、始めは「如是〔我聞〕」から終わりは「〔歓喜〕奉行」に至るまで、いずれも経である。『阿毘達磨経』においては、具わったかたちで、やはり直説（〝散文〟）と非直説（〝韻文〟）とがある。ゆえに、それ（『阿毘達磨経』）は決して特別な論蔵ではない。ゆえに、多分〔の所詮〕にしたがって蔵を設けるのである。〔戒学、定学、慧学という〕三学がいずれも多分であるものはただ経蔵のみのうちに、戒学と定学とが多分であるものはただ律蔵のみのうちに、ただ慧学が多分であるのみのものは〔ただ〕論蔵〔のみ〕のうちに包摂される。」

以上は仏の説についてである。もし仏弟子の説についてであるならば、やはり特別な部類がある。〔その特別な部類とは、〕ただ論蔵のみである。(15)

ここでは、菩薩の三蔵について、二説が紹介されている。

第一説は、経蔵は『華厳経』『般若経』など、論蔵は『阿毘達磨経』『解深密経』など、律蔵は『毘奈耶瞿沙経』であるという説である。『毘奈耶瞿沙経』の現存は確認されていないが、同経はアサンガ（無著）『摂大乗論』（MSg VI. 6）において言及され、蔵訳『瑜伽師地論釈』（D no. 4043, 'I 81b3–5; P no. 5544, Yi 98b5–7）において引用されている。

第二説は、経蔵は多分に三学を詮している もの、律蔵は多分に戒学と定学とを詮しているもの、論蔵は多分に慧学を詮しているものであるという説である。

二説はいずれも菩薩の三蔵は諸大乗経であるという説である。ただし、これは仏の説についてであって、もし仏弟子の説についてであるならば、菩薩の論蔵は諸大乗経のほかにあると基は説いている。

ここでも重要なのは、インドにおいて、「部派の三蔵は声聞蔵である」という考えかたは、決して、「声聞乗は間違っている」と批判しているわけではなく、あくまで、「声聞乗は劣っている」と蔑視しているだけであるという点である。そこにおいては、声聞乗は劣ってはいるが、間違ってはいない。「部派の三蔵は声聞蔵である」という考えかたは、声聞乗蔑視ではあるが、声聞乗批判ではない。

第六章　部派の経律はいつ声聞相応となったか

一　本章のねらい

本章においては、大乗仏教の声聞乗蔑視のひとつとして、「部派の経律は声聞相応である」という考えかたについて確認していきたい。

第五章において一言したように、もともと、部派の三蔵は菩薩のものでもあった。中観派の『根本中頌』は某部派の経蔵のみを用いているし、唯識派の『瑜伽師地論』摂事分《しょうじぶん》は説一切有部の『雑阿含経』に対する註釈である。ところが、諸大乗経の集合体が増大するようになるにつれ、大乗仏教においては、部派の三蔵は声聞のもの、諸大乗経の集合体は菩薩のものと考えられるようになった。

じつは、諸大乗経のうちには、「部派の経は声聞相応である」という考えかたと「部派の律は声聞相応である」という考えかたとが存在している。本章においては、それらふたつの考えかたについて併せて確認していくことにしたい。

二　部派の経は声聞相応である

まず、「部派の経は声聞相応である」という考えかたから始める。なお、「声聞相応の経」「声聞乗経」はほぼ同義語であると考えられるゆえに、ここでは、それらをまとめて扱うことにする。

『二万五千頌般若波羅蜜多』――その確実な成立下限は無羅叉が同経を漢訳した元康元年（二九一）――に次のようにある。

また次に、スブーティよ、魔（〝魔物〟）であるパーピーヤスは仏の格好で声聞地相応の諸経――契経、応頌、記別、諷頌、自説、縁起、譬喩、本事、本生、方広、希法、論議――を教授するであろう。説明するであろう。分析するであろう。開示するであろう。開明するであろう。これら、このようなたぐいの魔業（〝魔物のしわざ〟）が言われているのに、気づかせないであろう。スブーティよ、これも菩薩摩訶薩の悪友であると知られるべきである。(1)

ここでは、いわゆる十二分教が「声聞地相応の諸経」と呼ばれている。「声聞地相応の諸経」は、『二万五千頌般若波羅蜜多』の最古の訳である無羅叉訳において「声聞所応行経」とあるから、もともと、「声聞相応の諸経」であったに違いない。

次に、『大般涅槃経』――その確実な成立下限は法顕がパータリプトラ（現在のパトナ）において同経を取得した四〇五―四〇七ごろ――に次のようにある。

> 牛飼い女から転買されてきた乳は最高の食べものとして特色づけられる味がなくなっているにせよ、この最高の食べものはあらゆる味のうちの最良のものである。そのように、この大経（『大般涅槃経』）もこのようにわずかな余りが残っているにすぎないにせよ、あらゆる声聞乗経より千倍主要なものとなっている。それはなぜかというならば、経と定《じょう》のすべては大般涅槃の威力なのであり、それゆえに大般涅槃は最高と呼ばれるのであり、偉大な名のあるものなのである。[2]

ここでは、部派の経蔵が「あらゆる声聞乗経」と呼ばれている。ただし、この文は同経の現存最古の漢訳である法顕訳になく、曇無讖訳と蔵訳とにあるにすぎない。したがって、もともとなかったに違いない。

ちなみに、『大集経』虚空蔵菩薩品――その確実な成立下限は曇無讖が同経を漢訳した東晋の安帝の代（三九六―四〇三、四〇四―四一八）――に次のようにある。

初心者〔である菩薩〕はただ文字に執着するにすぎず、文意を了解することができず、このような深遠なる〔大乗〕経を、受け取り、たもち、音読し、他人のために説く時、他人によって軽んじられ卑しめられ、他人によって軽んじられ卑しめられたせいで、ただちに深遠なる〔大乗〕経を棄てて、声聞独覚相応の経を音読する。(3)

ここでは、部派の経蔵が「声聞独覚相応の経」と呼ばれている。ただし、この文は蔵訳になく、曇無讖訳にあるにすぎない。したがって、もともとなかったのかもしれない。

三　部派の律は声聞相応である

次に、「部派の律は声聞相応である」という考えかたに移る。部派の律においては部派の戒のために学処が説かれているゆえに、「部派の戒は声聞相応である」という考えかたをもここに含める。

なお、「声聞相応の律」「声聞律」はほぼ同義語、「声聞相応の戒」「声聞戒」もほぼ同義語であると考えられるゆえに、ここでは、それらをまとめて扱うことにする。

便宜上、「部派の戒は声聞相応である」という考えかたから始める。

まず、『阿闍貰王女阿術達菩薩経』（『大宝積経』無畏徳菩薩会）――その確実な成立下限は竺法護が同経を漢訳した西晋の武帝の代（二六五―二九〇）――に次のようにある（第四章において引用した文の一部）。

> 父《とう》さま、あらゆる声聞に対し、百千の諸仏が、あらんかぎりの声聞戒、あらんかぎりの定《じょう》、あらんかぎりの慧《え》という法を説くことになっても、父さま、彼らに戒もどこから現われたりしましょうか、定もどこから現われたりしましょうか、慧もどこから現われたりしましょうか、解脱もどこから現われたりしましょうか、解脱智見もどこから現われたりしましょうか[4]。

ここでは、部派の戒が声聞戒と呼ばれている。ただし、声聞戒ということばは、蔵訳において用いられているにすぎず、竺法護訳においても仏陀扇多訳においても用いられていない。したがって、この経においては、もともと、声聞戒ということばが用いられていなかったに違いない。

さらに、『海意菩薩所問浄印法門経』（『大集経』海慧《かいえ》菩薩品）――その確実な成立下限は曇無識が同経を漢訳した東晋の安帝の代（三九六―四〇三、四〇四―四一八）――に次のようにある。

シャーラドヴァティープトラよ、たとえば、牛の蹄涔《ていしん》（〝足跡に溜まった水〟）からはあらゆる宝が起こらないように、シャーラドヴァティープトラよ、そのように、声聞戒からは三宝が起こらない。シャーラドヴァティープトラよ、たとえば、大海からはあらゆる宝が起こるように、シャーラドヴァティープトラよ、そのように、菩薩戒と聴聞とである大海からは仏宝、法宝、僧宝という三宝が起こる。(5)

ここでも、部派の戒が声聞戒と呼ばれている。ただし、声聞戒、菩薩戒ということばは、惟浄等訳と蔵訳とにおいて用いられているにすぎず、現存最古の漢訳である曇無讖訳においては、順に、声聞宝、菩薩宝ということばが用いられている。したがって、この経においては、もともと、声聞戒、菩薩戒ということばが用いられていなかったに違いない。

次に、「部派の律は声聞相応である」という考えかたに移る。

『宝雲経』――その確実な成立下限は曼陀羅仙が同経を漢訳した天監年初（五〇二）――に次のようにある。

良家の息子よ、十法によって伴われている菩薩は持律者である。十とは何かというならば、具体的には、①律をも知るし、②律の理趣をも知るし、③律の甚深をも知るし、④律の微細をも知るし、⑤適切と不適切とを知るし、⑥性罪《しょうざい》（〝本性として非難されるべきことを伴うもの〟）をも知るし、⑦遮罪《しゃざい》（〝制止によって非難されるべきことを伴うもの〟）をも知るし、⑧波羅提木叉の学のきっかけと起こりとをも知るし、⑨声聞律をも知るし、⑩菩薩律をも知るのである。良家の息子よ、それら十法によって伴われている菩薩は持律者である。[6]

ここでは、声聞律、菩薩律ということばが用いられている。①から⑧によるに、ここでの律ということばは典籍としての律を意味している。したがって、ここでは、部派の律が声聞律と呼ばれ、菩薩の律が菩薩律と呼ばれていると考えられる。

ところで、菩薩律と呼ばれているのは、具体的には、何であろうか。じつは、第八章において確認するように、『宝雲経』においては、「如来によってあちこちの経典において制定された菩薩の学処」が言及されている。ここでは、その、菩薩の学処が菩薩律と呼ばれていると考えられる。

ちなみに、唯識派の『瑜伽師地論』本地分中菩薩地戒品（BoBh 124, 5–6）においても、「世尊によってあちこちの経典において分散されたかたちで説かれた」「諸菩薩の学処」が言及されている。さらに、同品（BoBh 124, 18）においては、その、諸菩薩の学処が菩薩律と呼ばれている。同品は

『宝雲経』にもとづいていると考えられる。

　このように、『宝雲経』において声聞律、菩薩律ということばが用いられている場合、律ということばは典籍としての律を意味している。ただし、ほかの経において声聞律、菩薩律ということばが用いられている場合、律ということばはかならずしも典籍としての律を意味していない。

　すなわち、『清浄《しょうじょう》毘《び》尼《に》方広経《ほうこうきょう》』——その確実な成立下限は竺法護が同経を漢訳した太康十年（二八九）——に次のようにある。

天子よ、

① 三界によって怖畏させられることによって〔声聞が〕律されているのは声聞律である。あらゆる善根である資糧を積み、あらゆる有情を安息させることと、三界に故意に受生することとによって〔菩薩が〕律されているのは世俗として菩薩摩訶薩律である。

② あらゆる煩悩を憎むのは声聞律である。あらゆる有情の煩悩を断ちきるために〔菩薩が〕律されているのは世俗として菩薩摩訶薩律である。

③ 一方を知るのは声聞律である。十方にある無辺無際のあらゆる世界を知るのは世俗として菩薩摩訶薩律である。

④ あらゆる魔に対し無関心であるのは声聞律である。十方にある無辺無際の世界に属する

あらゆる魔族を動揺させ、あらゆる対論者を折伏するのは世俗として菩薩摩訶薩律である。

⑤　自己という連続体を清明にするのは声聞律である。あらゆる有情という連続体を清明にし、一切智者《いっさいちしゃ》（〝すべてを知る者〟。仏）の智を顕現させ、あらゆる法に対する無障の知見を顕現させるのは世俗として菩薩摩訶薩律である。

⑥　自己の心の意楽《いぎょう》（〝こころざし〟）は声聞律である。過去と未来と現在とのあらゆる仏の密意は世俗として菩薩摩訶薩律である。

⑦　割れた石のかけらが溶接されないようであるのは声聞律である。割れた金銀のかけらが溶接されるようであるのは世俗として菩薩摩訶薩律である。

⑧　あらゆる仏法（〝仏の諸属性〟）と方便善巧（〝手だての巧みさ〟）とから離れているのは声聞律である。大方便善巧とあらゆる仏法とのうちに包摂されつつ包摂されるのは世俗として菩薩摩訶薩律である。

⑨　十力と〔四〕無畏と〔十八〕不共〔仏法〕と一切智者の智とから離れているのは声聞律である。十力と〔四〕無畏と〔十八〕不共〔仏法〕と一切智者の智とのうちに包摂されつつ包摂されるのは世俗として菩薩摩訶薩律である。

⑩　〔輪廻から逃げることが〕火に焼かれることから逃げるようであるのは声聞律である。〔輪廻を〕園林と宮殿とのように法への喜びによって喜ぶのは世俗として菩薩摩訶薩律で

ある。

⑪　習気《じっけ》（〝〔煩悩の〕残り香〟）の連続体を断ちきらないのは声聞律である。あらゆる習気を正しく断ちきるのは世俗として菩薩摩訶薩律である。

⑫　天子よ、まとめれば、量に属するもの、量の法によって数えられるものは声聞律である。量に属するものでないもの、無量の法によって数えられるものは世俗として菩薩摩訶薩律である。

⑬　有量の、戒と聞《もん》と定《じょう》と慧《え》と解脱《げだつ》と解脱《げだつ》知見《ちけん》を得させるのは声聞律である。有量でない、無量の功徳によって伴われている、無量の、戒と聞と定と慧と解脱と解脱知見とを得させるのは世俗として菩薩摩訶薩律である。(7)

ここでは、声聞律、菩薩摩訶薩律が説かれている。しかし、ここでの律ということばは、文脈上、典籍としての律を意味しているとは考えられない。

じつは、この文は、智厳《ちごん》によって開元九年（七二一）に漢訳された、諸経からのアンソロジー『大乗修行菩薩行門諸経要集』（巻上。T17, 944ab）のうちに含まれており、そこにおいては、声聞律、菩薩摩訶薩律は、順に、「声聞調伏其心」（〝声聞がその心を調伏すること〟）「菩薩調伏其心」（〝菩薩がその心を調伏すること〟）と漢訳されている。したがって、智厳は、声聞律、菩薩摩訶薩律は、順に、声聞の調伏、菩薩の調伏を意味していると理解していたとわかる。おそらく、そのような理解が正解である。

四　本章のまとめ

本章において確認してきたことを表示するならば、次頁および次々頁の表（6－1および6－2）のとおりである。

諸大乗経のうちには、「部派の経は声聞相応である」「部派の律は声聞相応である」という考えかたが存在している。前者の考えかたは比較的早くから現われていたが、後者の考えかたは比較的遅くなって現われた。このことは、インドにおいて、声聞の律蔵と菩薩の律蔵とが別々でなかったことと関係する。第五章において言及したように、声聞乗の律蔵と大乗の律蔵とが別々でないこと――「律検不殊」――はインドに留学した義浄（六三五―七一三）の著作『南海寄帰内法伝』（巻一、序。T54, 205c）においても説かれている。

インドにおいて、大乗経を支持する諸学派によって受け容れられたのは、これら、両者の考えかたである。前者の考えかたと、後者の考えかたとは相反するものでない以上、前者の考えかたを受け容れることと、後者の考えかたを受け容れることとは相反するものでない。

表6－1

「部派の経は声聞相応である」という考えかたが提示されている文献	確実な成立下限
『二万五千頌般若波羅蜜多』	無羅叉が同経を漢訳した元康元年（二九一） ※「声聞相応の諸経」ということばが無羅叉訳において用いられている。
『大般涅槃経』	法顕がパータリプトラ（現在のパトナ）において同経を取得した四〇五—四〇七ごろ ※ただし、「あらゆる声聞乗経」ということばが曇無讖訳と蔵訳とにおいて用いられているにすぎず、法顕訳においては用いられていない。
『大集経』虚空蔵菩薩品	曇無讖が同経を漢訳した東晋の安帝の代（三九六—四〇三、四〇四—四一八） ※ただし、「声聞独覚相応の経」ということばが曇無讖訳において用いられているにすぎず、蔵訳においては用いられていない。

まず、「部派の経は声聞相応である」という考えかたから始める。

唯識派の『瑜伽師地論』摂決択分《しょうけっちゃくぶん》に次のようにある。

正行のうちに安立している菩薩の学とは何かというならば、法に立脚している菩薩が、声聞乗相応の経――世俗諦の道理を説くものであり、未了義（〃はっきりしない意味〃）のものであり、依るべきでないものである――から超越してのち、それを尊重した上で善根をなし終え、大乗相応の経――甚深な空性と関係しており、世俗諦と勝義諦との道理を説くものであり、了義（〃はっきりした意味〃）のものであり、依るべきものである――について修練している際に、〃如理の修練〃といわれるのである。(8)

表6－2

「部派の律は声聞相応である」という考えかたが提示されている文献	確実な成立下限
『阿闍貰王女阿術達菩薩経』（『大宝積経』無畏徳菩薩会）	竺法護が同経を漢訳した西晋の武帝の代（二六五―二九〇） ※ただし、「声聞戒」ということばが蔵訳において用いられているにすぎず、竺法護訳と仏陀扇多訳とにおいては用いられていない。
『海意菩薩所問浄印法門経』（『大集経』海慧菩薩品）	曇無讖が同経を漢訳した東晋の安帝の代（三九六―四〇三、四〇四―四一八） ※ただし、「声聞戒」ということばが惟浄等訳と蔵訳とにおいて用いられているにすぎず、曇無讖訳においては用いられていない。
『宝雲経』	曼陀羅仙が同経を漢訳した天監年初（五〇二） ※「声聞律」ということばが部派の律に対して用いられている。

　ここでは、部派の経が「声聞乗相応の経」と呼ばれている。部派の経を未了義と規定することは『解深密経』（SNS VII, 30. 訳註研究として袴谷憲昭〔1994: 206–220〕）においても確認される。この点については、疑いなく、『瑜伽師地論』摂決択分は『解深密経』を踏まえている。ちなみに、同経においては、部派の経のみならず、『般若波羅蜜多』のたぐいも未了義と規定されている。

　さらに、『瑜伽師地論』摂事分《しょうじぶん》に次のようにある。


　　教に属する十二分のうち、方広という分を例外とするもろもろが声聞相応〔の経〕なのである。他ならぬその方広という分が大乗相応の経なのである。さらに、それの区別は先のとおりに知られるべきである。(9)


　ここでは、十二分教のうち方広という分を例外とする十一分が「声聞相応〔の経〕」と呼ばれている。先の『二万五千頌般若波羅蜜多』においては、十二分教が「声聞地相応の諸経」と規定されていたが、この『瑜伽師地論』摂事分においては、そうではない。

　次に、「部派の律は声聞相応である」という考えかたに移る。

　唯識派の『瑜伽師地論』本地分中菩薩地戒品に次のようにある（文中の「非梵行」「婬法」とは、性交を意味する）。

具体的には、〔菩薩との〕非梵行への欲求に苦しめられており、それに心が縛られており、他者の保護下に置かれていない、女性を、在家者である菩薩が婬法によって享受する。〝〔彼女が菩薩への〕怨恨の心を持つようになって、多くの福徳ならざるもの（罪悪）を生じてはいけない。うきうきしながら善根に取り組むことにおいても、不善根を捨てることにおいても、〔彼女は〕従順になるはずだ〟と、他ならぬ憐愍の心を起こして、非梵行である婬法を享受するにせよ、違犯なき者となるし、かつ、多くの福徳を生ずるのである。

しかるに、声聞に対する教えを壊さないことを守っている、出家者である菩薩には、非梵行を享受することはいかなる場合にも割り当てられない。[10]

ここでは、部派の律が「声聞に対する教え」と呼ばれている。

さらに、『瑜伽師地論』摂決択分に次のようにある（文中の「律儀《りつぎ》」とは、つつしみを、「不律儀《ふりつぎ》」とは、つつしみのなさをそれぞれ意味する。「戒」と「律儀」とは同義語である）。

また次に、補特迦羅《ふとがら》（〝個体〟）は三つある。

〔1〕受けられた、非律儀非不律儀（〝律儀でもないし、不律儀でもないもの〟）のうちに包摂され

ている戒律儀によって伴われている者もいる。

〔2〕受けられた、声聞相応の戒律儀によって伴われている者もいる。

〔3〕受けられた、菩薩戒律儀によって伴われている者もいる。

さらに、その場合、最初の者は下まわっている。第二の者は中くらいである。第三の者は最勝である。(11)

ここでは、部派の戒が「声聞相応の戒律儀」と呼ばれている。

さらに、中観派のシャーンティデーヴァ（寂天。七世紀）『大乗集菩薩学論』に次のようにある。

声聞律においても、とりあえず、自己のために、梵行に住するために、衣鉢《えはつ》をすら売って身を保持することが言われている。(12)

声聞律においても、他ならぬ根本違犯の箇所において、「憐れみゆえに鹿などを〔罠から〕解放してやることについては無違犯である」と言われているに他ならない。(13)

ここでは、部派の律が「声聞律」と呼ばれている。

ちなみに、シャーンティデーヴァが引用している律は大衆部の律であるという指摘がある（辛嶋静志［2017］）。ふたつの文のうち、第一の文については、たしかに、『摩訶僧祇律』に次のようにある。

もし病人に衣鉢のほかに医薬品の代金があるならば、〔医薬品の代金を〕取って還って〔病人に〕供給する。もしないならば、サンガが〔医薬品の代金を〕与えるべきである。もしサンガに〔医薬品の代金が〕ないならば、彼（病人）に高い価値の衣鉢があるのを、軽い者に売って、病人に供給する。病人が惜しむならば、サンガに言うべきである。「大徳がたよ、サンガよ、病比丘だれそれは無常を知らず、衣鉢を惜しみ、転売に賛同しません。」サンガに言ってのち、〔病人に〕柔らかいことばで説法し、理解を得させ、しかるのちに売る。(14)

ただし、第二の文については、少なくとも、『摩訶僧祇律』のうちにこれを見いだすことは難しい。むしろ、これは、上座部の『パーリ律』、説一切有部のグナプラバ（徳光）『ヴィナヤ・スートラ』（『律経』）のうちに見いだされる（中川正法［1994］）。

ここでも重要なのは、インドにおいて、「部派の経律は声聞相応である」という考えかたは、決して、「声聞乗は間違っている」と批判しているわけではなく、あくまで、「声聞乗は劣っている」と蔑視しているだけであるという点である。そこにおいては、声聞乗は劣ってはいるが、間違ってはいない。「部派の経律は声聞相応である」という考えかたは、声聞乗蔑視ではあるが、声聞乗批判ではない。

第七章　声聞乗はいつ学ぶべきでなくなったか

一　本章のねらい

本章においては、大乗仏教の声聞乗蔑視のひとつとして、「菩薩は声聞乗を学ばない」という考えかたについて確認していきたい。

じつは、諸大乗経のうちには、「菩薩は声聞乗を学ぶ」という考えかたと「菩薩は声聞乗を学ばない」という考えかたとが存在している。本章においては、それらふたつの考えかたについて併せて確認していくことにしたい。

二　菩薩は声聞乗を学ぶ

まず、「菩薩は声聞乗を学ぶ」という考えかたから始める。

『阿奢世王懺悔経』――その確実な成立下限は支婁迦讖が同経を漢訳した二世紀――に次のようにある。

また次に、良家の息子たちよ、学は三である。三とは何かというならば、声聞の学と、独覚の学と、菩薩の学とである。

良家の息子たちよ、その場合、声聞の学は、一端にすぎない、みずからの意楽（〝こころざし〟）の連続を照らすことを特徴としている。

独覚の学は、中間を伴っている、かつ、大悲から離れている、遂行である。

良家の息子たちよ、菩薩の学は、無量である、かつ、大悲によって支えられている、随行である。

声聞乗の者は独覚の学について学ばないし、知らない。

独覚乗の者たちは菩薩の学について学ばないし、知らない。

良家の息子たちよ、菩薩は声聞の学についても学ぶし、知っているにせよ、〔他者に〕声聞乗を望ませもしないし、その〔声聞〕乗によって出離もさせない。独覚の学についても学ぶし、知っているにせよ、〔他者に〕独覚乗を望ませもしないし、その〔独覚〕乗によって出離もさせない。菩薩の学について学ぶし、知っているし、〔他者を〕この大乗によって出離させるのである。さらに、出離してから、声聞の解脱をも説くし、独覚の解脱をも説くし、菩薩の解脱をも説くのである。(1)

ここでは、菩薩は声聞の学、独覚の学、菩薩の学について学ぶと説かれている。ここでの声聞の学、独覚の学、菩薩の学は、順に、声聞乗、独覚乗、菩薩乗とほぼ同義であると考えてよい。

さらに、『大乗方広総持経』——その確実な成立下限は竺法護が同経を漢訳した西晋の武帝の代（二六六—二九〇）——に次のようにある。

アジタよ、未来の時、のちの世、のちの時、最後の五百〔年〕に、比丘、比丘尼、優婆塞、優婆夷——菩薩と自称しており、かつては外道となっており、〔前世の〕願の力によって如来の教である善く説かれた法と律とにおいて出家したのち、一部において行じており、血縁に愛着しており、利得と恭敬とに執着しており、〔在家者の〕家族を羨んでおり、〔在家者の〕家族を犯しており、色が悪く、つまらないものに勝解《しょうげ》（〝納得〟）しており、ことばが善くなく、評判が悪く、種姓が卑しく、生活用品に執着しており、あらゆる現法楽住という食から離れており、定《じょう》（〝集中状態〟）という食から遠くにあって遠ざかっており、諂《てん》（〝まやかし〟）と誑《おう》（〝たぶらかし〟）とにとどまっている者たち――が、別様《べつよう》に言いだし、別様にふるまいだす。

彼らは無知であるのに「自分は有知である」と言い、善巧でないのに「善巧である」と言う。わたしによって、あらゆる有情に対する平等心にとどまってのち、大悲と方便善巧とによって、失念なき如来の力にとどまりつつ、勝解へ導くために、あらゆる有情に対して説かれた菩提なるもの、それについて、次のように、「声聞たちに対して説かれた経典なるもの、それらについて、菩薩たちは学ぶべきでない。それらは聴かれるべきではない。それはわれわれの法ではない。これは声聞相応であるので、それについて、菩薩たちは学ぶべきでない。独覚たちに対して説かれた経典なるもの、それらについて、菩薩たちは学ぶべきでない。それらは聴かれるべきではない。それはわれわれの法ではない。これは独覚相応であるので、それについて、菩薩たちは学ぶべきでない」と言いだす、彼ら、ある者たちが出るようになる。

アジタよ、わたしは天たちに法を説いた。わたしは〔彼らの〕勝解に合わせて導いた。それと同様に、わたしは龍たち、夜叉たち、阿修羅たち、迦楼羅たち、緊那羅たち、摩睺羅伽たち、乾達婆たち、人たちに法を説いた。わたしは〔彼らの〕勝解に合わせて導いた。

アジタよ、わたしは諸有情利（他利）のために、ガンジス河の砂の数に等しい十方の諸世界に赴いて、そこでも〔彼らの〕勝解に合わせて諸有情に法を説いた。彼は菩薩と自称しているが、粗雑な菩薩であるし、菩薩を損減する者であるし、妄語する者であるし、聴くことの少ない者である。彼らは、わたしの、二分的なものとしては特徴づけられないものであるこの菩提を、二分的なものとして語って、「これについて、菩薩は学ぶべきである。これについて、菩薩は学ぶべきでない」と言うのであり、その心によって如来を損滅するのであるし、法を放棄するのであるし、僧（サンガ）を非難するのである。彼らは、身が壊れてのち、死後に、那落迦たち（〝地獄の住民たち〟）のうちに生まれるであろう。彼らは、そこで多くの劫、多くの百千劫が過ぎたのち、解放されることを得る。次に、彼らは貧しい種姓に生まれるであろう。(2)

ここでは、自称〝菩薩〟が声聞乗と独覚乗とについて学ばないことが批判されている。

さらに、『地蔵十輪経』——その確実な成立下限は失名の訳者が同経を漢訳した北涼の代（三九七—四三九）——に次のようにある。

三乗のうちどれか一法を誹謗する者と、たとえ一宿であっても共に住んではならないし、親近したり法を教わったり聴聞したりすべきでない。もし諸有情が三乗のうちどれか一乗を誹謗するか、あるいは三乗を誹謗する人から〔法を〕教わったり聴聞したりするならば、それをきっかけとして、いずれも無間地獄に堕ちるであろうし、出期を有しがたいほどのあいだ、大苦悩を受けるであろう。

それはなぜかというならば、良家の息子よ、わたしは過去において菩薩行を行じつつ無上智を証得するために精励していた時、あるいは、声聞乗について説かれた正法を、最低一頌すら求めるために、しまいには、自身の手、足、血、肉、皮、骨、頭、眼、髄、脳を棄てたのである。あるいは、独覚乗について説かれた正法を、最低一頌すら求めるために、しまいには、自身の手、足、血、肉、皮、骨、頭、眼、髄、脳を棄てたのである。あるいは、大乗について説かれた正法を、最低一頌すら求めるために、しまいには、自身の手、足、血、肉、皮、骨、頭、眼、髄、脳を棄てたのである。そのように勤苦しつつ、三乗のうち一頌すら求めて得てのちは、深く歓喜を生じたし、恭敬しつつ、受け取ったし、たもったし、説かれているとおりに行なったのである。しばしのあいだすら廃することなく、無量劫のあいだ、あらゆる難行苦行を行じたし、しまいには、無上智という果を証得究竟したし、さらに、有情への貢献と安楽とのために、三乗の正法を説いたし、示したのである。そういうわけで、最低一頌すら、誹謗したり、非難したり、遮蔽したり、隠没したりしてはならない。つねに恭敬しつつ、音読し、聴聞し、証得のために堅固な正願を発すべきである。(3)

また次に、良家の息子よ、未来世において、この仏国土においては、男性あるいは女性であって、諂曲、愚痴であるのに〝聡明である〟との慢（〝おごり〟）をいだき、本性として乱暴であり、苛烈であり、粗放であり、来世における苦果（〝苦というむくい〟）を見ず、畏れず、好んで殺生を行ない、しまいには、邪見、嫉妬、慳貪によって善友に憎背し、悪友に親近し、三乗賢聖法の器《うつわ》でない、旃荼羅《せんだら》のような刹帝利《せったいり》（〝王族〟）、旃荼羅のような婆羅門（〝祭司〟）、旃荼羅のような大臣、旃荼羅のような居士、旃荼羅のような沙門、旃荼羅のような長者、旃荼羅のような吠舎《ばいしゃ》（〝平民〟）、旃荼羅のような戍達羅《しゅちだつら》（〝隷民〟）がいるであろう。

あるいは声聞乗の法をわずかに聴習してのち、諸仏によって護持されてきた独覚乗の法と無上乗（大乗）の法とを誹謗するであろうし、非難するであろうし、遮蔽するであろうし、隠没するであろうし、流布させないであろう。

あるいは独覚乗の法をわずかに聴習してのち、諸仏によって護持されてきた声聞乗の法と無上乗（大乗）の法とを誹謗するであろうし、非難するであろうし、遮蔽するであろうし、隠没するであろうし、流布させないであろう。

あるいは無上乗（大乗）の法をわずかに聴習してのち、諸仏によって護持されてきた声聞乗の法と独覚乗の法とを誹謗するであろうし、非難するであろうし、遮蔽するであろうし、隠没するであろうし、流布させないであろう。名誉と利得とのために、次のように言うであろう。「自分は大乗の者である。大乗のともがらである。ただ大乗を聴習受持したいが、声聞乗と独覚乗との法を〔聴習受持〕したくない。二乗の者に親近したくない。」

そのように大乗の者を詐称する者たちは、みずからの愚痴と憍慢との力によって、そのように三乗の正法を誹謗するであろうし、非難するであろうし、遮蔽するであろうし、隠没するであろうし、流布させないであろう。三乗の法を学ぶ者を憎悪するであろうし、誹謗するであろうし、侮辱するであろうし、勢力なからしめるであろう。(4)

ここでも、自称〝菩薩〟が声聞乗と独覚乗とについて学ばないことが批判されている。

さらに、『大般涅槃経』――その確実な成立下限は法顕がパータリプトラ（現在のパトナ）において同経を取得した四〇五―四〇七ごろ――に次のようにある（文中の「方広」とは、大乗経の旧称）。

乳と、さらには、罪業は、すぐには凝固したりせず。
灰が覆った火の上を、愚者が踏んだら焼けるよう。

見る目がない、ひとり、阿羅漢であることを欲している一闡提《いっせんだい》は大いなる無尽の道を行くことを欲している。慈を具える阿羅漢であることを欲しているし、方広をけがすことを欲している。阿羅漢であることを欲しつつ、声聞乗を非難してのち、「われは菩薩であるし、方広を説く者である。あらゆる有情には如来蔵の諸功徳があるし、仏がある」と説いて、仏について授記し、「われと汝とによって煩悩の行相が水瓶のように壊されるべきである。疑いなく菩提が修習されるべきである。経についての説明はこうである」と説いている。

あたかも王の使い――清潔であり、親愛な者に語るのに巧みであり、大いに輝かしい――が敵の中で自らの生命を危険に晒した上で王に文を完全に申し上げるように、そのように、方広を重んずる智者は愚者の中でみずからの生命を危険に晒した上であらゆる有情に如来蔵があるゆえに仏について授記する。〔しかし、ひとびとは、〕阿蘭若《あらんにゃ》（〝静かな郊外〟）にいる者、経を斥ける者、愚かな者、蒙昧《くら》き者、阿羅漢であることを欲している者なるもの、彼ら（すなわち、一闡提）を、阿羅漢のようだと見、摩訶薩のようだと見ている。

かの、一闡提である、罪ぶかい比丘は阿蘭若に住んでいるし、みずからを阿羅漢のようだと評価しているし、〔ほかの〕阿蘭若に住む比丘たちが他者によって招かれたのにがまんできずに、「四条件ゆえに、方広は魔によって説かれたものである。〝世尊は無常である。法と僧（サンガ）ともなくなる。正法がなくなるという、そのような諸兆候も現われている〟ということ（四条件）が大乗において善く説かれている」と説くのである。そのように「〔方広は〕正法ではない」と説くことは、あたかも乳のように、すぐには凝固しない。あたかも灰に覆われ

た火を踏むように、愚者である一闡提たちは後になって焼かれるであろう。(5)

ここでは、自称〝菩薩〟が大乗と声聞乗とを非難することが批判されている。

さらに、『虚空蔵菩薩経』――その確実な成立下限は仏陀耶舎が同経を漢訳した五世紀初頭〈弘始十五年〈四一三〉以降〉――に次のようにある。

また次に、良家の息子よ、初心者である菩薩が誰かある者たちに語るとしよう。「良家の息子たちよ、貴君らは声聞乗の法話を捨てよ。聞くな。朗読するな。他の者たちに説明するな。声聞乗の法話を隠せ。貴君らはそこから大いなる果を得られないであろう。貴君らはその原因からは煩悩の終わりをなすことができない。大乗の法話を信ぜよ。大乗を聞け。大乗を朗読せよ。他の者たちに説明せよ。貴君らはそこからあらゆる悪趣と険所とへの道を消すであろう。さらに、すみやかに無上正等菩提《むじょうしょうとうぼだい》を現等覚《げんとうがく》するであろう。」

もし彼らが彼の発言を実践する者となり、このような見かたを受け容れるならば、双方とも根本罪となる。これは初心者である菩薩にとって第四の根本罪である。(6)

ここでは、初心者である菩薩が他者に声聞乗の法話を捨てさせることが禁じられている。

三　菩薩は声聞乗を学ばない

次に、「菩薩は声聞乗を学ばない」という考えかたに移る。

『八千頌般若波羅蜜多』――その確実な成立下限は支婁迦讖が同経を漢訳した光和二年（一七九）――に次のようにある。

そのように学びつつあるこの菩薩摩訶薩は菩薩の学について学ぶのであり、声聞の学について学ばないし、独覚の学について学ばない。(7)

ここでは、菩薩は声聞の学について学ばないと説かれている。

ちなみに、ここより少し後の箇所に次のようにある。

スブーティが言った。「しかし、世尊よ、いったい、かの菩薩摩訶薩によって声聞の達成すら学ばれるのでしょうか。」

世尊が言った。「スブーティよ、声聞の達成すらかの菩薩摩訶薩によって学ばれるのである。

しかるにまた、スブーティよ、菩薩摩訶薩は〝声聞の達成に立脚しよう〟とは学ばない。あるいは、〝わたしに声聞の達成があるだろう〟と、そのようには学ばない。スブーティよ、かの声聞の諸功徳なるもの、それらをも彼（菩薩摩訶薩）は知っているが、そこに立脚しない。そのように、考察しもするし、反対しもしない。〝わたしによってもこれら声聞の諸功徳は説かれるべきであるし、明らかにされるべきである〟と学ぶのである。(8)」

ここで、菩薩は声聞の達成について学ぶと説かれていることは、先に、菩薩は声聞の学について学ばないと説かれていたことと矛盾している。

ただし、この文は同経の現存最古の漢訳である支婁迦讖訳に次のようにある。

スブーティがブッダに言った。「菩薩は阿羅漢法を学ぶべきでしょうか。」

ブッダは言った。「スブーティよ、たとえ阿羅漢法を知っているにせよ、行じたがらないし、学ばない。阿羅漢のなすべき功徳を、どうして得たりしようか。阿羅漢の行ずべきことを、菩薩はことごとく知っているが、学ばないし、行じないし、そこに立脚しない。(9)」

ここで、菩薩は声聞の達成――阿羅漢法と意訳されている――について学ばないと説かれていることは、先に、菩薩は声聞の学について学ばないと説かれていたことと矛盾していない。したがって、支婁迦讖訳にあるように、菩薩は声聞の達成について学ばないと説かれているほうが本来のかたちに違いない。

さらに、『二万五千頌般若波羅蜜多』――その確実な成立下限は無羅叉が同経を漢訳した元康元年（二九一）――に次のようにある。

そのように学びつつあるこの菩薩摩訶薩は菩薩の学について学ぶのであり、声聞の学について学ばないし、独覚の学について学ばない。(10)

これは『八千頌般若波羅蜜多』にあるのと全同である。

さらに、『大聖文殊師利仏刹功徳荘厳経』（『大宝積経』文殊師利授記会）――その確実な成立下限は竺法護が同経を漢訳した永熙年間（二九〇）――に次のようにある。

また次に、シャーリプトラよ、二法によって伴われている菩薩は願から退かないし、仏国土の功徳の配置を、欲したままに、そのままに受け取るであろう。二とは何かというならば――〔1〕シャーリプトラよ、その場合、菩薩は声聞乗を欲しないし、声聞乗の法話を喜ばないし、声聞乗の者に親近しないし、声聞の学について学ばないし、声聞乗相応の法を説かない。

〔2〕また次に、〔他者に〕声聞乗を取らせないし、それと同様に、独覚乗を〔取らせないし〕、仏法（〝仏の諸属性〟）を成就するために無上正等菩提を取らせる。(11)

ここでは、菩薩は声聞の学について学ばないと説かれている。

さらに、『三昧王経』――その確実な成立下限は那連提耶舎が同経を漢訳した天保八年（五五七）――に次のようにある。

声聞地をば学ばざれ。そこでの行を望まざれ。
仏徳《ぶっとく》に心そらさざれ。疾《と》く勝者王《しょうじゃおう》、仏《ぶつ》とならん。(12)

ここでは、菩薩は声聞地を学ばないと説かれている。

さらに、智厳訳『説妙法決定業障経』――開元九年（七二一）の漢訳――に次のようにある。

さらに次に、修行する菩薩は小乗の経論をしばしば閲覧すべきではない。それはなぜかとい

うならば、仏道にとって障りとなるからである。(13)

ここでは、菩薩は声聞の経論をしばしば閲覧すべきでないと説かれている。ただし、この文は先行する玄奘訳や現存梵文のうちにない。したがって、この文は後から付加されたに違いない。

四　本章のまとめ

本章において確認してきたことを表示するならば、次々頁の表（7－1および7－2）のとおりである。

諸大乗経のうちには、「菩薩は声聞乗を学ぶ」という考えかたと、「菩薩は声聞乗を学ばない」という考えかたとが存在している。両者の考えかたはほぼ同じころから現われていた。興味ぶかいのは、支婁迦讖、竺法護のような初期の漢訳者が、「菩薩は声聞乗を学ぶ」という考えかたが提示されている大乗経と、「菩薩は声聞乗を学ばない」という考えかたが提示されている大乗経とをどちらも漢訳していたことである。彼らははたしてどのように折り合いを付けながらそれらを漢訳していたのであろうか。

インドにおいて、大乗経を支持する諸学派によって受け容れられたのは「菩薩は声聞乗を学ぶ」

という考えかたのほうである。

たとえば、唯識派の『瑜伽師地論』本地分中菩薩地戒品に次のようにある。

【汚れある違犯】　さらに、何らかの菩薩が、〝菩薩は声聞乗相応の法を聴くべきでないし、たもつべきでないし、それについて学びを行なうべきでない。菩薩が声聞相応の法を聴いたり、たもったりすることが何になろうか。それについての学びが何の役に立とうか〟という、このような見解の持ち主、このような発言の持ち主であるならば、違犯を伴うもの、逸脱を伴うものとなり、汚れある違犯に陥る。

というのも、菩薩は、とりあえず、異教徒の諸論についてすら、取り組みを行なうべきなのである。ましてや、仏説についてはなおさらである。

【無違犯】(14)　それ（声聞乗相応の法）を最高とする片寄った者を、意気沮喪させるためならば、違犯はない。

ここでは、菩薩が声聞乗について学びを行なわないことが禁じられている。

さらに、中観派のシャーンティデーヴァ（寂天。七世紀後半）の著作『入菩提行論』（五・八九後半）に次のようにある。

表7－1

「菩薩は声聞乗を学ぶ」という考えかたが提示されている大乗経	確実な成立下限
『阿耆世王懺悔経』	支婁迦讖が同経を漢訳した二世紀
『大乗方広総持経』	竺法護が同経を漢訳した西晋の武帝の代（二六六―二九〇）
『地蔵十輪経』	失名の訳者が同経を漢訳した北涼の代（三九七―四三九）
『大般涅槃経』	法顕がパータリプトラにおいて同経を取得した四〇五―四〇七ごろ
『虚空蔵菩薩経』	仏陀耶舎が同経を漢訳した五世紀初頭（弘始十五年〈四一三〉以降）

表7－2

「菩薩は声聞乗を学ばない」という考えかたが提示されている大乗経	確実な成立下限
『八千頌般若波羅蜜多』	支婁迦讖が同経を漢訳した光和二年（一七九）
『二万五千頌般若波羅蜜多』	無羅叉が同経を漢訳した元康元年（二九一）
『大聖文殊師利仏刹功徳荘厳経』（『大宝積経』文殊師利授記会）	竺法護が同経を漢訳した永熙年間（二九〇）
『三昧王経』	那連提耶舎が同経を漢訳した天保八年（五五七）
『説妙法決定業障経』	智厳が同経を漢訳した開元九年（七二一）

大と小との諸法には、等しく尊重なしたまえ。(15)

これに対するプラジュニャーカラマティ（十―十一世紀）の註釈に次のようにある。

声聞乗において説かれた、あるいは大乗において説かれた諸法には、等しく、心を澄浄ならしめること（信）などをなすのがよいであろう。さもなくば、正法を棄てることになるであろう。(16)

ここでは、菩薩が声聞乗と大乗との諸法を等しく尊重すべきことが説かれている。声聞は諸有情に三乗を説かないが、仏は諸有情に三乗を説く。それゆえに、将来、仏となって諸有情に三乗を説くべき菩薩は三乗を学ぶべきなのである。

ここでも重要なのは、インドにおいて、「菩薩は声聞乗を学ばない」という考えかたは、決して、「声聞乗は間違っている」と批判しているわけではなく、あくまで、「声聞乗は劣っている」と蔑視しているだけであるという点である。そこにおいては、声聞乗は劣ってはいるが、間違ってはいない。「菩薩は声聞乗を学ばない」という考えかたは、声聞乗蔑視ではあるが、声聞乗批判ではない。

第八章　波羅提木叉はいつ要されなくなったか

一　本章のねらい

本章においては、大乗仏教の声聞乗蔑視のひとつとして、「菩薩は波羅提木叉を要しない」という考えかたについて確認していきたい。

欲界において、七衆はそれぞれ仏教的な道徳律（moral code）について学び、それによって、仏教的な道徳性（morality）をたもつ。仏教的な道徳律は学処《がくしょ》と呼ばれ、仏教的な道徳性は戒と呼ばれる。表示するならば、次頁の表（8－1）のとおりである。

学処はいずれも部派の三蔵あるいは註釈において説かれている。

出家者である場合、声聞は波羅提木叉を要する。それゆえに、彼は部派の律蔵において説かれて

表8－1　七衆の学処と戒

七衆	学処	戒
比丘	二百五十学処（概数。部派によって相違）	波羅提木叉《はらだいもくしゃ》
比丘尼	五百学処（概数。部派によって相違）	波羅提木叉
式叉摩那	六学処	六法
沙弥・沙弥尼	十学処	十戒
優婆塞・優婆夷	五学処	五戒
	八学処	近住戒

いる二百五十学処／五百学処について学び、それによって、波羅提木叉をたもつ。では、出家者である場合、菩薩は波羅提木叉を要するか。

じつは、諸大乗経のうちには、「菩薩は波羅提木叉を要する」という考えかたと「菩薩は波羅提木叉を要しない」という考えかたとが存在している。本章においては、それらふたつの考えかたについて併せて確認していくことにしたい。

二　菩薩は波羅提木叉を要する

まず、「菩薩は波羅提木叉を要する」という考えかたから始める。諸大乗経において波羅提木叉が言及されることは少なくないが、ここでは、「菩薩は波羅提木叉を要する」という考えかたが明確に現われている経のみを提示する。

『迦葉品』（『大宝積経』普明菩薩会）――その確実な成立下限は支婁迦讖が同経を漢訳した光和年間（一七八―一八四）――に次のようにある。

> 波羅提木叉に対しての、学によっては傲《おご》らない。さらに、それゆえ、今世にて、それにとどまったりはせず、
> さらに高くに、もろもろの、聖者の道を求めゆく。これらが、清浄なる戒の、持ち主にある諸表徴。[1]

ここでは、波羅提木叉についての学によっては傲らず、さらに高くにもろもろの聖者の道を求めゆくのが清浄なる戒の持ち主にある諸表徴であると説かれている。あくまで、波羅提木叉についての学によって傲ることが斥けられているにすぎず、決して、波羅提木叉が斥けられているのではない。

さらに、『方便善巧経』（『大宝積経』大乗方便会）――その確実な成立下限は竺法護が同経を漢訳し

た太康六年〔二八五〕――に次のようにある。

するのであり、世尊が菩薩摩訶薩ジュニャーノーッタラにおっしゃった。「良家の息子よ、また次に、方便善巧な菩薩は重い違犯すら方便善巧によって軽くするのである。どのように軽くするかというならば、良家の息子よ、ここで、方便善巧な菩薩は、ある時、いつか、どこかで悪友の力によって違犯に陥るかもしれないが、彼はこのように学ぶ。『もし、わたしがこの蘊〔今生の五蘊〕によって般涅槃すべきであろうなら、そのように、〔違犯に陥ったせいで般涅槃することができない〕わたしの心は懊悩を伴いもするようになるであろうが、わたしによって、「有情を成熟させるために、後際まで輪廻しよう」と、そのように鎧がまとわれるべきであり、わたしによって心の懊悩がなされるべきでない。わたしは、輪廻するままに、そのままに、有情を成熟させよう。この違犯にも法のとおりに対処しよう。ほかの違犯が起こらないようにしよう。』

良家の息子よ、思案をたもった上、もし、出家者である菩薩が〔比丘の〕四つの根本違犯すべてを踏み越えるにせよ、この方便善巧によって除去するならば、〔比丘の根本違反であるが、〕菩薩の無違犯であるとわたしは説く。」

すると、世尊に菩薩摩訶薩ジュニャーノーッタラが次のように訊ねた。「世尊よ、どうであれば菩薩は〔菩薩の根本〕違犯を伴う者なのでしょうか。」

こう訊ねられると、世尊は菩薩摩訶薩ジュニャーノーッタラに次のようにおっしゃった。

「良家の息子よ、波羅提木叉の学について学びつつある菩薩が、百千劫ものあいだ根《ね》と実《み》とを食べる者となるとしよう、あらゆる有情による快いことばと快くないことばとをも耐え忍ぶとしよう、声聞と独覚とに対する作意《さい》（〝心惹かれること〟）をも伴って住するとしよう。それが菩薩の重い根本違犯である。

良家の息子よ、具体的には、あたかも声聞乗の者は、〔比丘の四つの〕根本違犯に陥ったなら、その蘊（今生の五蘊）によっては般涅槃する資格がなくなるように、そのように、良家の息子よ、菩薩も、〔菩薩の重い根本〕違犯を懺悔しないまま、声聞と独覚とに対する作意を棄てないままなら、仏地において般涅槃する資格がなくなるのである。」(2)

ここでは、波羅提木叉の学について学びつつある菩薩が声聞と独覚とに対する作意を伴って住することは菩薩の重い根本違犯であると説かれている。あくまで、声聞と独覚とに対する作意を伴って住することが斥けられているにすぎず、決して、波羅提木叉が斥けられているのではない。

注意されるべきなのは、比丘の四つの根本違犯と、菩薩の重い根本違犯とが別々に説かれている点である。出家者である菩薩は、たとえ比丘の四つの根本違犯すべてを踏み越えるにせよ、もし方便善巧によってそれを軽くするならば、比丘の四つの根本違犯に陥るのみであって、菩薩の重い根本違犯に陥らない。彼は出家者ではなくなるが、菩薩ではなくならないのである。

さらに、『仏蔵経』――その確実な成立下限は鳩摩羅什が同経を漢訳した弘始七年（四〇五）――に次のようにある。

その場合、高遠な諸法に対する忍（〝承認〟）をいまだ得ていないまま信施（〝信仰によって施されたもの〟）を受用する者たちなるもの、彼らは信施をちゃんと受用していない者たちである。彼らは、いかなるかたちであれ、この聖教において出家してのち、波羅提木叉律儀《りつぎ》によって律儀ある者となっているにせよ、勝義空性《しょうぎくうしょう》（〝最高〔智〕の対象であるからっぽさ〟）に対し前進しないであろうし、勝解《しょうげ》（〝納得〟）しないであろうし、空性によって無所得である諸法に対し猶予、疑念をいだくであろう。彼らは多くは戒をたっとび、定《じょう》をたっとび、聞《もん》をたっとぶのであるにせよ、シャーリプトラよ、彼らによって如来に供養がなされたのではないし、恭敬がなされたのではないし、尊重がなされたのではないし、詠歎がなされたのではない。(3)

ここでは、高遠な諸法に対する忍をいまだ得ていない者たちは、たとえ波羅提木叉律儀によって律儀ある者となっているにせよ、空性に対し前進しないし、勝解しないし、空性によって無所得である諸法に対し猶予、疑念をいだくと説かれている。あくまで、空性に対し前進しないこと、勝解しないこと、空性によって無所得である諸法に対し猶予、疑念をいだくことが斥けられているにすぎず、決して、波羅提木叉が斥けられているのではない。

同経にさらに次のようにある。

シャーリプトラよ、その場合、わたしによって、持戒の比丘たちを護ることを期待してのち、制定された増上戒学処と、説かれた波羅提木叉経となるもの——それを、その時、彼ら〔愚昧である人々〕は、世間的な財のために、在家者に語るであろう。書物にされたかたちで在家者に与えようと思うであろう。シャーリプトラよ、その場合、そのような不正である人々においては、空性《くうしょう》（〝からっぽさ〟）が何の役に立ったりしようか。自相（〝固有の特徴〟）を欠くので空《くう》（〝からっぽ〟）である諸法が何の役に立ったりしようか。それはなぜかというならば、シャーリプトラよ、具体的には、彼ら愚昧である人々は貪を断ちきるために取り組むことができない以上、無明を断ちきるために取り組むことができないのはなおさらである。それは機会がないものなのである。[4]

ここでは、波羅提木叉経（すなわち、二百五十学処）を在家者に語ったり、書物にされたかたちで在家者に与えたりする、愚昧である人々においては、空性が何の役に立ったりしようか、自相を欠くので空である諸法が何の役に立ったりしようかと説かれている。あくまで、波羅提木叉経を在家者に語ること、書物にされたかたちで在家者に与えることが斥けられているにすぎず、決して、波羅提木叉が斥けられているのではない（なお、波羅提木叉経を在家者に語ることは、もともと、部派の律蔵において禁じられていることである）。

さらに、『自在王菩薩経』――その確実な成立下限は鳩摩羅什が同経を漢訳した弘始九年（四〇七）――に次のようにある。

菩薩は教えられていない戒をたもつ者である。たとえ諸如来が〔世に〕お出ましにならなくても、誰からも学と波羅提木叉とを受けないまま、波羅提木叉律儀によって律儀ある者であるし、学に歓喜する者である。菩薩は、在家であっても、制定されたとおりの学を護るし、出家してのちも、制定されたとおりの波羅提木叉について、教えを要しないまま、学ぶのである。これは菩薩の不共《ふぐう》（〝〔声聞独覚と〕共有でないもの〟）である。生命のためであろうとも、彼は学処を棄てず、あらゆる戒を菩提へ向けるし、あらゆる有情が破戒を放棄することのために迴向する。これが菩薩の不共法の第二である。(5)

意味はわかりやすい。

さらに、『虚空蔵菩薩経』――その確実な成立下限は仏陀耶舎が同経を漢訳した五世紀初頭〈弘始十五年〈四一三〉以降〉――に次のようにある。

さて次に、初心者である菩薩が誰かに次のように語るであろう。「おお、波羅提木叉と律、善く護られた戒が何になろうか。貴君はすみやかに無上正等《むじょうしょうとう》菩提《ぼだい》へ発心せよ。大乗を朗読せよ。貴君のもとで身と語と意とによって煩悩を縁（〝きっかけ〟）として引き出された何らかの不善業なるもの、それは、清浄なもの、〔不善業の〕異熟《いじゅく》（〝むくい〟）のないものとなるであろう。」――以下、前に説かれたとおりである。これは初心者である菩薩にとって第三の根本罪である(6)。

意味はわかりやすい。

さらに、『勝鬘経』（『大宝積経』勝鬘夫人会）――その確実な成立下限は求那跋陀羅が同経を漢訳した元嘉十三年（四三六）――に次のようにある。

世尊よ、「波羅提木叉」「律」というこの二法は同義であり、発音だけが別々です。世尊よ、

「律」といわれるこれは大乗の者たちの学です。それはなぜかというならば、世尊よ、具体的には、〔大乗の者たちは〕如来たることのために出家しますし受具しますからです。世尊よ、そういうわけで、具体的には、「律」といい「出家」「受具」というこの仮設（〝しつらえ〟）は大乗の軌則である戒蘊なのです。(7)

意味はわかりやすい。

さらに、『大方広三戒経』（『大宝積経』三律儀会）――その確実な成立下限は曇無讖が同経を漢訳した北涼の代（三九七―四三九）――に次のようにある。

彼（菩薩）は説かれたとおりの波羅提木叉に随順すべきである。カーシャパよ、波羅提木叉に随順すまいと思う者たちなるもの、彼らは仏の〔十〕力と〔四〕無所畏とに随順すまいと思う者たちである。仏の〔十〕力と〔四〕無所畏とに随順すまいと思う者たちなるもの、彼らは過去と未来と現在との諸仏世尊の菩提に随順しまいと思う者たちであって、彼の異熟（〝むくい〟）たるや、那洛迦（〝地獄の住民〟）の苦受（〝苦の感受〟）を体験している、三千大千世界にありったけの有情の〔苦〕受は、彼の苦受である、それの百分の一にも達しないし、千〔分の一〕にも、百千〔分の一〕にも、百千コーティ〔分の一〕にも、数にも、分《ぶん》にも、計算にも、譬喩

にも、類比にも堪えない。(8)

意味はわかりやすい。

さらに、『地蔵十輪経』――その確実な成立下限は失名の訳者が同経を漢訳した北涼の代（三九七―四三九）――に次のようにある。

また次に、良家の息子よ、菩薩摩訶薩には、さらに、清浄戒という大甲冑輪がある。その輪によって伴われている菩薩摩訶薩は、初めての心を発《おこ》した時からあらゆる五欲を斥けるし、あらゆる声聞独覚を超えるし、あらゆる声聞独覚にとって大福田《だいふくでん》となるし、あらゆる声聞独覚乗の者によって供養され、親近され、守護されるであろう。

清浄戒という大甲冑輪とは何かというならば、良家の息子よ、菩薩の清浄戒は二種類である。①〔声聞独覚乗と〕共有であるものと、②〔声聞独覚乗と〕共有でないものとである。

菩薩の、①〔声聞独覚乗と〕共有である清浄戒という輪とは何かというならば、在家者の、優婆塞近住律儀、あるいは、出家者の、波羅提木叉の受具である。そのように律儀と波羅提木叉とがある。これが、菩薩の、①声聞独覚乗と共有である清浄戒という輪である。菩薩は、この清浄戒という輪によっては、あらゆる有情の煩悩と諸悪見趣とを断ちきってやることができないし、〔あらゆる有情を〕業障と輪廻とから解放してやることができない。これは大甲冑輪と呼ばれないし、これによっては菩薩摩訶薩と呼ばれないし、あらゆる声聞独覚にとってまことの福田と呼ばれない。

菩薩の、②〔声聞独覚乗と〕共有でない清浄戒という大甲冑輪とは何かというならば、諸菩薩は、十方にいるあらゆる有情に対し、平等性の心、無擾動の心、無怨恨の心を起こして、清浄戒をたもつ。持戒の者と破戒の者、布施する者と慳貪なる者、慈悲ある者と忿恚《ふんい》ある者、精進ある者と懈怠ある者、下等の者と中等の者と上等の者すべてに対し、区別の心がないまま、区別の想がないまま、清浄戒をたもつ。三界にいるあらゆる有情に対し、恚がないまま、忿がないまま、諸悪行されるまま、清浄戒をたもつ。三有にある蘊と界と処とに対し、分別《ふんべつ》（〝はからい〟）がないまま、清浄戒をたもつ。欲界に依拠しないまま、清浄戒をたもつ。色界に依拠しないまま、清浄戒をたもつ。無色界に依拠しないまま、清浄戒をたもつ。諸有《しょう》（〝もろもろの輪廻的生存〟）のあらゆる異熟（〝むくい〟）に期待しないまま、清浄戒をたもつ。あらゆる得と不得とに依拠しないまま、清浄戒をたもつ。諸行（〝もろもろの形成素〟）に依拠しないまま、清浄戒をたもつ。これが、菩薩の、②〔声聞独覚乗と〕共有でない清浄戒という大甲冑輪と呼ばれる。

良家の息子よ、この清浄戒という大甲冑輪によって伴われている菩薩摩訶薩は、初めての心を発した時からあらゆる五欲を斥けるし、菩薩摩訶薩と呼ばれるし、あらゆる声聞独覚を超えるし、あらゆる声聞独覚にとって大福田となるし、あらゆる声聞独覚乗の者によって供養され、親近され、守護されるであろう。(9)

ここでは、菩薩は優婆塞律儀あるいは波羅提木叉という清浄戒をたもつのみならず、その清浄戒を、無所得なるまま、たもつと説かれている。

さらに、『宝雲経』――その確実な成立下限は曼陀羅仙が同経を漢訳した天監年初（五〇二）――に次のようにある。

良家の息子よ、その場合、どのように菩薩は波羅提木叉律儀によって律儀ある者となるかというならば、良家の息子よ、この場合、菩薩は〝如来によって何であれ経か律か句かにおいて制定されたこれら学処なるもの、それらは大師によって説かれたものである〟と思って、あちこちの〔学〕処を善く学ぶが、種姓に対する貪（〝むさぼり〟）によってではないし、見《けん》に対する貪によってではないし、従者に対する貪によってではないし、〔ほかの〕補特迦羅《ふとがら》（〝個体〟）の過失ゆえにそれぞれの学処をうやまわないのではない。そのように菩薩は波羅提木叉律儀によって律儀ある者となるのである。

どのように菩薩は菩薩律儀によって律儀ある者となるかというならば、この場合、この菩薩は〝波羅提木叉律儀だけによっては、わたしが無上正等菩提を現等覚《げんとうがく》することは不可能である。如来によってあちこちの経典において制定されたこれら菩薩の軌則と菩薩の学処となるもの、それらについて、わたしによって学ばれるべきである〟と伺察するのである。

それら、菩薩の軌則とは何か、それら、菩薩の学処とは何かというならば、この場合、菩薩は、その場合、諸有情が浄信篤くならない、非処（〝不適切な機会〟）には行じないし、非時（〝不適切な時〟）には行じないし、非方（〝不適切な地方〟）には行じないし、非時には語らない者となるし、時（〝適切な時〟）を知らない者とならないし、方（〝適切な地方〟）を知らない者とならないし、量（〝適切な量〟）を知らない者とならない。彼は有情に配慮するし、かつ、みずからの菩提資糧を円満させるために威儀を円満しつつ、柔らかに語る者、穏やかに語る者、社交が多からざる者、遠離に向かっている者、顔の肌が輝いている者となる。そのように菩薩は菩薩の軌則が円満している者となるのである。

どのように菩薩は菩薩の学処によって律儀ある者となるかというならば、如来によってあちこちの経典において制定されたこれら諸菩薩の学処なるもの、それらをうやまう者となるし、結びつく者となるのである。そのように菩薩は菩薩の学処によって律儀ある者となるのである。[10]

ここでは、菩薩は波羅提木叉と菩薩律儀とについて学ぶと説かれている。

さらに、『法集経』――その確実な成立下限は菩提流支が同経を漢訳した延昌四年（五一五）――に次のようにある。

世尊よ、その場合、菩薩摩訶薩の増上戒学とは何かというならば、菩薩は波羅提木叉律儀によって律儀ある者でもありますし、〝波羅提木叉だけによって清浄である〟とも思わず、菩薩律儀に依拠している者なのです。

軌則と所行とが円満している者でもありますし、〝軌則と所行とだけによって清浄である〟とも思わず、菩薩の軌則と所行とに依拠している者なのです。

微塵ほどの非難されるべきことどもに対し恐怖を見いだす者でもありますし、菩薩の智に依拠している者でもあります。

その場合、菩薩の智とは何かというならば、諸菩薩が、あらゆる法の真実を了知することによって、業と煩悩とによって恐れおののかされることがない、それが、菩薩の、真実を了知することなのです。

その場合、菩薩の所行とは何かというならば、菩薩は空性を所行としている者であり、思惟（カルパ）と、分別（ヴィカルパ）と、遍計（パリカルパ）とを所行としている者ではありません。

受けてのち学処について学ぶのであり、空性にもとづく平等性を受けてのち〔学処について〕学ぶこと、それが、受けてのち〔学処について〕学ぶことと呼ばれるのです。無相にもとづく平等性と、無願にもとづく平等性と、無形成にもとづく平等性と、無生無起にもとづく平等性とを受けてのち〔学処について〕学ぶこと、それが、受けてのちもろもろの学処について学ぶことと呼ばれるのです。

次に、さらに、世尊よ、菩薩は次のように思います。〝この波羅提木叉律儀戒のうちに諸有情を置くべきである〟と。これが菩薩摩訶薩の増上戒学なのです。(11)

ここでも、菩薩は波羅提木叉と菩薩律儀とについて学ぶと説かれている。

さらに、『大迦葉経』（『大宝積経』摩訶迦葉会）——その確実な成立下限は月婆首那が同経を漢訳した興和三年（五四一）——に次のようにある。

世尊よ、わたし（マイトレーヤ）は学を遠ざけませんし、わたしは波羅提木叉について学をなします。(12)

意味はわかりやすい。

三　菩薩は波羅提木叉を要しない

次に、「菩薩は波羅提木叉を要しない」という考えかたに移る。

本章においてすでに確認したように、『虚空蔵菩薩経』においては、初心者である菩薩が「波羅提木叉と律、善く護られた戒が何になろうか」と説くことが禁止されていた。このことは、いにしえのインドにおいて、菩薩を自称する者たちのうちに、「菩薩は波羅提木叉を要しない」という考えかたを有する者たちがいたことを意味している。ただし、『虚空蔵菩薩経』においては、そのような者はあくまで排斥されているのである。

注意されるべきなのは『維摩経』である。声聞ラーフラのことばとして、同経——その確実な成立下限は支謙が同経を漢訳した黄武元年（二二二）から建興年間（二五二—二五三）——に次のようにある。

世尊、わたしは思い出します。ある時、多くのリッチャヴィ族の童子たちが、わたしのいるところ、そこに近づいて、わたしに次のように言いました。「ラーフラよ、あなたはかの世尊の息子で、転輪聖王《てんりんじょうおう》の位を捨ててのち、出家しておられます。その場合、何があなたにとって出家の功徳・利益なのでしょうか。」

彼らにわたしが適切に出家の功徳・利益を説明していますと、リッチャヴィ族のヴィマラキールティが、わたしのいるところ、そこに近づきました。彼はわたしを礼拝してのち、次のように言いました。「大徳ラーフラよ、あなたが説明するようには、そのようには、出家の功徳・利益は説明されるべきでありません。それはなぜかというならば、出家は無功徳・無利益なのです。大徳ラーフラよ、有為の発起があるところ、そこにおいて、功徳・利益はあります。しかるに、出家は無為です。そして、無為においては、功徳はありませんし、利益はありません。大徳ラーフラよ、出家は色《しき》（〝物質〟）なきものですし、色から離れているものですし、涅槃への道ですし、賢者たちによって称讃されているものですし、聖者たちによって採用されているものですし、あらゆる魔たちに打ち勝つことですし、五趣を乗り越えさせることですし、五眼を清めることですし、五力を得ることですし、五根のもといですし、他者たちを害しないことですし、罪悪法と交じっていないものですし、外道（〝異教徒〟）を打ち破ることですし、仮設《けせつ》を超え出ているものですし、泥の中での行路ですし、わがものがないものですし、わがものとすることから離れていますし、所有することから離れていますし、取《しゅ》がないものですし、混雑していないものですし、混雑が棄てられているものですし、自己の心を調えることですし、他者の心を護ることですし、止（〝［心の］静止〟）に随順していますし、すべてについて非難されるべきでないものです。これが出家と呼ばれるのです。そのように出家した者たちなるもの、彼らは善く出家した者たちなのです。あなたがた童子たちは善く説かれた法と律とにおいて出家しなさい。というのも、仏の出現は得がたいもの、好機に適うことは得がたいもの、人身を得ることは得がたいものなのです。」

彼ら童子たちは次のように言いました。「居士よ、わたしたちは聞いております。如来は父母によって送り出されていない者を出家させたまわない、と。」

彼は彼らに言いました。「童子たちよ、あなたがたは無上正等菩提に対し心を起こしなさい。正行を受具しなさい。あなたがたにとっては、他ならぬそれが出家、それが受具となるでしょう。」(13)

ここでは、無上正等菩提に対し心を起こすこと、正行を受具すること、それが出家、それが受具となると説かれている。無上正等菩提とある以上、これは菩薩について説かれているのである。部派においては、波羅提木叉なしには受具は考えられていない。ところが、ここでは、菩薩について、波羅提木叉なしに受具が考えられている。ここでの考えかたは「菩薩は波羅提木叉を要しない」という考えかたを許容するものである。

『維摩経』においては、菩薩について、無上正等菩提に対し心を起こすこと、正行を受具すること、それが出家、それが受具であると説かれている。そして、菩薩について、無上正等菩提に対し心を起こし、正行を受具する在家者は在家者でありつつ実質的に出家者であると考えられている。このことは『維摩経』の漢訳者である鳩摩羅什によっても指摘されている。『維摩経』に対する鳩摩羅什の註釈に次のようにある。

鳩摩羅什は言っている。――もし無上〔正等〕菩提心を発《おこ》したならば、心は三界を超え、形はたとえ〔三界に〕繫がれているにせよ、真の出家となるのである。それが受具である。

鳩摩羅什は言っている。――たとえ白衣《びゃくえ》を着ている者であるにせよ、もし無上〔正等〕菩提心を発すことができたならば、出家、受具となるのである。(14)

白衣を着ている者とは、在家者である。『維摩経』においては、ヴィマラキールティ自身も在家者でありつつ実質的に出家者であると説かれている。ヴィマラキールティについて、同経に次のようにある。

白衣を着ている者であるが、沙門の威儀が具わっている者である。家に住んでいる者であるが、欲界、色界、無色界と交じらない者である。妻、息子、召使を見せているが、つねに梵行

者である。眷属に取り巻かれているが、つねに遠離行者である。(15)

意味はわかりやすい。

いわば、『維摩経』においては、無上正等菩提に対し心を起こし、正行を受具するあらゆる菩薩は実質的に出家者であると考えられているのである。この考えかたは、決して、「菩薩は波羅提木叉を要する」という考えかたを拒絶するものではないが、少なくとも、「菩薩は波羅提木叉を要しない」という考えかたを許容するものである。

筆者が気づいているかぎり、諸大乗経において、「菩薩は波羅提木叉を要しない」という考えかたが提示されている例はほかにない。もっとも、いわゆる「声聞の持戒は菩薩の破戒」という考えかたが提示されている例はふたつある。

ただし、「声聞の持戒は菩薩の破戒」という考えかたを「菩薩は波羅提木叉を要しない」という考えかたとして理解することはできない。ここからは、そのことを説明することにしたい。

まず、『決定毘尼経《けつじょうびにきょう》』（『大宝積経』優波離会）――その確実な成立下限は敦煌三蔵（竺法護）が同経を漢訳した三世紀後半―四世紀初頭――に次のようにある。

それゆえに、今や、ウパーリよ、おまえは、声聞乗の者たちには、〔大乗の者たちの加行《けぎょう》（〝取り組み〟）と〕異なる加行によって、〔大乗の者たちの意楽《いぎょう》（〝こころざし〟）と〕異なる意楽によって、学を清浄にすることを説け。大乗へ出立している者たちには、〔声聞乗の者たちの加行と〕異なる加行によって、〔声聞乗の者たちの意楽と〕異なる意楽によって、学を清浄にすることを説け。

それはなぜかというならば、ウパーリよ、声聞乗の者たちにとっては、加行が〔大乗の者たちの加行と〕異なっているし、意楽が〔大乗の者たちの意楽と〕異なっているのである。大乗へ出立している者たちにとっては、加行が〔声聞乗の者たちの加行と〕異なっているし、意楽が〔声聞乗の者たちの意楽と〕異なっているのである。

その場合、ウパーリよ、声聞乗の者にとって清浄な戒であることとなるもの、それは大乗の者である菩薩にとって不清浄な戒であることであるし、最高の破戒である。大乗へ出立している菩薩にとって清浄な戒であることとなるもの、それは声聞乗の者にとって不清浄な戒であることであるし、最高の破戒である。

それはなぜかというならば、今世において、ウパーリよ、声聞乗の者はかの一瞬たりとも有《う》（〝輪廻的生存〟）への受生を採らない。これは声聞乗の者にとって清浄な戒であることであるが、それは大乗の者である菩薩にとって不清浄な戒であることであるし、最高の破戒である。

ウパーリよ、大乗へ出立している菩薩にとって清浄な戒であること——声聞乗の者にとって不清浄な戒であることであるし、最高の破戒である——とは何かというならば、今世において、ウパーリよ、大乗へ出立している菩薩摩訶薩は、倦まざる心を有しつつ、倦まざる意を有しつつ、無量の劫のあいだ、有への受生を採るのである。これは大乗へ出立している菩薩にとって清浄な戒であることであるが、それは声聞乗の者にとっては不清浄な戒であることであるし、最高の破戒である[16]。

ここでは、声聞乗の者にとって清浄な戒であることは大乗の者にとって最高の破戒であるし、大乗の者にとって清浄な戒であることは声聞乗の者にとって最高の破戒であると説かれている。重要なのは、声聞乗の者たちには、〔大乗の者たちの加行と〕異なる加行によって、〔大乗の者たちの意楽と〕異なる意楽によって、学を清浄にすることがあるし、大乗の者たちには、〔声聞乗の者たちの加行と〕異なる加行によって、〔声聞乗の者たちの意楽と〕異なる意楽によって、学を清浄にすることがあるという点である。声聞乗の者たちと大乗の者たちは、決して、学——波羅提木叉のための学処——について互いに異なっているのではなく、あくまで、加行と意楽とについて互いに異なっているのである。声聞乗の者たちと大乗の者たちとは学を共有しているのであるが、声聞乗の者たちは、〔大乗の者たちの加行と〕異なる加行によって、〔大乗の者たちの意楽と〕異なる意楽によって、学を清浄にし、それによって、有への受生を採らないのであるし、大乗の者たちは、〔声聞乗の者たちの加行と〕異なる加行によって、〔声聞乗の者たちの意楽と〕異なる意楽によって、学を清浄にし、それによって、有への受生を採るのである。有への受生を採るのは、大乗の者たちが声聞乗の者たちより長期にわたって自己貢献と他者貢献とに行ずるからである。

それゆえに、ここでは、「声聞の持戒は菩薩の破戒」という考えかたを「菩薩は波羅提木叉を要しない」という考えかたとして理解することはできない。

さらに、『清浄《しょうじょう》毘《び》尼《に》方広経《ほうこうきょう》』――その確実な成立下限は竺法護が同経を漢訳した太康十年（二八九）であるが、以下の文を含む一品《いちぼん》は竺法護訳に欠けており、その確実な成立下限は鳩摩羅什が同経を漢訳した五世紀初頭――に次のようにある。

天子が言った。「世尊よ、菩薩摩訶薩たちが〝行じないこと〟というやりかたで行ずることは、あらゆる世間に随順していないものです。

世尊よ、有所得《うしょとく》という毒が随伴している場合、有所得の者である声聞独覚にとって戒であるもの、それは菩薩摩訶薩たちにとって破戒です。およそ有所得の者である声聞独覚にとって精進であるもの、それは、有所得という毒が随伴しているゆえに、菩薩摩訶薩たちにとって懈怠です。[17]」

ここでは、声聞独覚にとって戒であるものは、有所得という毒が随伴している場合、菩薩摩訶薩たちにとって破戒であると説かれている。

重要なのは、声聞独覚にとって戒であるもの——波羅提木叉——は、あくまで、有所得という毒が随伴している場合、菩薩摩訶薩たちにとって破戒であるにすぎず、決して、有所得という毒が随伴していない場合、菩薩摩訶薩たちにとって破戒であるのではないという点である。菩薩摩訶薩たちは、声聞独覚にとって戒であるもの——波羅提木叉——を、無所得というかたちでたもつのである。

それゆえに、ここでも「声聞の持戒は菩薩の破戒」という考えかたを「菩薩は波羅提木叉を要しない」という考えかたとして理解することはできない。

以上、「声聞の持戒は菩薩の破戒」という考えかたを「菩薩は波羅提木叉を要しない」という考えかたとして理解することはできない。従来、「声聞の持戒は菩薩の破戒」という考えかたは「菩薩は波羅提木叉を要しない」という考えかたとして理解されがちであったが（たとえば、平川彰[1990: 35]）、むしろ、「菩薩は波羅提木叉を要する」という考えかたとして理解されるべきである。

る。

四　本章のまとめ

本章において確認してきたことを表示するならば、次頁の表（8－2および8－3）のとおりである。

諸大乗経のうちには、「菩薩は波羅提木叉を要する」という考えかたと「菩薩は波羅提木叉を要しない」という考えかたとが存在している。前者の考えかたのほうが後者の考えかたよりも早くから現われているし、長く続いている。

ちなみに、従来、大乗仏教本来の戒は十善業道であって波羅提木叉でないと考えられがちであったが（たとえば、平川彰［1990: 34-35］）、十善業道は波羅提木叉と相反しておらず、波羅提木叉のうちにも含まれている（本庄良文［1988］。なお、Sasaki Sizuka［1997］）。

インドにおいて、大乗経を支持する諸学派によって受け容れられたのは「菩薩は波羅提木叉を要する」という考えかたのほうである。

たとえば、中観派のナーガールジュナ（龍樹）『宝行王正論』に次のようにある。

出家者により、その後、まず、よき、学の敬《きょう》、なさるべし。

表8－2

「菩薩は波羅提木叉を要する」という考えかたが提示されている大乗経	確実な成立下限
『迦葉品』（『大宝積経』普明菩薩会）	支婁迦讖が同経を漢訳した光和年間（一七八―一八四）
『方便善巧経』（『大宝積経』大乗方便会）	竺法護が同経を漢訳した太康六年（二八五）
『仏蔵経』	鳩摩羅什が同経を漢訳した弘始七年（四〇五）
『自在王菩薩経』	鳩摩羅什が同経を漢訳した弘始九年（四〇七）
『虚空蔵菩薩経』	仏陀耶舎が同経を漢訳した五世紀初頭（弘始十五年〈四一三〉以降）
『勝鬘経』（『大宝積経』勝鬘夫人会）	求那跋陀羅が同経を漢訳した元嘉十三年（四三六）
『大方広三戒経』（『大宝積経』三律儀会）	曇無讖が同経を漢訳した北涼の代（三九七―四三九）
『地蔵十輪経』	失名の訳者が同経を漢訳した北涼の代（三九七―四三九）
『宝雲経』	曼陀羅仙が同経を漢訳した天監年初（五〇二）
『法集経』	菩提流支が同経を漢訳した延昌四年（五一五）
『大迦葉経』（『大宝積経』摩訶迦葉会）	月婆首那が同経を漢訳した興和三年（五四一）

表8－3

「菩薩は波羅提木叉を要しない」という考えかたが提示されている大乗経	確実な成立下限
『維摩経』	支謙が同経を漢訳した黄武元年（二二二）から建興年間（二五二―二五三）

波羅提木叉に、律ともども。多聞に。意味の決択に。(18)

ここでは、出家者である菩薩によって、まず、律と共《とも》なる波羅提木叉と、多聞と、意味の決択とについての、学の敬（〝うやまい〟）がなされるべきであると説かれている。

さらに、唯識派の『瑜伽師地論』本地分中菩薩地戒品に次のようにある。

その場合、菩薩のあらゆる戒とは何かというならば、まとめれば、菩薩の、在家者の分に属する戒と、出家者の分に属する戒とが、あらゆる戒と呼ばれるのである。さらに、その、在家者の分に依拠する戒と、出家者の分に依拠する戒とは、まとめれば、三種類である。（Ⅰ）律儀戒と（Ⅱ）摂善法戒と（Ⅲ）饒益《にょうやく》有情戒とである。

（Ⅰ）その場合、菩薩の律儀戒とは何かというならば、七衆の別解脱律儀を受けることである。比丘と比丘尼と式叉摩那と沙弥と沙弥尼と優婆塞と優婆夷との戒である。そういうわけで、これは、出家者の分と在家者の分とにおいて、適切に知られるべきである。

（Ⅱ）その場合、菩薩の摂善法戒とは、菩薩が戒律儀を受けおわってのち、大菩提のために、あるいは身によって、あるいは口によって、あるいは意によって、何かしら善を集めること、そのことすべてが、まとめれば、摂善法戒と呼ばれるのである。さらに、それは何かというならば、今世において、菩薩は戒に依拠してのち、戒に安住してのち、聞について、思について、止観の修習について、独りを楽しむことについて、取り組みをなす。そのように、時あるごとに、上人《しょうにん》たちに対し挨拶と礼拝と起立と合掌とをなすことをなす者である。そのように、時あるごとに、他ならぬその上人たちに対し尊敬を起こすことをなす者である。病者たちに対し、恭敬したのち、悲によって看病をなす者である。そのように、善く説かれたことがらに対し「よろしい」と言うことを与える者である。功徳ある補特伽羅《ふとがら》（〝個体〟）たちに対し、まことの賞讃を語る者である。そのように、十方におけるあらゆる有情の、あらゆる福徳について、意楽（〝こころざし〟）によって浄心を起こしてのち、ことばを語りつつ、随喜する者である。そのように、他者たちのあらゆる違反に対し、思択してのち、忍受する者である。そのように、身によって、語によって、意によって作されたあらゆる善を、無上正等菩提へ廻向する者である。さらに、時あるごとに、さまざまな正願と、あらゆる種類の、偉大な、三宝への供養とをなす者である。さらに、つねに善分に対し、取り組んでおり、精進を始めている。不放逸に住する者である。諸学処を身によって、語によって、さらに念と知と行とによって護る者である。根について門を護る者であり、享受について分量を知る者である。初夜と後夜とにおいて覚醒に取り組んでいる。善人に親近し、善知識に依拠している。さらに、自己の誤謬を知る者であり、過失を見る者である。さらに、知ってのち、過失を見てのち、慎む者である。さらに、誤謬を犯した際には、諸仏菩薩と諸同法者とのもとで、心を尽くして懺悔する者である。そのようなたぐいの諸善法を、得るため護るため増やすための戒なるもの、それが菩薩の摂善法戒と呼ばれる。

（Ⅲ）その場合、菩薩の饒益有情戒とは何か。それは、まとめれば、十一行相であると知られるべきである。十一行相とは何かというならば――

①　利を伴っている、さまざまな、有情のなすべきことについて、同伴者となることがある。

諸有情に次々に起こっている病などの諸苦について、看病するなど、同伴者となることがある。

②　そのように、世間的な利と出世間的な利とについて、法を教えることを先とし、方便を

③　恩を与えてくれた諸有情に対し、理趣（〝すべ〟）を教えることを先とし、恩を知る者たることを守っている者〔である菩薩〕には、ふさわしい恩返しを遂行することがある。

④　さらに、さまざまな、獅子や虎や王や盗賊や水や火などという、さまざまな畏怖のもとから諸有情を護ることがある。

⑤　財と親族とを失った者たちに対し、憂いを除去してやることがある。

⑥　生活用品が乏しい諸有情に対し、道理によって、あらゆる生活用品を供給することがある。

⑦　正しく〔①衣、②食、③寝具坐具、④病人の援助となる薬と生活用品という〕所依を与えることで、法によって集団を統率することがある。

⑧　話しかけることや語りかけることや挨拶することによって時あるごとに近づくことによって、他者から食べものや飲みものなどを受け取るゆえに、世間的な利に随順してふるまうゆえに、呼び出された者が往ったり来たりするゆえに、まとめれば、あらゆる、利を伴わない、意に適わない現行を回避するかたちで、〔他者の〕心に随転することがある。

⑨　さらに、まことの諸功徳について、内密に、あるいは明白に、顕揚することによって、喜ばせることがある。

⑩　柔らかな、貢献への増上意楽（〝すぐれたこころざし〟）によって随行されている内心によって、調伏のはたらきや、あるいは訶責することや、あるいは処罰することや、あるいは擯斥することがある。まさしく結局は、不善の場所から抜け出させ、善なる場所に結びつけてやるためである。

⑪　さらに、神通の力によって地獄などという諸趣の直接知覚対象を示すことによって、不善から離れさせることがあるし、さらに、仏の聖教に入らせるために、引き寄せることがあり、喜ばせることがあり、希有と思わせることがある。(19)

ここでは、菩薩戒が（Ⅰ）律儀戒、（Ⅱ）摂善法戒、（Ⅲ）饒益有情戒に分けられ、そのうち、（Ⅰ）律儀戒が七衆の別解脱律儀と規定されている。七衆の別解脱律儀とは、七衆の戒であって、比丘と比丘尼との波羅提木叉を含んでいる。『瑜伽師地論』の菩薩戒は波羅提木叉と別個にあるのではなく、波羅提木叉を含んでいるのである。

ここでも重要なのは、インドにおいて、「菩薩は波羅提木叉を要しない」という考えかたは、決して、「声聞乗は間違っている」と批判しているわけではなく、あくまで、「声聞乗は劣っている」と蔑視しているだけであるという点である。そこにおいては、声聞乗は劣ってはいるが、間違ってはいない。「菩薩は波羅提木叉を要しない」という考えかたは、声聞乗蔑視ではあるが、声聞乗批判ではない。

結　章　声聞批判・声聞乗批判はいつ生じたか

一　本章のねらい

ここまで、本書において、筆者は小乗蔑視として声聞蔑視と声聞乗蔑視とについて確認してきた。こんにち現存している大乗経が限られているゆえに、確認が万全でないことを懼れるが、それでもなお、こんにち梵文、蔵訳、漢訳のかたちで利用可能な大乗経をほぼ網羅しているゆえに、確認が一定の水準に達していることを信ずる。

本章においては、総括として、全体的なことを確認していきたい。

二　インドにおける声聞蔑視・声聞乗蔑視の受容

本書において、筆者は八章のうち前四章において声聞蔑視について確認し、後四章において声聞乗蔑視について確認してきた。

第一章においては、インドにおいて、「声聞は大慈大悲を有しない」という考えかたが諸大乗経のうちに存在し、大乗経を支持する諸学派によって受け容れられたことを確認した。

第二章においては、インドにおいて、「声聞は他者貢献のためには行じない」という考えかたが諸大乗経のうちに存在し、大乗経を支持する諸学派によって受け容れられたことを確認した。

第三章においては、インドにおいて、「菩薩は声聞と共に住まない」という考えかたが諸大乗経のうちに存在し、大乗経を支持する諸学派によって受け容れられなかったことを確認した。

第四章においては、インドにおいて、「菩薩は声聞を尊敬しない」という考えかたが諸大乗経のうちに存在し、大乗経を支持する諸学派によって受け容れられなかったことを確認した。

第五章においては、インドにおいて、「部派の三蔵は声聞蔵である」という考えかたが諸大乗経のうちに存在し、大乗経を支持する諸学派によって受け容れられたことを確認した。

第六章においては、インドにおいて、「部派の経律は声聞相応である」という考えかたが諸大乗経のうちに存在し、大乗経を支持する諸学派によって受け容れられたことを確認した。

第七章においては、インドにおいて、「菩薩は声聞乗を学ばない」という考えかたが諸大乗経のうちに存在し、大乗経を支持する諸学派によって受け容れられなかったことを確認した。

第八章においては、インドにおいて、「菩薩は波羅提木叉を要しない」という考えかたが諸大乗経のうちに存在し、大乗経を支持する諸学派によって受け容れられなかったことを確認した。


注意されるべきなのは、インドにおいて、大乗経を支持する諸学派は「菩薩は声聞と共に住まない」「菩薩は声聞を尊敬しない」「菩薩は声聞乗を学ばない」「菩薩は波羅提木叉を要しない」という考えかたを受け容れなかったという点である。インドにおいて、大乗経を支持する諸学派は、釈《しゃ》迦牟尼仏《かむにぶつ》以来の伝統を持つ諸部派の内部に成立していたゆえに、「菩薩は声聞と共に住まない」「菩薩は声聞を尊敬しない」という考えかたを受け容れなかったし、釈迦牟尼仏以来の伝承である部派の三蔵を重視していたゆえに、「菩薩は声聞乗を学ばない」「菩薩は波羅提木叉を要しない」という考えかたを受け容れなかったのである。

三　中国における声聞蔑視・声聞乗蔑視の受容

それに対し、中国においては、大乗経を支持する諸宗は、釈迦牟尼仏以来の伝統を持つ諸部派の内部に成立していなかったゆえに、「菩薩は声聞と共に住まない」「菩薩は声聞を尊敬しない」という考えかたを受け容れたし、釈迦牟尼仏以来の伝承である部派の三蔵を重視していたゆえに、「菩薩は声聞乗を学ばない」「菩薩は波羅提木叉を要しない」という考えかたを受け容れなかった。

中国において、大乗経を支持する諸宗はいずれも部派の三蔵――漢訳があるもの――を学んでいたし、波羅提木叉を要していた。南山律宗の開祖、道宣（五九六―六六七）は、『続高僧伝』（巻二十二、論。T50, 621c）において、大乗を愛し小乗を憎むこと――「愛大憎小」――を迷のひとつとして斥けている。中国や中国圏諸国において、諸宗の出家者が部派の三蔵を学び波羅提木叉を要していたことの例は少なくないが、ここでは、象徴的な例として、遼の非濁《ひじょく》（?―一〇六三）が編纂した『三《さん》宝感応要略録《ぼうかんのうようりゃくろく》』を挙げておきたい。同書に次のようにある。

第九、新羅の僧兪《そうゆ》が『阿含経』を読誦して浄土へ受生したことという感応〈新録〉

新羅の僧兪は新羅人である。若くして出家し、心を浄土教に帰した。『阿含経』をたもち読誦する者たちを見ては、叱って「捨てよ」と言った。夢のなかで極楽の東門にたどり着き、まさに門の中に入ろうとした。その時、無量の天の童子たちが門の外に立っており、宝石製の杖によって、僧兪を駆逐して言った。「小道（小乗の道）の滅没は大教（大乗の教）の滅没の兆しである。小法（小乗の法）を梯子《はしご》として大道（大乗の道）に登るのが汝の国のしきたりである。『阿含経』をあなどり、捨てて読誦しない者は大乗の門に入ってはならない」うんぬん。夢から覚めて、悲泣して悔過《けか》し、〔漢訳された〕四つの『阿含経』をも兼ねてたもち読誦し、浄土からの来迎を得た。弟子もまた夢のなかで、師が蓮華の上に坐し、来て「わたしは娑婆において『阿含経』をも兼ねて読誦した。もとの習いによって、先に小道を得たが、久しからずして大〔道〕へ入る」と語るのを見た。(1)

ここでは、たとえ浄土教の帰依者であっても部派の経蔵を読誦すべきことが教訓として説かれている。なお、僧兪については未詳である。

四　日本における声聞蔑視・声聞乗蔑視の受容

それに対し、日本においては、大乗経を支持する諸宗は、釈迦牟尼仏以来の伝統を持つ諸部派の内部に成立していなかったゆえに、「菩薩は声聞と共に住まない」「菩薩は声聞を尊敬しない」という考えかたを受け容れたし、釈迦牟尼仏以来の伝承である部派の三蔵を重視していなかったゆえに、「菩薩は声聞乗を学ばない」「菩薩は波羅提木叉を要しない」という考えかたを受け容れた。

「菩薩は声聞と共に住まない」「菩薩は声聞を尊敬しない」「菩薩は声聞乗を学ばない」「菩薩は波羅提木叉を要しない」という考えかたをすべて受け容れることは、日本天台宗の開祖、最澄（七六七―八二二）から始まる。

「菩薩は声聞と共に住まない」という考えかたについていえば、最澄は、この考えかたを提示している『称讃大乗功徳経』を、『顕戒論』のうち「開示初修業菩薩不同小乗寺明拠四」（〝初心者である菩薩が小乗の寺をともにしないことについての明白な証拠の開示・第四〟）において引用している。さらに、決してこの考えかたを提示しているとはいえない『法華経』安楽行品――第三章を見られたい――を、同所において、「菩薩は声聞と共に住まない」という考えかたと誤解するかたちで引用している。

「菩薩は声聞を尊敬しない」という考えかたについていえば、最澄は、この考えかたを提示している『入定不定印経』を、『顕戒論』のうち「開示同小律儀菩薩不同小律儀菩薩明拠五」（〝小乗の律儀に同ずる菩薩と小乗の律儀に同じない菩薩とについての明白な証拠の開示・第五〟）において引用している。

さらに、やはりこの考えかたを提示している『法華経』安楽行品を、『顕戒論』のうち「開示其安楽行是上地行謬明拠四十」（〝その安楽行が地に上った者の行であることが謬りであることについての明白な証拠の開示・第四十〟）において引用している。

「菩薩は声聞乗を学ばない」という考えかたについていえば、最澄は、この考えかたを提示している『説妙法決定業障経』を、『顕戒論』のうち「開示初修業菩薩不同小乗寺明拠四」（〝初心者である菩薩が小乗の寺をともにしないことについての明白な証拠の開示・第四〟）において引用している。

「菩薩は波羅提木叉を要しない」という考えかたについていえば、最澄は、この考えかたを提示している『維摩経』を、『顕戒論』のうち「開示菩薩剃除鬚髪出家修道明拠二十八」（〝菩薩が鬚と髪とを剃って出家し修道することについての明白な証拠の開示・第二十八〟）において智周『梵網経疏』からの孫引きによって引用している。さらに、いわゆる「声聞の持戒は菩薩の破戒」という考えかたを提示している『決定毘尼経』（『大宝積経』優波離会）を、『法華秀句』のうち「多宝分身付属勝九」（〝多宝と分身とによる付嘱という勝れた点・第九〟）において、「菩薩は波羅提木叉を要しない」という考えかたと誤解するかたちで引用している。ちなみに、日本天台宗から派生した日本曹洞宗の開祖、道元（一二〇〇―一二五三）もまた、「声聞の持戒は菩薩の破戒」という考えかたを提示している『決定毘尼経』を、『正法眼蔵』三十七菩提分法において、「菩薩は波羅提木叉を要しない」という考えかたと誤解するかたちで引用している。

ちなみに、最澄の同時代人であった、真言宗の開祖、空海（七七四―八三五）は「菩薩は声聞と共に住まない」「菩薩は声聞を尊敬しない」「菩薩は声聞乗を学ばない」「菩薩は波羅提木叉を要しない」という考えかたにいずれも言及していない。むしろ、空海は『大日経開題』において「波羅提《はらだい》木《もく》五《ご》篇聚《ひんじゅ》　菩薩《ぼさつ》尸羅《しら》一実戒《いちじつかい》」（〝波羅提木叉である五篇聚と、〔偽経『梵網経』の〕菩薩戒である一実戒と〟）を堅持し犯すなと主張しており、「菩薩は波羅提木叉を要する」という考えかたを受け容れていた。この点において、最澄と空海とは相違している。

『顕戒論』『法華秀句』は日本天台宗とそこから派生した諸宗とによって重視され、大乗経を支持する諸宗のうちに広まっていった。

前述のように、インドにおいて、大乗経を支持する諸学派は「菩薩は声聞と共に住まない」「菩薩は声聞を尊敬しない」「菩薩は声聞乗を学ばない」「菩薩は波羅提木叉を要しない」という考えかたを受け容れなかったし、中国において、大乗経を支持する諸宗はそれらのうち「菩薩は声聞乗を学ばない」「菩薩は波羅提木叉を要しない」という考えかたを受け容れなかった。それに対し、日本において、大乗経を支持する諸宗はそれらをすべて受け容れたのである。

そのことによって、日本において、大乗経を支持する諸宗は、大乗経を支持する諸学派がインドにおいて有していた以上の、かつ、大乗経を支持する諸宗が中国において有していた以上の、声聞蔑視・声聞乗蔑視を有するようになったのである。

五　中国における声聞批判・声聞乗批判の発生と日本におけるその受容

序章において一言したように、インドにおいて、大乗仏教は声聞蔑視・声聞乗蔑視ではあったが、声聞批判・声聞乗批判ではなかった。声聞蔑視・声聞乗蔑視とは、「声聞は劣っている」「声聞乗は劣っている」という蔑視であるし、声聞批判・声聞乗批判とは、「声聞は間違っている」「声聞乗は間違っている」という批判である。

インドにおいては、諸大乗経のうちに声聞蔑視・声聞乗蔑視が存在したが、声聞批判・声聞乗批判は存在しなかった。声聞は仏によって認められている聖者であるし、声聞乗は仏によって認められている乗であるから、批判されるはずがないのである。諸大乗経において批判されているのは、いまだ声聞になっていないまま諸大乗経を非仏説として斥ける、一部の声聞乗の者であるにすぎない。

ところが、中国においては、偽経のうちに声聞批判・声聞乗批判が発生した。すなわち、『梵網経』に次のようにある（文中の「二乗」は声聞乗、独覚乗、「外道」は異教を指す）。

およそ仏子なるものが心において大乗の常住〔な法身〕についての経と律とに背き、「仏説

ではない」と言い、二乗声聞と外道との悪見であるあらゆる禁戒と、邪見である経と律とを受持するならば、軽垢罪を犯す。(2)

およそ仏子なるものが、仏の経と律とである、大乗という正法である、正見、正性、正法身を有しながらも、勤学し修習することができず、七宝〔に等しいそれ〕を捨て、逆に、邪見である、二乗と外道との、俗典、阿毘曇（アビダルマ）である雑多な論、書物、記録を学ぶならば、仏性を断ちきることとなり、道を遮《さえぎ》るきっかけとなり、菩薩道を行ずることとならない。もし故意にやってのけるならば、軽垢罪を犯す。(3)

ここでは、部派の三蔵が声聞の「悪見」「邪見」と表現されている。これは「声聞は間違っている」「声聞乗は間違っている」という批判である。このような声聞批判・声聞乗批判は諸大乗経のうちに存在せず、あくまで偽経のうちに発生したのである。

ただし、中国においては、このような声聞批判・声聞乗批判は、たとえ発生したにせよ、かならずしも受け容れられなかった。前述のように、中国において、大乗経を支持する諸宗はいずれも部派の三蔵——漢訳があるもの——を学んでいたし、波羅提木叉を要していた。

それに対し、日本においては、このような声聞批判・声聞乗批判がそのまま受け容れられた。声聞批判・声聞乗批判を受け容れることは、やはり、最澄から始まる。最澄は、『顕戒論』のうち「開示梵網経破小乗明拠二十二」（〝『梵網経』が小乗を打破することについての明白な証拠の開示・第二十二〟）において、『梵網経』のこの文を引用して、部派の三蔵を学ばないこと、波羅提木叉を要しないことを主張している。

『顕戒論』は日本天台宗とそこから派生した諸宗とによって重視され、大乗経を支持する諸宗のうちに広まっていった。

そのことによって、日本において、大乗経を支持する諸宗は声聞蔑視・声聞乗蔑視のみならず声聞批判・声聞乗批判をも有するようになったのである。

六　日本式大乗仏教の形成

このように、日本において、大乗経を支持する諸宗は、大乗経を支持する諸学派がインドにおいて有していた以上の、かつ、大乗経を支持する諸宗が中国において有していた以上の、声聞蔑視・声聞乗蔑視を有するようになったし、さらに、大乗経を支持する諸学派がインドにおいて有していなかった、かつ、大乗経を支持する諸宗が中国において有していなかった、声聞批判・声聞乗批判を有するようになった。

その結果、日本において大乗経を支持する諸宗によって形成された、インドにおいても中国においてもありえなかった大乗仏教を、筆者は日本式大乗仏教と呼んでいる。

筆者の見解によるに、日本式大乗仏教の基本は次の三点にまとめられる。

①　三乗のうちにある大乗は声聞乗と共通の戒を強要する権《ごん》大乗（方便の大乗）であり、三乗のほかにある一乗が声聞乗と共通の戒を強要しない実《じつ》大乗（真実の大乗）であることの主張

②　声聞を有しない浄土にいる諸仏菩薩が声聞乗と共通の戒を強要せずに自己を救ってくれることの希求

③　声聞を有する穢土にいる釈迦牟尼仏によって説かれた、声聞乗と共通の戒をたもって自己が菩薩として他者を救うことの放棄

声聞を有しない浄土にいる諸仏とは、たとえば、極楽浄土にいる阿弥陀仏、霊山浄土にいる久遠実成の釈迦牟尼仏、密厳浄土にいる大日如来などである（『無量寿経』においては、極楽浄土は声聞を有すると考えられているが、ヴァスバンドゥ〈世親〉『無量寿経優波提舎願生偈』においては、極楽浄土は声聞独覚を有しないと考えられており、日本式大乗仏教は『無量寿経優波提舎願生偈』に依拠している）。声聞を有しない浄土にいる諸菩薩とは、たとえば、極楽浄土にいる観音菩薩、勢至菩薩などである。

日本式大乗仏教は、三乗のほかにある一乗を日本に鼓吹した最澄の一乗思想と、のちになって日本に流行した浄土思想とが結合することによって、平安時代から鎌倉時代にかけて形成された。日本式大乗仏教は、程度の差はあるにせよ、諸宗において形成されたが、もっとも純度が高い日本式大乗仏教が見いだされるのは浄土真宗と日蓮系諸宗とにおいてである。とりわけ、浄土真宗は①本願一乗、②絶対他力、③末法無戒を標榜する点において日本式大乗仏教の典型を示している。明治時代以降、諸宗が戒をたもたず浄土真宗化していくにつれ、純度が高い日本式大乗仏教が諸宗において見いだされるようになっている。

日本式大乗仏教を形成した諸宗において、篤信の出家者が、日ごろから諸仏菩薩を信じ、身のまわりに仏像菩薩像を置き、寝る時に小さな仏像菩薩像を握って寝るというような話はしばしば聞かれるところである。ただし、それとともに、そのような篤信の出家者が仏によって説かれた戒をたもたず妻と性交し子女に世襲させているというような話もしばしば聞かれるところである。

篤信の出家者が諸仏菩薩を信じながらも仏によって説かれた戒をたもたないというのは矛盾しているように見える。しかし、じつは、そのような篤信の出家者が信じている諸仏菩薩とは、あくまで、声聞を有しない浄土にいる諸仏菩薩であるし、そのような篤信の出家者がたもたない戒とは、あくまで、声聞を有する穢土にいる釈迦牟尼仏によって説かれた、声聞乗と共通の戒である。したがって、じつは、篤信の出家者が諸仏菩薩を信じながらも仏によって説かれた戒をたもたないというのは矛盾していない。

七　本来の大乗仏教と日本式大乗仏教との区別

本来の大乗仏教と日本式大乗仏教との根本的な相違は、本来の大乗仏教が菩薩のためにあるのに対し、日本式大乗仏教が菩薩のためにあるのでないという点にある。日本式大乗仏教は菩薩のためにあるのでなく、諸仏菩薩に救われたい者のためにある。本来の大乗仏教においては、仏となるために菩薩となることが必要とされるが、日本式大乗仏教においては、仏となるために菩薩となることが必要とされないのである。

第一章において確認したように、大乗は大慈大悲ある菩薩のためにあるし、声聞乗・独覚乗は小慈小悲ある声聞独覚のためにある。それに対し、日本式大乗仏教は小慈小悲ある声聞独覚ですらない者のためにある。日本式大乗仏教の典型を示している浄土真宗の開祖、親鸞（一一七三―一二六二）は『正像末和讃』において「小慈小悲もなき身にて有情利益はおもふまじ／如来の願船いまさずは苦海をいかでかわたるべき」「是非しらず邪正もわかぬこのみなり／小慈小悲もなけれども名利に人師をこのむなり」と説いている。これは自分が大慈大悲ある菩薩でないどころか小慈小悲ある声聞独覚ですらないことを吐露したものに他ならない。

ただし、親鸞は『末灯鈔』においてそのような自分のためにある浄土真宗について「浄土真宗は大乗のなかの至極なり」と説いている。大慈大悲ある菩薩のためにある大乗仏教に対し、小慈小悲ある声聞独覚ですらない者のためにある浄土真宗が「大乗のなかの至極」であるというのは特異な理解である。いわば、親鸞は、本来の大乗仏教に対し、日本式大乗仏教こそが「大乗のなかの至極」であると理解しているのであるが、このような理解は本来の大乗仏教においてはなかったものである。

ちなみに、三乗は、いずれも、自己が操縦してひとりで乗っていくものであって、他者が操縦してみんなを乗せていってくれるものではない。それに対し、本願一乗を「如来の願船」と表現する親鸞においては、一乗は阿弥陀仏が操縦してみんなを乗せていってくれるものである。いわば、親鸞は、本来の大乗仏教が権大乗であるのに対し、日本式大乗仏教こそが実大乗／一乗であると理解しているのであるが、このような理解も本来の大乗仏教においてはなかったものである。

ちなみに、こんにちの日本においては、小乗はひとりで乗っていく小さな船、大乗はみんなを乗せていってくれる大きな船と説明されることがままあるが、これは浄土真宗的な理解であろう。

注意されるべきなのは、本来の大乗仏教と、日本式大乗仏教とは区別されるという点である。日本人が大乗仏教を語るにあたっては、本来の大乗仏教と、日本式大乗仏教との区別をつねに意識しておく必要がある。日本式大乗仏教を本来の大乗仏教のように理解することは適切でないし、本来の大乗仏教を日本式大乗仏教のように理解することは妥当でない。

八　本章のまとめ

本章において、筆者は大乗仏教における声聞蔑視・声聞乗蔑視、さらには、声聞批判・声聞乗批判の展開を明らかにしてきた。そして、前近代の日本において、声聞蔑視・声聞乗蔑視と声聞批判・声聞乗批判とにもとづいて、大乗経を支持する諸宗によって形成された、インドにおいても中国においてもありえなかった大乗仏教、すなわち、日本式大乗仏教の基本を前記の三点にまとめてみた。

声聞蔑視・声聞乗蔑視と声聞批判・声聞乗批判とは日本において日本式大乗仏教を形成したが、日本式大乗仏教においては声聞乗と共通の戒が不要視されており、そのことは出家者の妻帯と暴力——従軍を含む——とに繋がっていった。声聞蔑視・声聞乗蔑視と声聞批判・声聞乗批判とは、それらが存在しているかぎり、出家者の妻帯と暴力とに繋がりうるのであって、その意味において、声聞蔑視・声聞乗蔑視と声聞批判・声聞乗批判とは現代の日本においてなおも現実的な問題であり続けていると言える。

本書における検討を踏まえ、日本における出家者の妻帯と暴力とについて、つきつめて考えていく必要がある。今はとりあえず擱筆し、その作業に向けてみずからを策励しておきたい。

略号

ASPP: *Aṣṭasāhasrikā Prajñāpāramitā*, edited by P. L. Vaidya, Darbhanga: The Mithila Institute, 1960.

BoBh: *Bodhisattvabhūmiḥ [Being the XVth Section of Asaṅgapāda's Yogācārabhūmiḥ]*, edited by Nalinaksha Dutt, Patna: K. P. Jayaswal Research Institute, 1966.

CpA: *Achariya Dhammapāla's Paramatthadīpanī: Being the Commentary on the Cariyā-piṭaka*, edited by D. L. Barua, second edition with corrections and indexes, London: Pali Text Society, 1979.

D: Derge.

DBhS: *Daśabhūmīśvaro nāma Mahāyānasūtraṃ*, edited by Ryūkō Kondō, Tokyo: Daijō Bukkyō Kenyōkai, 1936.

GDPS: *Guṇālaṃkṛtasaṃkusumitādārikāparipṛcchānāmamahāyāna-sūtra*, in: Vinīta Tseng [2010].

GVS: *Gaṇḍavyūhasūtram*, edited by P. L. Vaidya, Darbhanga: The Mithila Institute, 1960.

KP: *The Kāśyapaparivarta. Romanized Text and Facsimiles*, edited by M. I. Vorobyova-Desyatovskaya in collaboration with Seishi Karashima and Noriyuki Kudo, Tokyo: The International Research Institute for

Advanced Buddhology, Soka University, 2002.

KPS: *Karuṇāpuṇḍarīka volume II*, edited with introduction and notes by Isshi Yamada, London: School of Oriental and African Studies, University of London, 1968.

LAS: *The Laṅkāvatāra Sūtra*, edited by Bunyiu Nanjio, Kyoto: Otani University Press, 1923.

MAVBh: *Madhyāntavibhāga-bhāṣya: a Buddhist philosophical treatise edited for the first time from a Sanskrit manuscript by Gadjin M. Nagao*, Tokyo: Suzuki Research Foundation, 1964.

MNA: *Papañcasūdanī Majjhimanikāyaṭṭhakathā of Buddhaghosâcariya*, 5 vols., edited by J. H. Woods, D. Kosambi and I. B. Horner, London: Pali Text Society, 1922–1938.

MSABh: *Mahāyāna-sūtrālaṃkāra: Exposé de la Doctrine du Grand Véhicle*, edited by Sylvain Lévi, Paris: Librairie Honoré Champion, 1911.

MSg: *Mahāyānasaṃgraha*, in: 長尾雅人［1982］［1987］.

MV: *Le Mahâvastu: Texte sanscrit publié pour la premiere fois et accompagné d'introductions et d'un commentaire*, 3 vols., edited by É. Senart, Paris: Imprimerie Nationale, 1882–1897.

P: Peking.

PVSPP I-1: *Pañcaviṃśatisāhasrikā Prajñāpāramitā I-1*, edited by Takayasu Kimura, Tokyo: Sankibo Busshorin, 2007.

PVSPP I-2: *Pañcaviṃśatisāhasrikā Prajñāpāramitā I-2*, edited by Takayasu Kimura, Tokyo: Sankibo Busshorin, 2009.

PVSPP V: *Pañcaviṃśatisāhasrikā Prajñāpāramitā V*, edited by Takayasu Kimura, Tokyo: Sankibo Busshorin, 1992.

RĀ: *Ratnāvalī*, in Michael Hahn [1982].

SNS: *Saṃdhinirmocanasūtra: L'explication des mystères, texte tibétain*, edited and translated by Étienne Lamotte, Louvain and Paris: Adrien-Maisonneuve, 1935.

SPS: *Saddharmapuṇḍarīka-sūtra*, edited by Hendrik Kern and Bunyiu Nanjio, St. Pétersbourg: Imprimerie de l'Académie Impériale des Sciences, 1908–1912.

SRS: *Samādhirāja-sūtra*, in *Gilgit manuscripts vol. II*, parts 1–3, edited by Nalinaksha Dutt, Calcutta: Calcutta Oriental Press, 1941–1954.

ŚDSNS: *Śrīmālādevīsiṃhanādasūtra*, in 宝幢会（編）[1940]。

ŚS: *Çikṣāsamuccaya: A Compendium of Buddhistic Teaching Compiled by Çāntideva Chiefly from Earlier Mahāyāna Sūtras*, edited by Cecil Bendall, St.-Petersbourg: Imprimerie de l'Académie Impériale des Sciences, 1902.

T:『大正新脩大蔵経』全百巻、大正一切経刊行会、一九二四—一九三四。

Therag: *Theragāthā, in The Thera- and Therî-Gâthâ (Stanzas Ascribed to Elders of the Buddhist Order of Recluses)*, edited by H. Oldenberg and R. Pischel, London: Pali Text Society, 1883.

TŚS: *Candrakirti Triśaraṇasaptati: The Septuagint on the Three Refuges*, edited, translated and annotated by Per K. Sörensen, Vienna: Arbeitskreis für Tibetische und Buddhistische Studien Universität Wien, 1986.

VKN: *Vimalakīrtinirdeśa: A Sanskrit Edition Based upon the Manuscript Newly Found at the Potala Palace*, edited by Study group on Buddhist Sanskrit literature, Tokyo: Institute for comprehensive studies of Buddhism, Taisho University, 2006.

Vm: *Visuddhimagga*, 2 vols., edited by C. A. F. Rhys Davids, London: Pali Text Society, 1920–1921.

VVUP: *Vinayaviniścaya upālipariprcchā*, in Pierre Python［1973］.

赤沼智善［1939］『仏教経典史論』破塵閣書房。

勝本華蓮［2007］『チャリヤーピタカ註釈——パーリ原典全訳』国際仏教徒協会、ラトナ仏教叢書。

加納和雄［2023］「部派と大乗の聖典言語は相関したか——『思択炎』梵語佚文にみる俗語大乗経」、『印度学仏教学研究』七〇・二、日本印度学仏教学会。

辛嶋静志［2017］「大衆部と大乗」、『印度学仏教学研究』六六・一、日本印度学仏教学会。

三枝充悳［1990］『仏教入門』岩波書店、岩波新書。

静谷正雄［1974］『初期大乗仏教の成立過程』百華苑。

大乗経典研究会［2020］「郁伽長者所問経の梵文佚文――*Sūtrālaṃkāraparicaya* 帰依品より」、『インド学チベット学研究』二四、インド学チベット学研究会。

長尾雅人［1982］『摂大乗論　和訳と注解　上』講談社。

長尾雅人［1987］『摂大乗論　和訳と注解　下』講談社。

中川正法［1994］「Vinayasūtra における波羅夷法盗戒（Ⅱ）」、『印度学仏教学研究』四三・二、日本印度学仏教学会。

中村元、三枝充悳［1987］『バウッダ――仏教』小学館。

西義雄［1975］『阿毘達磨仏教の研究　その真相と使命』国書刊行会。

袴谷憲昭［1994］『唯識の解釈学――『解深密経』を読む』春秋社。

平川彰［1989］『平川彰著作集　第６巻　初期大乗と法華思想』春秋社。

平川彰［1990］『平川彰著作集　第４巻　初期大乗仏教の研究Ｉ』春秋社。

藤田宏達［1969］「一乗と三乗」、横超慧日編『法華思想』平楽寺書店。

宝幢会（編）［1940］『蔵・漢・和三訳合璧勝鬘経・宝月童子所問経』興教書院。

本庄良文［1988］「舟橋一哉著『倶舎論の原典解明　業品』」、『仏教学セミナー』四八、大谷大学仏教学会。

宮本正尊［1944］『大乗と小乗』八雲書店。

Eckel, Malcolm David [2008], *Bhāviveka and his Buddhist Opponents*, London: Harvard University Press.

Hahn, Michael [1982], *Nāgārjuna's Ratnāvalī: vol. 1, The Basic Texts (Sanskrit, Tibetan, Chinese)*, Bonn: Indica et Tibetica Verlag.

Karashima, Seishi [2015], "Vehicle (*yāna*) and Wisdom (*jñāna*) in the Lotus Sutra —— the Origin of the Notion of yāna in Mahāyāna Buddhism," in *Annual Report of the International Research Institute for Advanced Buddhology at Soka University*, vol. 18, Tokyo: The International Research Institute for Advanced Buddhology, Soka university.

Python, Pierre [1973], *Vinaya-viniścaya-upāli-paripṛcchā: Enquête d'Upāli pour une exégèse de la discipline: traduit du sanscrit, du tibétain et du chinois, avec introduction, édition critique des fragments sanscrits et de la version tibétaine, notes et glossaires. En appendice: texte et traduction de T 1582, I, et du Sugatapañcatriṃśatstotra de Mātṛceṭa*. Paris: Adrien-Maisonneuve.

Sizuka, Sasaki [1997], "A Study on the Origin of Mahāyāna Buddhism," in *The Eastern Buddhist New Series*, 30, 1.

Vinīta Tseng [2010], *An Unique Collection of Twenty Sutras in a Sanskrit Manuscript from the Potala, vol.*

2, Vienna/Beijing: Austrian Academy of Sciences/China Tibetology Research Center.

註

序章

（1）『ディーガ・ニカーヤ』。

supaṭipanno bhagavato sāvakasaṃgho, ujupaṭipanno bhagavato sāvakasaṃgho, ñāyapaṭipanno bhagavato sāvakasaṃgho, sāmīcipaṭipanno bhagavato sāvakasaṃgho yad idaṃ cattāri purisayugāni, aṭṭha purisapuggalā.

(DN vol. III, 227)

（2）『ヴィスッディマッガ』。

bhagavato ovādānusāsaniṃ sakkaccaṃ suṇantī ti sāvakā. sāvakānaṃ saṅgho **sāvakasaṅgho**. sīladiṭṭhisāmaññatāya saṅghātabhāvaṃ āpanno sāvakasamūho ti attho.

yasmā pana sā sammā paṭipadā uju avaṅkā akuṭilā ajimhā ariyo ca ñāyo ti pi vuccati, anucchavikattā ca sāmicī ti pi saṅkhaṃ gato, tasmā taṃ paṭipanno ariyasaṅgho **ujupaṭipanno ñāyapaṭipanno sāmicipaṭipanno** ti pi vutto. ettha ca ye maggaṭṭhā, te sammāpaṭipattisamaṅgitāya **supaṭipannā**; ye phalaṭṭhā, te sammāpaṭipadāya adhigantabbassa adhigatattā atītaṃ paṭipadaṃ sandhāya **supaṭipannā** ti veditabbā.

api ca svākkhāte dhammavinaye yathānusiṭṭhaṃ paṭipannattā pi apaṇṇakapaṭipadaṃ paṭipannattā pi **supaṭipanno**.

majjhimāya paṭipadāya antadvayaṃ anupagamma paṭipannattā kāyavacīmanovaṅkakuṭilajimhadosappahānāya paṭipannattā ca **ujupaṭipanno**.

ñāyo vuccati nibbānaṃ; tad-atthāya paṭipannattā **ñāyapaṭipanno**.

yathā paṭipannā sāmicipaṭipannārahā honti, tathā paṭipannattā **sāmicipaṭipanno**.

yad idan ti yāni imāni.

cattāri purisayugānī ti yugalavasena paṭhamamaggaṭṭho phalaṭṭho ti idam ekaṃ yugaḷan ti evaṃ cattāri purisayugaḷāni honti.

aṭṭhapurisapuggalā ti purisapuggalavasena eko paṭhamamaggaṭṭho eko phalaṭṭho ti iminā nayena aṭṭh'; eva purisapuggalā honti.

ettha ca puriso ti vā puggalo ti vā ekatthāni etāni padāni, veneyyavasena pan' etaṃ vuttaṃ. (Vm 218–219)

（3）『辯中辺論』。

guṇadoṣāvikalpena jñānena parataḥ svayam |
niryāṇād aparaṃ jñeyam |

yānatrayaṃ yathāyogam.

[1] tatra nirvāṇasaṃsārayor guṇadoṣajñānena parataḥ śrutvā niryāṇārthena śrāvakayānam.

[2] tenaiva svayam aśrutvā parato niryāṇārthena pratyekabuddhayānam.

[3] avikalpena jñānena svayaṃ niryāṇārthena mahāyānaṃ veditavyam. (MAVBh 47, 22–48, 4)

（4）『摂大乗論』。

yang rnam grangs kyis kun gzhi rnam par shes pa nyan thos kyi theg par yang bstan te | gcig las 'phros pa'i lung de bzhin gshegs pa 'byung ba'i phan yon rnam pa bzhi'i mdo las | skye dgu kun gzhi la kun tu dga' ba kun gzhi las yang dag par byung ba kun gzhi la mngon par dga' ba can dag la kun gzhi spang ba'i phyir | chos bstan na nyan 'dod la | rna ba gtod de | kun shes par byed par sems nye bar 'jog cing chos kyi rjes su mthun pa'i chos sgrub ste | de bzhin gshegs pa 'jig rten du byung na ngo mtshar rmad du byung ba'i chos 'di yang 'jig rten du 'byung ngo zhes ji skad gsungs pa lta bu ste | rnam grangs 'dis ni kun gzhi rnam par shes pa nyan thos kyi theg par yang bstan pa yin no || (MSg I. 11A)

（5）『大智度論』。
『阿毘曇鞞婆沙』中、小乗如是説、非仏三蔵説。（巻三十九。T25, 343a）

（6）『大智度論』。
小乗法中、為阿梨咤比丘説。（巻九十三。T25, 711b）

（7）『華手経』。
de nas bcom ldan 'das la tshe dang ldan pa shā (P : sha D) ra dwa ti'i bus 'di skad ces gsol to || bcom ldan 'das dgra bcom pa zag pa zad pa ni chos spong ba ma lags par 'tshal bar bgyi ba lags so || de ci'i slad du zhe na | bcom ldan 'das de dag ni byis pa'i las lags kyi de dag ni dgra bcom pa'i las ma lags te | 'di lta ste | chos spong ba lags pa'i slad du'o ||
de skad ces gsol pa dang | bcom ldan 'das kyis tshe dang ldan pa shā (P : sha D) ra dwa ti'i bu la 'di skad ces bka' stsal to || shā (P : sha D) ra dwa ti'i bu de de bzhin no || de de bzhin te | shā (P : sha D) ra dwa ti'i bu de dag ni byis

pa'i las yin gyi dgra bcom pa'i las ma yin mod kyi 'on kyang | shā (P : sha D) ra dwa ti'i bu phyi ma'i tshe phyi ma'i dus na mi (D : ni P) 'jigs pas zil gyis non pa'i dge slong dag 'byung bar 'gyur te | de dag ni bsam gtan tsam dang | nges par gnas pa tsam dang | dgon pa na gnas pa tsam gyis bdag nyid (D : P om. nyid) nyon mongs pa med pa'o (D : pa'i P) snyam du kun tu (D : du P) shes par 'gyur zhing bdag nyid la rlom sems skyed (D : bskyed P) par byed par (D : P om. byed par) 'gyur te | de'i phyir de'i tshe bram ze dang | khyim bdag dad pa can mos pa mang ba dang | nges par rtog pa mang ba dag gis dgra bcom pa 'di ni sbyin pa'i gnas so || zag pa zad pa'o snyam du kun tu shes par 'gyur la | de la yang lhag par byed pa (D : P om. byed pa) bya bar sems par 'gyur zhing | mi blun po de dag kyang bsnyen bkur gyis zil gyis gnon cing | rnyed pas zil gyis non la | bsngags pa dang | grags pa dang | snyan pas zil gyis non nas | bdag cag ni chos de dag la gnas so || bdag cag ni chos de dag dang ldan no || bdag cag ni 'di na zag pa zad pa'o || bdag cag ni 'di na nyon mongs pa med pa'o snyam nas | bdag nyid la ye shes can du kun tu (D : du P) shes par 'gyur ba yin zhing | de dag ni byis par 'gyur ba yin | brtags pa'i spyod lam can du 'gyur ba yin | grong na 'khod pa de dag gi spyod lam yang gzhan du 'gyur ba yin | gtsug (D : btsug P) lag khang na 'khod pa'i spyod lam yang gzhan du 'gyur ba yin | dgon pa na 'khod pa rnams kyi yang gzhan du la | 'khor gyi nang na 'khod pa rnams kyi yang gzhan du yin | lus kyi las dang ngag gi las kun tu (D : du P) spyod pa dag kyang ma bsrungs par 'gyur ba yin | 'khor ba na spyod par yang 'gyur ba yin | bdag nyid kyi nyon mongs pa med pa'i 'du shes kyang skyed par 'gyur ba yin |

da (D : de P) ltar gang dag nyan thos rnams kyis bshad pa'i chos kyi rnam grangs zab mo dang ldan pa | dben pa dang ldan pa | stong pa nyid dang ldan pa de lta bu de dag thos nas kyang | chos de la zhe sa dang bcas shing gus pa dang bcas pas gus par nyan cing | rna ba gtod par byed la | sems gzhan du ma yin par nye bar 'jog par byed pa yin te | de'i tshe mi blun po de lta bu'i spyod yul pa de dag kyang sting bar byed par 'gyur zhing | 'phya bar byed par yang 'gyur la | gshe bar byed par yang 'gyur zhing | 'di skad du 'di ni sangs rgyas kyi bka' ma yin | ston pa'i bstan pa ma yin no zhes gcig la gcig 'dems par byed par yang 'gyur ro || de ci'i phyir zhe na | 'di ni chos dang chos su 'dul ba dang 'dul bar mtshungs par mi 'gyur zhing | chos ma yin pa sems par byed pa de dag ni chos la chos ma yin no zhes smra bar 'gyur ba yin | chos ma yin pa la chos so zhes smra bar 'gyur ba yin | 'dul ba ma yin pa la 'dul ba'o zhes smra bar 'gyur ba yin pa'i phyir te | shā (P : sha D) ra dwa ti'i bu de ltar na de dag ni (D : P om. ni) chos gang ma (corr. : DP om. ma) thob (P : 'thob D) pa (corr. : par 'gyur ba DP) de nyid kyi bsngags pa ma yin pa smra bar 'gyur ba yin la | de dag ni bdag la bstod cing gzhan la smod par 'gyur ba yin | tshul khrims tsam dang | dgon pa na gnas pa tsam dang | bsam gtan tsam dang | nges par gnas pa tsam dang | thos pa tsam dang | mang du thos pa tsam dang | 'khor tsam dang | bsngags pa tsam dang | tshigs su bcad pa tsam dang | rnyed pa dang bkur sti tsam dang | grags pa dang | snyan pa tsam gyi nga rgyal gyi dbang gis nga'o snyam pa'i nga rgyal gyis bcom pa yin te | yang dag pa ji lta ba bzhin du gleng ba po de dag gis yang dag par glengs pa na | ji lta ji ltar chos kyi rnam grangs de dag nyan pa de lta de ltar las ches dam po (corr. : pa DP) dag mngon par 'du byed par 'gyur ba yin gyi | mi blun po de dag ni 'di snyam du mi dge ba'i las yang dag pa de dag bdag cag la kun du yod do snyam du mi sems te | de dag ni shas cher (D : ches P) nga rgyal gyis brtan cing | mi shes pas brtan nas chos kyi rnam grangs de dag spangs te | las ches dam po byas nas | mnar med par 'gro bar 'gyur ba yin | ngan 'gror 'gro bar 'gyur ba yin no ‖ (D no. 101, Nga 189b7–191a1; P no. 769, Gu 205a6–206a7)

【現存最古の漢訳】　舎利弗白仏言。「世尊、阿羅漢者、終不違逆、不住仏法。何以故。若違逆者、凡夫所為、非羅漢業。」

仏言。「如是。舎利弗、違逆法者、凡夫所為、非智者業。如来但為当来世有耆年比丘、多所知識、心得暫住、独処離衆、不見女色、便自謂言『我是阿羅漢』、心生貢高。爾時衆人多有信者、謂『是阿羅漢』、尊敬供給。是愚痴人、亦貪名利、受是供奉、自謂『我有阿羅漢法』、不起結使。是人不知無分別法、喜生分別、以結小息、便謂得道。若入聚落、執持儀法、若在独処、便自縦逸、在衆亦異。是人楽畜多弟子衆、多有知識。国王大臣、大得供奉。名聞流布、多人愛敬。諸結充溢、而便自謂、無有結使。得聞如是甚深経典空相応法、我好弟子、愛重聴受、求解義趣、以尊敬心、修行是法。而是痴人、不肯信受、欲懐違逆、便作是言、『此非仏語、非大師教、非法非善。』是人於法、生非法想、於非法中、而生法想、不善法中、而生善想、於善法中、生不善想。

舎利弗、是諸痴人、随所得法、便自称讃、所不得法、毀呰軽賤、自大貢高、毀下他人。如是愚人、但有持戒、摂念一処、漸伏悪心、博聞読誦、多畜弟子、人所宗奉、称讃礼敬、心生憍（〝憍〟、底本作〝傲〟、拠三本宮本改）慢我慢上慢、随聞如是諸深妙経、起重罪業。是愚痴人、而不自知我有是罪、転増憍（〝憍〟、底本作〝傲〟、拠三本宮本改）慢愚痴之心、違逆是経、起重罪已、堕大地獄。」

（鳩摩羅什訳『華手経』巻八。T16, 191bc）

（8）『法華経』。
na cānyeṣāṃ śrāvakayānīyānāṃ bhikṣūṇāṃ nāma gṛhītvāvarṇaṃ bhāṣate, na cāvarṇaṃ cārayati, na ca teṣām antike pratyarthikasaṃjñī bhavati.（SPS 282, 13–283, 1）
【現存最古の漢訳】　異心比丘為声聞者、未曾挙名説其瑕穢、亦不誹謗、亦不仇怨意相待之。
（竺法護訳『正法華経』巻七。T9, 108b）

（9）『浄業障経』。
gal te de dag theg pa chen po la zhugs par gyur na yang de dag 'di snyam du sems te | bdag cag ni 'jig rten na gtso bo yin no || bdag cag ni 'jig rten na phul yin no || bdag cag ni 'jig rten na mchog yin no snyam mo || gal te de dag gis nyan thos kyi theg pa pa dag mthong na | de dag la ma dad pa skyed cing smod pa dang | 'phya ba dang | bsngags pa ma yin pa rjod par byed de | bsam pa ngan pa dang | nyes par rjod（P : brjod D）pa des na ngan 'gro ba thob par 'gyur ro ||（D no. 218, Tsha 290b1–2; P no. 884, Tsu 305a4–6）
【現存最古の漢訳】　雖復志求大乗之道、作如是言。「我当於世為最為勝。」而於声聞小乗之人、不生恭敬、軽慢悪賤、説其過罪。以其悪心説麁語故、而堕悪趣。（失訳『浄業障経』。T24, 1097c）

第一章

（1）『阿毘達磨大毘婆沙論』。
問。悲与大悲有何差別。

答。名即差別。謂名為悲、名大悲故。

復次、悲以無瞋善根為自性、大悲以無痴善根為自性。

復次、悲対治瞋不善根、大悲対治痴不善根。

復次、悲在四静慮、大悲唯在第四静慮。

復次、悲是無量摂、大悲非無量摂。

復次、悲在異生聖者身中成就、大悲唯在聖者身中成就。

復次、悲在声聞独覚及仏身中成就、大悲唯在仏身成就。

復次、悲但能悲而不能救、大悲能悲亦復能救。如有二人住大河岸、見有一人為水所溺、一唯扼手、悲嗟而已、不能救之、悲亦如是。第二悲念、投身入水、而救済之、大悲亦爾。


（玄奘訳、巻三十一。T27, 428a）


【現存最古の漢訳】　問曰。若悲異大悲異者、悲与大悲、有何差別。

答曰。名即差別。是名悲、是名大悲。

復次、悲是無恚善根、大悲是無痴善根。

復次、悲在四禅、大悲在第四禅。

復次、悲声聞辟支仏仏尽有、大悲唯仏有。

復次、悲是無量所摂、大悲非無量所摂。

復次、悲対治恚不善根、大悲対治痴不善根。

復次、悲縁欲界、大悲縁三界。

復次、悲縁為欲界苦所苦衆生、大悲縁為三界苦所苦衆生。

復次、悲縁為苦苦所苦衆生、大悲縁為三苦所苦衆生。

復次、悲縁身苦衆生、大悲縁身心苦衆生。

復次、悲悲衆生不能救、大悲悲衆生能救。譬如二人臨河而坐、有人為水所漂、一人挙手而言「此人喪失」、而不能救、第二人褰衣入水、救済其人、令得出水、悲与大悲、亦復如是。

（浮陀跋摩共道泰等訳、巻四十三。T28, 321bc）

（2）『十地経』。
tata uttara eta eva daśakuśalāḥ karmapathāḥ prajñākāreṇa paribhāvyamānāḥ prādeśikacittatayā traidhātukottrastamānasatayā mahākaruṇāvikalatayā parataḥ śravānugamena ghoṣānugamena ca śrāvakayānaṃ saṃvartayanti. tata uttarataraṃ pariśodhitā aparapraṇeyatayā svayaṃbhūtvānukūlatayā svayamabhisaṃbodhanatayā parato 'parimārgaṇatayā mahākaruṇopāyavikalatayā gambhīrapratyayānubodhena ca pratyekabuddhayānaṃ saṃvartayanti.（DBhS 40, 10–14）
【現存最古の漢訳】又能奉行此十善者、成大智慧、思惟其義、畏于三界、興発大哀、不為毀損、従他人聞、所宣音声、得成声聞。自然中間、修清浄志、不欲仰人、不従他受、自欲意解、求成正覚、好立大哀、不以損耗、志入深要、思十二因、不了無根、得縁覚業。
（竺法護訳『漸備一切智徳経』巻一。T10, 466b）

（3）『大方等大集経』海慧菩薩品。

blo gros rgya mtsho ji ltar rtsva dang sog ma'i go cha bgos pa'i mi de mchongs ma thag tu mes tshig par 'gyur ba de bzhin du blo gros rgya mtsho nyan thos kyi theg pa pa'i gang zag 'khor（D : la bor P）bas 'jigs skrag pa srid pa la kun tu 'bar bar blta ste | sems can rnams yal bar bor nas snying rje chen po dang bral te zhi ba zhi ba'i ting nge 'dzin la reg nas gnas ma yin zhing go skabs med de | gang brgyad pa la 'bras bu ma thob par ldang ba de ni gnas med do ||（D no. 152, Pha 83b1–2; P no. 819, Pu 89a4–6）

【現存最古の漢訳】 被乾草者、喩於声聞。声聞之人、厭悔生死、於諸衆生、無慈悲心。是故不能過於声聞縁覚正位。（曇無讖訳『大方等大集経』巻十一、海慧菩薩品。T13, 67c）

（4）『ガンダヴューハ』。

tena te mahāśrāvakās tatraiva jetavane sthitās tāni buddhavikurvitāni na paśyanti. na hi teṣāṃ tadbhāgāya kuśalamūlam asti. na ca teṣāṃ taj jñānacakṣur viśuddham, yena tāni buddhavikurvitāni paśyeyuḥ. na ca samādhiḥ saṃvidyate, yena parīttālambane vipulavikurvitādhiṣṭhānāny avatareyuḥ. na te（corr. : aṣṭau）vimokṣāḥ saṃvidyate, na sā ṛddhiḥ, na sā vṛṣabhitā, na tad balam, na tad ādhipateyam, na tat sthānam, na saṃjñā, na cakṣurvikramaḥ saṃvidyate, yena tat saṃjānīyur vā paśyeyur vā avatareyur vā adhigaccheyur vā sphareyur vā vyavalokayeyur vā anubhaveyur vā ākrameyur vā pareṣāṃ prabhāvayeyur vā deśayeyur vā sūcayeyur vā saṃvarṇayeyur vā saṃdarśayeyur vā upanāmayeyur vā upasaṃhareyur vā, tatra vā sattvāni samādāpayeyuḥ, niryojayeyuḥ pratiṣṭhāpayeyuḥ, tasyāṃ buddhavikurvitadharmatāyāṃ sattvān niyojayeyuḥ. tat teṣāṃ jñānaṃ na saṃvidyate. tat kasya hetoḥ. tathā hi te śrāvakayānena niryātāḥ śrāvakamārgeṇa samudāgatāḥ śrāvakacaryāmaṇḍalaparipūrṇāḥ śrāvakaphalapratiṣṭhitāḥ satyāvabhāsajñānaniśritā bhūtakoṭipratiṣṭhitā atyantaśāntaniṣṭhāṃ gatā mahākaruṇāvirahitacetasaḥ sarvalokanirapekṣā ātmakāryapariprāptāḥ. (GVS 14, 1-4)

【現存最古の漢訳】　何以故。以声聞乗出三界故。又以満足声聞之道、住声聞果、不能具足無所有智、住真実諦、常楽寂静、遠離大悲、常自調伏、捨離衆生。

（仏駄跋陀羅訳『大方広仏華厳経』巻四十四。T9, 680a）

（5）『解深密経』。

don dam yang dag 'phags nyan thos kyi rigs can gang zag zhi ba'i bgrod pa gcig pu pa ni sangs rgyas thams cad brtson pa dang ldan par gyur kyang byang chub kyi snying po la bzhag ste | bla na med pa yang dag par rdzogs pa'i byang chub thob par byar mi nus so ‖ de ci'i phyir zhe na | 'di ltar de ni snying rje shin tu chung ba dang | sdug bsngal gyis shin tu 'jigs pa'i phyir rang bzhin gyis rigs dman par kho na yin pa'i phyir ro ‖ de ji ltar snying rje shin tu chung ba de bzhin du sems can gyi don bya ba la shin tu mi phyogs par 'gyur ro ‖ ji ltar sdug bsngal gyis shin tu 'jigs pa de bzhin du 'du byed mngon par 'du bya ba thams cad la shin tu mi phyogs par 'gyur ro ‖ sems can gyi don bya ba la shin tu mi phyogs pa dang | 'du byed mngon par 'du bya ba thams cad la shin tu mi phyogs pa ni [byang chub kyi snying po dang] bla na med pa yang dag par rdzogs pa'i byang chub tu ngas ma bstan no ‖ de'i phyir zhi ba'i bgrod pa gcig pu ba zhes bya'o ‖ (SNS VII, 15)

【現存最古の漢訳】　成就第一義、寂滅声聞性人、一切諸仏尽力教化不能令其坐於道場得阿耨多羅三藐三菩提。何以故。成就第一義、以彼自性本来狭劣、一向少於慈悲之心、一向怖畏一切諸苦。以少慈悲、一向捨於利益衆生。成就第一義、若一向畏苦一向離諸有為之行、彼人遠離利益衆生、遠離能度諸衆生業。是故我説彼人不能証阿耨多羅三藐三菩提。我説名為寂滅声聞。

（菩提流支訳『深密解脱経』巻二。T16, 671c）

（6）『集一切福徳三昧経』。

sred med kyi bu gzhan yang byams pa dang snying rje yin la | byams pa chen po yang ma yin | snying rje chen po yang ma yin pa yang yod do (P : de D) || byams pa chen po dang | snying rje chen po gang yin pa de ni nyan thos dang | rang sangs rgyas thams cad la med do || nyan thos dang rang sangs rgyas la yod pa gang yin pa de ni byams pa dang | snying rje yin te | sems can thams cad bde bar gyur cig ces bya ba 'di ni byams pa dang | snying rje yin gyi | byams pa chen po dang | snying rje chen po ma yin no || 'o na byams pa chen po dang | snying rje chen po gang yin zhe na | sems can thams cad la sems snyoms pa gang yin pa de ni byams pa chen po'o || sems can thams cad sdug bsngal thams cad las yongs su grol bar byed pa gang yin pa de ni snying rje chen po'o || bdag gi bde ba spangs nas 'gro ba lngar skyes pa'i sems can rnams kyi nang du bsams bzhin du srid par 'gro ba len pa gang yin pa de ni byams pa chen po zhes bya'o || bdag gis sems can 'di dag 'khor ba'i lam ngan pa las bsgral te lam bzang por dgod par bya'o snyam pa gang yin pa de ni snying rje chen po zhes bya'o || sred med kyi bu de bas na rnam grangs 'dis kyang khyod kyis nyan thos dang | rang sangs rgyas rnams kyi ni byams pa dang | snying rje yin la | byams pa chen po dang | snying rje chen po ni ma yin pa yang yod pa de ltar rig par bya'o ||

sred med kyi bu de lta bas na byang chub sems dpa' sems dpa' chen po rnams kyis byams pa chen po dang | snying rje chen po dang ldan par bya'o ‖（D no. 134, Na 119a1–7; P no. 802, Du 124b4–125a3）

【現存最古の漢訳】　復次鉤鎖、無所住慈不為大慈、無所住悲不為大悲。彼何謂不為大慈。猶如声聞発是念言。令諸衆生皆獲安隠。是声聞慈不為大慈。何謂大慈。仮使等心於群萌類而皆度脱衆悩之患、是為大慈。彼何謂悲不為大悲。黎庶之類生在五趣、愍傷哀之、於生死中而欲抜済、是謂為悲不為大悲。何謂大悲。見於五趣生死蒸庶所生之処、而行愍哀、自捨身安、救護五趣、便能済抜衆生之界、尋時建立於平等道、是謂大悲。是故鉤鎖、当作斯観。声聞有慈不為大慈、亦復有悲不為大悲。是故鉤鎖、若有菩薩、当具足行大慈大悲。（竺法護訳『等集衆徳三昧経』巻下。T12, 988a）

（7）『阿闍貰王女阿術達菩薩経』（『大宝積経』無畏徳菩薩会）。

bu mos smras pa | yab ci ri dags kyi rgyal po seng ge wa la ldang ba'am | bsur（P : bstsur D）mchi ba gsan tam | gzigs sam |

rgyal pos smras pa | bu mo de ni ma yin no ‖

bu mos smras pa | yab de bzhin du su zhig bla na med pa yang dag par rdzogs pa'i byang chub tu sems bskyed nas byams pa chen po dang | snying rje chen po'i seng ge'i sgra bsgrags（D : sgrags P）la dman pa la mos pa'i nyan thos wa lta bur gyur pa | byams pa chen po dang | snying rje chen po dang bral ba dag la dga' zhing ldang ba'am | bsur（P : bstsur D）mchi ba'am | phyag 'tshal ba'am | bkur sti bgyid |（D no. 76, Ca 227b2–4; P no. 927, Zi 237a4–6）

【現存最古の漢訳】　女無愁憂白言。「王曾見師子当為小小禽獣作礼迎逆坐不。」

王答女言。「不見。」〔……〕

女復言。「如是大王、発意求阿耨多羅三耶三菩心、欲度一切、被僧那僧涅之大鎧、持大悲大哀、如師子吼、云何当為恐畏比丘而無大悲大慈大哀離師子吼中、云何当礼信歓喜。」（T12, 84b）

（8）『地蔵十輪経』。

復次、善男子、菩薩摩訶薩復有大慈大甲冑輪。若菩薩摩訶薩成就此輪、従初発心、一切五欲皆能除断、超勝一切声聞独覚、普為一切声聞独覚作大福田、一切声聞独覚乗等皆応供養承事守護。云何大慈大甲冑輪。善男子、慈有二種。謂法縁慈、有情縁慈。法縁慈者、名為大慈、名大甲冑。有情縁慈、不名大慈、非大甲冑。所以者何。有情縁慈共諸声聞独覚乗等。声聞独覚為自利楽、不為有情精勤修習有情縁慈。声聞独覚為自寂静為自涅槃為滅自惑為滅自結、不為有情精勤修習有情縁慈。是故此慈不名大慈、非大甲冑。其法縁慈不共声聞独覚乗等、唯諸菩薩摩訶薩衆所能修行。菩薩摩訶薩普為利楽一切有情精勤修習此法縁慈。菩薩摩訶薩普為一切有情寂静及得涅槃滅煩悩結、精勤修習此法縁慈。是故此慈名為大慈、是大甲冑。又諸菩薩修法縁慈、不依諸蘊、不依諸処、不依諸界、不依念住、乃至不依道支、不依欲界、不依色界、不依無色界、不依此世、不依他世、不依此岸、不依彼岸、不依得、不依不得。如是菩薩修法縁慈、超諸声聞独覚乗地。是名菩薩法縁大慈大甲冑輪。善男子、若菩薩摩訶薩成此大慈大甲冑輪、従初発心、一切五欲皆能除断、得名菩薩摩訶薩也。超勝一切声聞独覚、普為一切声聞独覚作大福田、一切声聞独覚乗等皆応供養承事守護。（玄奘訳『大乗大集地蔵十輪経』巻十。T13, 773c–774a）

【現存最古の漢訳】復次、善男子、菩薩摩訶薩取法之慈而荘厳輪不取衆生相。何以故。取衆生慈而荘厳者、則是声聞辟支仏行、不能荘厳大乗道也。声聞辟支仏、雖修於慈、但自為己、不為利人、為自調伏、滅己結業、尽諸煩悩、已得涅槃。為我人衆生、而修行慈、於他衆生、心常放捨。是故不名為大荘厳輪。唯断已結、不能為人除諸煩悩。菩薩摩訶薩則不如是、常為一切衆生修行慈心荘厳大慈、名為菩薩摩訶薩無依止慈。不依止陰界入故、而修行慈。不依止四念処四正勤四如意足五根五力七覚分八聖道分、而修行慈。不依止欲界色界無色界、而修行慈。不依止此世後世故、而修行慈。不依止此岸、而修行慈。不依止彼岸、而修行慈。不為不到故而修行慈。菩薩摩訶薩、唯縁法故、而修行慈。此非声聞辟支仏之所能行。唯諸菩薩摩訶薩乃能成就如是大荘厳縁法慈輪。若菩薩従初発意離於五欲、如是菩薩摩訶薩堪任声聞辟支仏作大福田、亦為一切衆生守護供養。（失訳『大方広十輪経』巻八。T13, 718a）

(9)　『地蔵十輪経』。

復次、善男子、菩薩摩訶薩復有大悲大甲冑輪。若菩薩摩訶薩成就此輪、従初発心、一切五欲皆能除断、超勝一切声聞独覚、普為一切声聞独覚作大福田、一切声聞独覚乗等皆応供養承事守護。所以者何。一切声聞独覚乗等但為己身得利楽故而修行悲、不欲普為一切有情得利楽故修行大悲。菩薩摩訶薩不為己身得利楽故而修行悲、但欲普為一切有情得利楽故修行大悲。是故菩薩成就大悲大甲冑輪、超勝一切声聞独覚、普為一切声聞独覚作大福田、一切声聞独覚乗等皆応供養承事守護。是菩薩摩訶薩普為饒益諸有情故行四摂事而成熟之。謂由大悲、普為利楽諸有情故行布施摂、能捨一切珍宝財物禽獣僕使国城妻子乃至身命、無所悋惜。行無所得為方便故。不見一切所化有情、不見施者、不見受者、不見施物、不見施行、不見施行所得果報、乃至不見無所得行。如是大悲普為利楽諸有情故、行愛語摂、行利行摂、行同事摂。随其所応、如上広説、乃至不見無所得行。是菩薩摩訶薩常以最勝能調伏心能寂静心無数量心不行一切蘊処界心所生無動無住大悲大甲冑輪、成熟一切所化有情、心無厭倦。如是名為菩薩大悲大甲冑輪、不共一切声聞独覚。善男子、若菩薩摩訶薩成此大悲大甲冑輪、従初発心、一切五欲皆能除断、得名菩薩摩訶薩也。超勝一切声聞独覚、普為一切声聞独覚作大福田、一切声聞独覚乗等皆応供養承事守護。（玄奘訳『大乗大集地蔵十輪経』巻十。T13, 774bc）

【現存最古の漢訳】　復次、善男子、菩薩摩訶薩修大悲輪、従初発意、断除五欲、名為摩訶薩、堪為声聞辟支仏作大福田、常為一切衆生守護供養。何以故。一切声聞辟支仏、但自為己、而修悲故。菩薩摩訶薩則不如是、而自亡己、為一切衆生故、而修行悲。是故堪為一切衆生作大福田。如是菩薩摩訶薩、能兼他人、修四摂法、為成熟衆生故、乃至捨己支節身命及以財物。以此大悲為欲安楽諸衆生故。亦不得衆生相、不得施者相、不得受者相、乃至不得施業果報相。行檀波羅蜜時、不取行相愛語利益及同事相。雖行四摂、而不取相。常以最勝心第一心寂滅心乃至無量阿僧祇心無行陰界入心無動揺而常安住荘厳大悲寂滅心、成就衆生。善男子、以如是相、能大荘厳、不与一切声聞辟支仏共。菩薩摩訶薩具足成就此大悲輪、従初発意、断除五欲、堪為声聞辟支仏作大福田、常為一切衆生守護供養。

（失訳『大方広十輪経』巻八。T13, 718ab）

（10）『集一切福徳三昧経』。

byang chub sems dpa' mi skye ba'i chos la bzod pa thob pa bcu'i stobs gang yin pa de ni | byang chub sems dpa' sa bcu la gnas pa srid pa tha ma pa gcig gi stobs yin te | maud gal gyi bu stobs de dang ldan na byang chub sems dpa' sems dpa' chen po btsas ma thag tu sa la gom pa bdun 'gro bar 'gyur ro ||

(D no. 134, Na 75b4–5; P no. 802, Du 78b3–4)

【現存最古の漢訳】　百法忍菩薩力不如一究竟菩薩力。百究竟菩薩力不如一生補処菩薩功徳之力。適生堕地、則行七歩。（竺法護訳『等集衆徳三昧経』巻上。T12, 974a）

（11）『瑜伽師地論』摂決択分。

ji ltar nyan thos rnam par gzhag (D : bzhag P) ce na | smras pa | rgyu gsum gyis te | sprul pa dang | smon lam dang | chos nyid kyis so ||

de la sprul pa ni 'dul ba'i dbang gis de bzhin gshegs pas de dang der nyan thos sprul par mdzad pa gang yin pa'o ||

de la smon lam ni gang zag nyan thos kyi theg pa par smon lam btab pa | nyan thos zhes bya bar rnam par 'jog par mdzad pa gang yin pa'o ||

de la chos nyid ni gang zag gang rang bzhin gyis snying rje chung ba dang | sdug bsngal gyis 'jigs pa de rgyu de (D : P om. de) gnyis kyis gzhan gyi don kyang mi 'dod la | gzhan dag gi don du 'khor ba yang mi 'dod pas de la chos nyid des nyan thos su 'dogs par mdzad pa ste | de mngon par rdzogs par byang chub pa'i chos can yin yang rnam par bzhag (P : gzhag D) pa'i bden pa dag la skrag pa'i rnam pas shas cher 'jug pas des na de yang dag par 'grub par byed do || nyan thos ji lta ba bzhin du rang sangs rgyas rnams kyang de bzhin te | de ni sangs rgyas rnams 'byung ba med kyang mngon par rdzogs par byang chub par 'gyur bas | khyad par du 'phags pa yin no ||

(D no. 4038, Zi 15b5–16a2; P no. 5539, 'I 16b6–17a3)

第二章

（1）『アングッタラ・ニカーヤ』。

pañcahi bhikkhave dhammehi samannāgato bhikkhu attahitāya ca paṭipanno hoti parahitāya ca. katamehi pañcahi. idha bhikkhave bhikkhu attanā ca sīlasampanno hoti parañ ca sīlasampadāya samādapeti, attanā ca samādhisampanno hoti parañ ca samādhisampadāya samādapeti, attanā ca paññāsampanno hoti parañ ca paññāsampadāya samādapeti, attanā ca vimuttisampanno hoti parañ ca vimuttisampadāya samādapeti, attanā ca vimuttiñāṇadassanasampanno hoti parañ ca vimuttiñāṇadassanasampadāya samādapeti. imehi kho bhikkhave pañcahi dhammehi samannāgato bhikkhu attahitāya ca paṭipanno hoti parahitāya cā ti. (AN vol. III, 14)

（2）『迦葉品』（『大宝積経』普明菩薩会）。

catvāra ime kāśyapa bodhisatvasya kumitrāṇi kusahāyās te bodhisatvena parivarjayitavyāḥ (corr. : parivarjayitavyā). katamāni catvāri.

[1] śrāvakayānīyo bhikṣu ātmahitāya pratipannaḥ,

[2] pratyekabuddhayānīyo 'lpārtho 'lpakṛtyaḥ,

[3] lokāyatiko vicitramantrapratibhānaḥ,

[3] yaṃ ca pudgalaṃ sevamānas (corr. : sevamāna) tato lokāmiṣasaṃgraho bhavati na dharmasaṃgrahaḥ.

ime kāśyapa catvāro bodhisatvasya kumitrāṇi kusahāyās te bodhisatvena parivarjayitavyāḥ.（KP §13）

【現存最古の漢訳】　菩薩有四悪知識。何謂四。一者、教人為羅漢道滅意。二者、教人為辟支仏道、自守無為。三者、喜教人為教道。四者、人求有学経者、持財物誘恤、不肯教人。是為四。

（支婁迦讖訳『仏説遺日摩尼宝経』。T12, 190a）

（3）『顕揚大乗澄浄経』。

nyan thos dang rang sangs rgyas rnams sangs rgyas kyi bstan pa la dad pa gang yin pa de ni bdag la phan pa gtso bor byas pas chung zhing yongs su ma rdzogs pa'i phyir byang chub sems dpa'i dad pa'i mtshan nyid dang bral ba'o ||（D no. 144, Pa 16a2; P no. 812, Nu 17a6–7）

（4）『称讃大乗功徳経』。

anyatra prathamacittotpādikasyādikarmikasya mahāyāne śrāvakayānikāni dārike bodhisattvasyākalyāṇamitrāṇi. tat kasmād dhetoḥ. ātmahitapratipannatvāt.（GDPS 600; 602）

（5）『方広如来智経』。

nyan thos ni bdag la phan par zhugs pa yin gyi | byang chub sems dpa' ni bdag dang gzhan la phan par zhugs pa yin no ||（D no. 99, Ga, 152a5; P no. 767, Khu 163a4–5）

（6）『瑜伽師地論』摂釈分。

de la bdag gi don gyi spyod pa ni 'di lta ste | bdag la phan pa sgrub pa gang yin pa ste | 'di lta ste | nyan thos dang rang sangs rgyas dag gi'o || 'di ltar de dag ni lan 'ga' gzhan gyi don sgrub pa la yang byed mod kyi gzhan gyi don kho na la 'jug pa ma yin pas de'i phyir bdag gi don gyi spyod pa kho na zhes bya'o || gzhan gyi don gyi spyod pa ni skye bo mang po la bde ba la sogs pa'i phyir gzhan la phan pa sgrub pa gang yin pa ste | 'di lta ste | byang chub sems dpa' rnams dang | de bzhin gshegs pa rnams kyi'o ||（D no. 4042, 'I 52a5–8; P no. 5543, Yi 61b6–8）

第三章

（1）『方便善巧経』。

rigs kyi bu gzhan yang byang chub sems dpa' thabs mkhas pa ni nyan thos dang | rang sangs rgyas rnams dang lhan cig tu gnas kyang de dag la 'dod par mi byed do || gal te yang nyan thos dang | rang sangs rgyas dag la bkur sti byas pa mthong na de rgyu gnyis kyis bdag nyid khong du chud par byed do || rgyu gnyis po gang zhe na | byang chub sems dpa' las ni sangs rgyas bcom ldan 'das rnams 'byung || sangs rgyas las ni nyan thos dang rang sangs rgyas rnams 'byung bas de dag la bkur sti byas na bdag nyid la thog ma kho nar bkur stir byas pa yin gyi | de dag la ni ma yin pa dang | de dag ni bdag gi pha'i nor la spyod mod kyi | de la bdag gis（D : gi P）'dod par mi bya | phrag dog tu mi bya snyam du sems pa'o ||（D no. 261, Za 285a3–6; P no. 927, Shu 300a7–b2）

【現存最古の漢訳】　又族姓子、善権闓士、与諸弟子縁覚俱遊、心不同帰。見人供養弟子縁覚、意不欽獲、興于二念。一、従菩薩心、成仏世尊。二、弟子縁覚、因仏法生。造斯観已、諸所供養、未以為上。吾所学習、則三品最。観無適莫、無所貪楽。是謂菩薩善権方便。

（竺法護訳『慧上菩薩問大善権経』巻上。T12, 156c）

（2）『法華経』安楽行品。

śrāvakayānīyāṃś ca bhikṣubhikṣuṇyupāsakopāsikā na sevate na bhajate na paryupāste. na ca taiḥ sārdhaṃ saṃstavaṃ karoti. na ca taiḥ saha samavadhānagocaro bhavati caṅkrame vā vihāre vā. anyatropasaṃkrāntānāṃ caiṣāṃ kālena kālaṃ dharmaṃ bhāṣate, taṃ cāniśrito bhāṣate.（SPS 276, 8–10）

【現存最古の漢訳】不与声聞比丘比丘尼清信士清信女従事、亦不親近行礼問訊、不共止頓、不与同志経行焼香散華然燈。除其往至講経会時、唯与講会而共従事、縦有所説、亦無所著。

（竺法護訳『正法華経』巻七。T9, 107bc）

（3）『華手経』。

shā（P : sha D）ra dwa ti'i bu bzhi po 'di dag ni byang chub sems dpa' sems dpa' chen po bla na med pa yang dag par rdzogs pa'i byang chub mngon par rdzogs par 'tshang rgya bar 'dod pas yongs su spang bar bya ba yin te | bzhi gang zhe na |

［1］shā（P : sha D）ra dwa ti'i bu byang chub sems dpa' sems dpa' chen pos sdig pa'i grogs po yongs su spang bar（D : ba P）bya ba yin |

［2］shā（P : sha D）ra dwa ti'i bu byang chub sems dpa' sems dpa' chen pos（P : po D）bud med dang 'dre ba yongs su spang bar bya ba yin |

［3］byang chub sems dpa' sems dpa' chen pos gcer bu pa'i smra ba dang 'jig rten rgyang phan pa'i gsang tshig yongs su spang bar bya ba yin |

[4] shā (P : sha D) ra dwa ti'i bu byang chub sems dpa' sems dpa' chen pos log par lta ba'i rgud pa yongs su spang bar bya ba yin te |

shā (P : sha D) ra dwa ti'i bu chos bzhi po de dag ni byang chub sems dpa' sems dpa' chen pos yongs su spang bar bya ba yin no ||

shā (P : sha D) ra dwa ti'i bu chos bzhi po de dag ji lta ba bzhin du (D : P om. du) de ltar bar chad byed pa'i chos gzhan no || ngas yang dag par rjes su mthong ngo || shā (P : sha D) ra dwa ti'i bu de lta bas na | theg pa chen po la yang dag par zhugs pas chos bzhi po de dag yongs su spang bar bya zhing yongs su spangs nas kyang | gang bla na med pa yang dag par rdzogs pa'i byang chub mngon par rdzogs par 'tshang rgya bar 'dod pas chos bzhi (P : gzhi D) kun tu bsten par bya bsgom par bya | lan mang du bya ba yin te | bzhi gang zhe na |

[1] shā (P : sha D) ra dwa ti'i bu sangs rgyas sam byang chub sems dpa' 'am nyan thos gang byang chub sems dpa'i sde snod kyi chos kyi rnam grangs 'doms (D : 'don P) par byed | rjes su ston par byed pa'i dge ba'i bshes gnyen kun tu bsten (D : bstan P) par bya zhing bsgom par bya la lan mang du bya ba yin |

[2] shā (P : sha D) ra dwa ti'i bu gzhan yang byang chub sems dpas (D : dpa' P) bud med dang 'dre ba rnam par bzlog pa'i phyir mngon par 'byung ba dang | rab tu 'byung ba dang | dgon par gnas pa kun tu bsten par bya zhing | bsnyen par bya la | bsnyen bkur bya ba yin |

[3] shā (P : sha D) ra dwa ti'i bu gzhan yang byang chub sems dpas gcer bu'i smra ba dang 'jig rten rgyang phan pa bzlog pa'i phyir chos de dag gzung ba dang | kun chub pa dang | mi brjed par bya bar rnal 'byor du bya

ba yin |

[4] shā（P : sha D）ra dwa ti'i bu gzhan yang byang chub sems dpas（D : dpa' P）log par lta ba rnam par bzlog pa'i phyir chen po stong pa nyid kyi yang dag pa'i lta ba kun tu bsten par bya zhing bsnyen par bya ba yin no ||

(D no. 101, Nga 181a3–b4; P no. 769, Gu 195a2–b4)

【現存最古の漢訳】　舍利弗。若人発心求菩提者、応離四法。何謂為四。

離悪伴党諸悪知識及不善行。是為初法所応離也。

又舍利弗、若人発心求菩提者、応当離於貪著女相、不与世人共処同事。是第二法所応離也。

又舍利弗、若人発心求菩提者、応当離於外道書論。謂裸形論、路伽耶論、末伽梨論、非仏所説、不応親近聴受読誦。是第三法所応離也。

又舍利弗、若人発心求菩提者、不応親近邪見悪見。是第四法所応離也。

舍利弗、如来不見更有餘法深障仏道如此四法。是故菩薩応当捨離。

又舍利弗、若欲疾得無上菩提、当修四法。何為謂四。

菩薩応当随善知識。善知識者謂諸仏是。若声聞人能令菩薩住深法蔵諸波羅蜜、亦是菩薩善知識也。応当親近供給礼敬。

又舍利弗、菩薩応当親近出家、亦応親近阿蘭若法。離女色故。

又舍利弗、菩薩応当親近修習大空正見。離邪見故。

又舍利弗、若諸菩薩欲疾逮得無上菩提、応当親近如是四法。

（鳩摩羅什訳『仏説華手経』巻八。T16, 188ab）

（4）『二万五千頌般若波羅蜜多』。

punar aparam ānanda bodhisattvena mahāsattvena śrāvakayānikaiḥ pudgalaiḥ sārdhaṃ na sthātavyaṃ sacet tiṣṭhati tena na kasyacid antike vyāpattavyam. tat kasya hetoḥ. tathā hi naitan mama pratirūpaṃ syāt, yad aham eteṣām antike vyāpadye vā kṣubhyeyaṃ vā. tat kasya hetoḥ. tathā hi te mayānuttarāṃ samyaksaṃbodhim abhisaṃbudhya sarvaduḥkhebhyaḥ parimocayitavyāḥ.（PVSPP V 26, 29–27, 3）

【現存最古の漢訳】　若有菩薩闘争恚已、便自悔言。「是利難得。我今当為一切下屈。今世後世、当使衆生皆共和解。我今云何悪声加人而念人悪。我終不敢復作是事。当如聾羊、当自除過、成阿耨多羅三耶三菩、度脱衆生。云何起恚而自陥溺。不当起恨不当陥溺。」爾時菩薩適起是意已、魔波旬不能得其便。復次阿難、行菩薩者不当与声聞家共止。若共止者、不当与争。所以者何。当自念言。「我不応得与是輩人起恚共争。我当成就阿耨多羅三耶三菩、度諸苦厄。」（無羅叉訳『放光般若経』巻十四。T8, 100ab）

（5）『悲華経』。

catvārīmāni brāhmaṇa bodhisattvānāṃ kuśīdavastūni; yaiḥ kuśīdavastubhiḥ samanvāgatā ekatyā bodhisattvā dīrghasaṃsāralābhino dṛṣṭiprapāte saṃsāracārake duḥkhāny anubhavanti, na ca kṣipram anuttarāṃ samyaksaṃbodhim anuprāpnuvanti. katamāni catvāri.

ihaikatyo bodhisattvo hīnācāro bhavati, hīnasahāyaḥ, hīnaparityāgaḥ, hīnapraṇidhiḥ.

［1］ kathaṃ ca bodhisattvo hīnācāro bhavati. ihaikatyo duḥśīlo bhavati, kāyavāṅmanasā cāsaṃvṛtacārī bhavati.

[2] śrāvakapratyekabuddhayānikaiḥ sārdhaṃ saṃsargacārī bhavati.

[3] na ca sarvaparityāgī na sarvatraparityāgī bhavati, devamanuṣyaśrīsukhābhilāṣī dānaṃ dadāti.

[4] na cādhyāśayena buddhakṣetraguṇavyuhān pratigṛhṇāti vaineyam anavekṣya praṇidhānaṃ pratigṛhṇāti.

ebhiś caturbhir dharmaiḥ samanvāgataḥ kuśīdo bodhisattvaḥ ciraṃ saṃsāracārake duḥkham anubhavati, na ca kṣipram anuttarāṃ samyaksaṃbodhim anuprāpnoti.

caturbhir dharmaiḥ samanvāgato bodhisattvaḥ kṣipram anuttarāṃ samyaksaṃbodhim abhisaṃbudhyate. katamaiś caturbhiḥ.

[1] śīlavān bhavati kāyavāṅmanasā (corr. : kāyavāṅmanaḥ) saṃvṛtacārī.

[2] mahāyānasaṃprasthitaiḥ sārdhaṃ saṃsargacārī bhavati.

[3] sarvaparityāgī sarvatraparityāgī sattvānāṃ duḥkhaparimocanārthaṃ karuṇācittotpādaṃ dadāti.

[4] adhyāśayena buddhakṣetraguṇavyūhān vaineyaṃ avekṣya praṇidhānaṃ pratigṛhṇāti.

ebhiś caturbhir dharmaiḥ samanvāgato bodhisattvaḥ kṣipram anuttarāṃ samyaksaṃsaṃbodhim abhisaṃbudhyate. (KPS 202, 1–203, 5)

【現存最古の漢訳】　婆羅門、菩薩有四懈怠地、若有菩薩、具此懈怠者、久楽生死、為見所誤、受生死苦、不速逮阿耨多羅三藐三菩提。何謂為四。

或有菩薩、卑賤威儀、卑賤同学、卑賤分施、卑賤立願。

何謂菩薩卑賤威儀。或有菩薩、破身口意、或不摂威儀。

与学声聞縁覚者倶。
不一切施、不一切処施、求人天福楽施。
不至意立願荘厳仏土為度衆生。
具四法、懈怠菩薩久受生死之苦、不速逮阿耨多羅三藐三菩提。
有菩薩、具四法、速成阿耨多羅三藐三菩提。何謂為四。
護持身口意。
或常親近大乗学人。
一切施、一切処施、為脱一切衆生苦故、発悲心施。
至意立願荘厳仏土為度衆生故。
是為四法。菩薩行是、速成阿耨多羅三藐三菩提。（失訳『大乗悲分陀利経』巻四。T3, 262b）

（6）『入定不定印経』。

'jam dpal de bzhin du rigs kyi bu'am rigs kyi bu mo gang la la zhig bla na med pa yang dag par rdzogs pa'i byang chub tu sems bskyed la theg pa chen po mi 'dzin mi klog par nyan thos kyi theg pa pa rnams dang lhan cig gnas te | nyan thos kyi theg pa pa dag la snyen cing sten la bsnyen bkur byed cing de dag dang lhan cig tu 'dris par byed la kun tu spyod cing longs spyod par byed la | kun dga' ra ba'am | gtsug lag khang ngam | 'chag sar spyod yul 'thun par gnas par byed | nyan thos kyi theg pa klog cing kha ton byed | dpyod cing khong du chud par byed la gzhan dag kyang klog tu 'jug pa nas khong du chud pa'i bar du byed na | de nyan thos kyi theg pa 'dzin pa'i dge ba'i rtsa ba bskyed pa mngon par 'du byed pa des shes rab rtul por 'gyur te | bla na med pa'i ye shes kyi lam las phyir 'dren cing phyir zlog go ‖ byang chub sems dpa' de'i byang chub kyi sems bsgoms pa las byung ba'i shes rab kyi dbang po shes rab kyi mig gang yin pa de yang de nyan thos kyi theg pa 'dzin cing 'chang ba'i dge ba'i rtsa ba bskyed pa mngon par 'du byed pa des rtul por byed cing nyams par byed do ‖

(D no. 202, Tsha 64b3–7; P no. 868, Tsu 67b5–68a1)

【梵文断片】　evaṃ eva mañjuśrīr yaḥ kaścid bodhicittam utpādya mahāyānaṃ na dhārayati, na paṭhati, śrāvakayānīyān sevate, taiś ca sārddhaṃ saṃstavaṃ karoti, śrāvakayānaṃ ca paṭhati svādhyāyati mīmāṃsate paribudhyate 'rthāṃś ca pāṭhayati yāvad bodhayati, sa tena dhanvaprajño bhavati so 'nuttarajñānamārgāt pratyākṛṣyate pratyudāvarttyate, yad api tasya bodhisatvasya bodhibhāvanātaḥ prajñendriyaṃ prajñācakṣus tad api tasya dhanvīkriyate pratihanyate.（ŚS 7, 7–11）

【現存最古の漢訳】　如是、文殊師利、若善男子若善女人発阿耨多羅三藐三菩提心已、声聞乗人相随止住、近声聞人、習声聞人、恭敬供養声聞乗人、共為知識、財物交通、与共同住、若在林中、若在寺舎、若経行処、同一処行、読声聞乗、誦声聞乗、思声聞乗、信声聞乗、復教他人読誦思信、如是之人住声聞乗、摂声聞乗、種善根行、声聞所牽故得鈍智、退無上智道。如是菩薩修菩提心慧根慧眼、而復後時、住声聞智、種善根行、則還愚鈍、破壊不成。（般若流支訳『不必定入定入印経』。T15, 700a）

（7）『入定不定印経』。

'jam dpal de bzhin du rigs kyi bu'am rigs kyi bu mo gang la la zhig bla na med pa yang dag par rdzogs pa'i byang chub tu sems bskyed la nyan thos kyi theg pa pa dag dang lhan cig gnas te | nyan thos kyi theg pa pa dag la snyen (D : bsnyen P) cing sten la bsnyen bkur byed cing de dag dang lhan cig tu 'dris par byed la kun tu (corr. : du P; D om. tu) spyod cing longs spyod par byed la | kun dga' ra ba'am | gtsug lag khang ngam | 'chag sar spyod yul 'thun par gnas par byed | nyan thos kyi theg pa klog cing kha ton byed | dpyod cing khong du chud par byed la gzhan dag kyang klog tu 'jug par byed cing kha ton byed du 'jug la yongs su sbyong bar byed du 'jug na | de nyan thos kyi theg pa 'dzin pa'i dge ba'i rtsa ba bskyed pa mngon par 'du byed pa des shes rab rtul por 'gyur te | bla na med pa'i ye shes kyi lam las phyir 'dren cing phyir zlog go || byang chub sems dpa' de'i byang chub kyi sems bsgoms pa las byung ba'i (corr. : DP ad. dge ba'i rtsa ba bskyed pa mngon par 'du byed pa'i) shes rab kyi dbang po shes rab kyi mig gang yin pa de yang de'i nyan thos kyi theg pa 'dzin cing 'chang ba'i dge ba'i rtsa ba bskyed pa mngon par 'du byed pa des rtul por byed cing nyams par byed do|| (D no. 202, Tsha 65b2–6; P no. 868, Tsu 68b3–8)

【現存最古の漢訳】　如是、文殊師利、若善男子若善女人発阿耨多羅三藐三菩提心已、声聞乗人相随止住、近声聞人、習声聞人、共為知識、与共同住、若在林中、若在寺舎、若経行処、同一処行、読声聞乗、誦声聞乗、思声聞乗、信声聞乗、復教他人読誦思信、如是之人住声聞智、摂声聞乗、種善根行、声聞所牽故得鈍智、退無上智道。如是菩薩修菩提心、種善根行、安住大乗、而復後時、住声聞智、種善根行、則還愚鈍、破壊不成。（般若流支訳『不必定入定入印経』。T15, 700b）

（8）『入定不定印経』。
'jam dpal de bzhin du rigs kyi bu'am rigs kyi bu mo gang la la zhig bla na med pa yang dag par rdzogs pa'i

byang chub tu sems bskyed la | nyan thos kyi theg pa pa dag dang lhan cig tu mi gnas te | nyan thos kyi theg pa pa（D : P om. pa）dag la mi snyen cing mi sten la | bsnyen bkur mi byed nyan thos kyi theg pa pa de dag dang lhan cig tu 'dris par mi byed | kun tu（D : du P）spyod cing longs spyod par mi byed | kun dga' ra ba'am | gtsug lag khang ngam | 'chag sar spyod yul 'thun par gnas par mi byed la | nyan thos kyi theg pa klog par mi byed | kha ton mi byed | sems par mi byed la | gzhan dag kyang tha na tshigs su bcad pa gcig tsam yang klog tu 'jug par mi byed | kha ton byed du 'jug par mi byed de | de gang klog pa de yang theg pa chen po kho na klog la | gang ston pa de yang theg pa chen po kho na ston na |（D no. 202, Tsha 66a7–b3; P no. 868, Tsu 69b1–5）

【現存最古の漢訳】　如是、文殊師利、若善男子若善女人発阿耨多羅三藐三菩提心已、不与一切声聞乗人相随止住、不近一切声聞乗人、不習一切声聞乗人、不作知識、財物不交、不共同住、若在林中、若在寺舎、若経行処、不同処行、亦不読誦声聞乗法、不思不信声聞乗法、不教他人読誦信学、乃至一偈亦不学習、不読不誦、彼人若読則読大乗、彼人若誦則誦大乗、若有所説則説大乗乃至一偈。

（般若流支訳『不必定入定入印経』。T15, 700c）

（9）『入定不定印経』。

'jam dpal de bzhin du rigs kyi bu'am rigs kyi bu mo gang la la zhig bla na med pa yang dag par rdzogs pa'i byang chub tu sems bskyed la | nyan thos kyi theg pa pa dag dang lhan cig tu mi gnas | nyan thos kyi theg pa pa dag la mi snyen mi sten cing bsnyen bkur mi byed la | nyan thos kyi theg pa pa de dag dang lhan cig tu 'dris par mi byed | kun tu（D : du P）spyod cing longs spyod par mi byed | kun dga' ra ba'am | gtsug lag khang ngam | 'chag sar spyod yul 'thun par gnas par mi byed la nyan thos kyi theg pa klog par mi byed | kha ton mi byed | dpyod cing khong du chud par mi byed la | gzhan dag kyang tha na tshigs su bcad pa gcig tsam yang klog tu 'jug par mi byed | kha ton byed du 'jug par mi byed de | de gang klog pa de yang theg pa chen po kho na klog la | gang ston pa de yang theg pa chen po kho na ston cing | (D no. 202, Tsha 67a2–4; P no. 868, Tsu 70a3–7)

【現存最古の漢訳】　如是、文殊師利、若善男子若善女人発阿耨多羅三藐三菩提心已、不与一切声聞乗人相随止住、不近一切声聞乗人、不習一切声聞乗人、不作知識、財物不交、不同修行、不共語説、不共同住、若在林中、若在寺舎、若経行処、不同処行、不読不誦声聞乗法、不思不信声聞乗法、不教他読、不教他誦、乃至一偈、於声聞乗、不相応誦、亦不教他、彼人若読、則読大乗、彼人若誦、則誦大乗、亦教他人読誦大乗、若有所説、則説大乗。（般若流支訳『不必定入定入印経』。T15, 701a）

（10）　『入定不定印経』。

'jam dpal de bzhin du rigs kyi bu'am rigs kyi bu mo gang la la zhig bla na med pa yang dag par rdzogs pa'i byang chub tu sems bskyed la | nyan thos kyi theg pa pa dag dang lhan cig tu mi gnas te | nyan thos kyi theg pa pa dag la mi snyen mi sten cing bsnyen bkur mi byed la | nyan thos kyi theg pa pa de dag dang lhan cig 'dris par mi byed | kun tu (D : du P) spyod cing longs spyod par mi byed | kun dga' ra ba'am | gtsug lag khang ngam | 'chag sar spyod yul 'thun par gnas par mi byed la | nyan thos kyi theg pa klog par mi byed | kha ton mi byed | dpyod cing khong du chud par mi byed la | gzhan dag kyang tha na tshigs su bcad pa gcig tsam yang klog tu 'jug par mi byed | kha ton byed du 'jug par mi byed de | de gang klog pa de yang theg pa chen po kho na klog | gang kha ton byed pa de yang theg pa chen po kho na kha ton byed | gang ston pa de yang theg pa chen po kho na ston cing |

（D no. 202, Tsha 68a3–7; P no. 868, Tsu 71a5–b1）

【現存最古の漢訳】　如是、文殊師利、若善男子若善女人発阿耨多羅三藐三菩提心已、不与一切声聞乗人相随止住、不近一切声聞乗人、不習一切声聞乗人、不作知識、財物不交、不同修行、不共語説、不共同住、若在林中、若在寺舎、若経行処、不同処行、不読不誦声聞乗法、不思不信声聞乗法、不教他読、不教他誦、乃至一偈、於声聞乗、不相応読、不相応誦、亦不教他、彼人若読、則読大乗、彼人若誦、則誦大乗、亦教他人読誦大乗、若有所説、則説大乗。（般若流支訳『不必定入定入印経』。T15, 701bc）

（11）『称讃大乗功徳経』。

atha khalu guṇālaṃkṛtasaṃkusumitā dārikā bhagavantam etad avocat. ke bhagavan bodhisattvasyākalyāṇamitrāṇi yaiḥ sārdhaṃ bodhisattvena mahāsattvenaikavihāram api na vastavyam. bhagavān āha. nāhaṃ samanupaśyāmi dārike sadevake loke samārake sabrahmake saśramaṇabrāhmaṇikāyāṃ prajāyāṃ bodhisattvasya mahāsattvasyākalyāṇamitrāṇy anyatra prathamacittotpādikasyādikarmikasya mahāyāne śrāvakayānikāni dārike bodhisattvasyākalyāṇamitrāṇi. tat kasmād dhetoḥ. ātmahitapratipannatvāt. prathamacittotpādikenādikarmikena bodhisattvena mahāyāne śrāvakayānikaiḥ sārdham ekavihāre na vastavyam ekalayane vā, ekacaṅkramaṇe vā, ekapathāpi na gantavyam. anyatrānujānāmy ahaṃ bahuśrutasya bodhisattvasyābhedyaprasādasamanvāgatasya mahāyānaparipācanārthaṃ anuttarāyāṃ samyaksaṃbodhau taiḥ sārdhaṃ vihartavyam.

（GDPS 598–602）

【現存最古の漢訳】　爾時会中有一菩薩、示為女相、名徳厳華。承仏威神、従座而起、稽首作礼、而白仏言。「何等名為菩薩悪友、新学菩薩知已遠離。」爾時仏告徳厳華言。「我観世間、無有天魔梵釈沙門婆羅門等、与新学菩薩、於無上菩提、為悪知識、如楽声聞独覚乗者。所以者何。夫為菩薩、必為利楽諸有情故、勤求無上正等菩提。楽二乗人、志意下劣、惟求自証般涅槃楽。以是因縁、新学菩薩不応与彼同住一寺、同止一房、同処経行、同路遊適。若諸菩薩已於大乗具足多聞得不壊信、我別開許与彼同居。為引発心趣菩提故。」（玄奘訳『称讃大乗功徳経』。T17, 910c-911a)

（12）『方広如来智経』。

maud (D: mau'u P) gal gyi bu byang chub sems dpa' rnams kyi byang chub ni dge ba'i bshes gnyen dang 'brel pa'o || maud (D: mau'u P) gal gyi bu byang chub sems dpas nyan thos kyi theg pa pa (corr.: DP om. pa) la yang dag par bsten par mi bya (D: bya'o P) | rang sangs rgyas kyi theg pa pa (corr.: DP om. pa) la yang dag par bsten par mi bya'o || maud (D: mau'u P) gal gyi bu de ci'i phyir zhe na | tshul khrims 'chal pa dang | log par lta ba ni byang chub sems dpa'i sdig pa'i grogs po ma yin gyi | gzhan du na nyan thos kyi theg pa pa (corr.: DP om. pa) dang | rang sangs rgyas kyi theg pa pa (corr.: DP om. pa) ni byang chub sems dpa' sems dpa' chen po'i sdig pa'i grogs po yin no || de ci'i phyir zhe na | tshul khrims 'chal pas byang chub sems dpa'i tshul khrims gzhig par mi nus | log par lta bas byang chub sems dpa'i lta ba gzhig par mi nus so || de ci'i phyir zhe na | tshul khrims 'chal pas byang chub sems dpa'i tshul khrims 'chal par bya mi nus | lta ba log pas byang chub sems dpa'i lta ba log par bya mi nus kyi | nyan thos kyi theg pa pa dang | rang sangs rgyas kyi theg pa pas ni byang chub sems dpa' zag pa med pa'i shes pa la 'jug par mi nus so || de lta bas na nyan thos dang | rang sangs rgyas kyi theg pa pa ni byang chub sems dpa'i sdig pa'i grogs po yin no ||

yang byang chub sems dpa'i theg pa la yang dag par gnas pas tshul khrims 'chal pa'am | lta ba log pa dang lhan cig dga' bar byas pa ni rung gi | nyan thos dang rang sangs rgyas kyi theg pa pa dag ni de lta ma yin no || tshul khrims 'chal pa dang lta ba log pa ni byang chub sems dpa'i ring du song ba yin la | nyan thos dang rang sangs rgyas kyi theg pa pa ni byang chub sems dpa'i theg pa la yang dag par gnas pa'i mthar byed pa gsod pa'i tshul du blta ste | byang chub sems dpa' so sor ma brtags pa'i theg pa la yang dag par gnas pa de ni so sor 'bad pa mi nus te | de lta bas na byang chub sems dpas nyan thos dang | rang sangs rgyas kyi theg pa pa dag dang lhan cig dga' bar mi bya'o ||

seng ge dang | wa lhan cig dga' bar byed pa ni rigs pa med de ji ltar wa lta bu de ltar ni nyan thos dang | rang sangs rgyas thams cad kyi theg pa pa yin par blta'o || ji ltar seng ge lta bu de ltar ni byang chub sems dpa'i theg pa la yang dag par gnas pa yin par rigs par bya'o || de ci'i phyir zhe na | nyan thos ni bdag la phan par zhugs pa yin gyi | byang chub sems dpa' ni bdag dang gzhan la phan par zhugs pa yin no || nyan thos ni bdag gi (D : gis P) lam shes kyi | byang chub sems dpa' ni bdag dang sems can thams cad kyi lam rab tu shes so || nyan thos ni bdag gi sems rnam par sbyong gi | byang chub sems dpa' ni (D : P om. ni) bdag dang sems can thams cad kyi sems rnam par sbyong ngo || nyan thos dang rang sangs rgyas ni bdag gi nyon mongs pa rnams zhi bar byed kyi | byang chub sems dpa' ni bdag dang gzhan gyi nyon mongs pa rnams zhi bar byed do || nyan thos ni lam gcig nas 'bros kyi | byang chub sems dpa' ni lam chen po nas 'gro'o || nyan thos dang rang sangs rgyas dag (D : dang P) nyon mongs pa spangs la | bag chags ma spangs kyi | byang chub sems dpa' ni byang chub mngon par rdzogs par sangs rgyas pa na nyon mongs bag chags kyi mtshams sbyor ba dang bcas pa yang spangs so || nyan thos ni gzhan gyis bstan pa'i lam gyis yongs su mya ngan las 'da'i | byang chub sems dpa' ni rang byung gi lam gyis yongs su mya ngan las 'da'o || nyan thos dag gi dam pa'i chos ni mi gnas kyi | byang chub sems dpa'i dam pa'i chos ni bla na med pa yang dag par rdzogs pa'i byang chub mngon par (D : pa P) rdzogs par sangs rgyas nas gnas so || nyan thos dang rang sangs rgyas dag la ni stobs phun sum tshogs pa med kyi | byang chub sems dpa' dag la ni byang chub mngon par rdzogs par sangs rgyas nas | stobs bcu phun sum tshogs par 'gyur ro || nyan thos dang rang sangs rgyas dag la ni (D : P om. ni) mi 'jigs pa phun sum tshogs pa med kyi | sangs rgyas dag la ni (D : P om. ni) mi 'jigs pa phun sum tshogs pa mnga'o || nyan thos dang rang sangs rgyas dag la ni de bzhin gshegs pa'i so sor yang dag par rig pa med kyi | de bzhin gshegs pa la ni thun mong ma yin pa'i so sor yang dag pa'i rig pa mnga'o || nyan thos dang | rang sangs rgyas thams cad la ni mtshan med kyi | de bzhin gshegs pa la ni thun mong ma yin pa'i mtshan mnga'o || (D no. 99, Ga, 151b4–152b4; P no. 767, Khu 162b3–163b5)

【現存最古の漢訳】　爾時仏告摩訶目揵連。「善男子、当知善知識故教道諸法菩薩而成阿耨多羅三藐三菩提。是以初修行菩薩不応学声聞縁覚小乗教道。何以故。一切破戒邪行之人是菩薩善知識。若声聞縁覚、障仏道故、則非善知識。何以故。犯戒之人不堪破於菩薩正行。是犯戒邪行之人、法無力故、不能障於菩薩仏道。若声聞縁覚、以世諦無我、復無煩悩。以是智故、能令初学菩薩入於声聞教道。当知声聞非是菩薩善知識也。修行菩薩寧与破戒邪行交通、不与声聞縁覚乗人受法。何以故。犯戒邪行、雖共交通、身相遠離。若声聞人、行坐不離、譬如家賊不離其側。以是義故、菩薩不応与声聞人習学交往。譬如野干不堪師子同居、当知声聞与其菩薩亦復如是。何以故。声聞修学唯利己故。若修行菩薩、専求仏道、度脱衆生。声聞唯見一身趣路。若菩薩、善行正路、導引衆生。声聞唯浄己心。若菩薩、能浄己心、亦浄衆生。声聞唯自除煩悩。若菩薩、自除煩悩、亦能除滅衆生煩悩。声聞入邪疾路、独避世間。菩薩自入正路、導引衆生。声聞唯除習気煩悩。菩薩成等正覚、習気都滅、煩悩悉除。声聞異道入於涅槃。菩薩自証正道無餘涅槃。声聞入於寂滅涅槃、其法亦滅。若菩薩成等正覚已入無餘涅槃、法仍不滅。十力、無畏、十八不共、四聖諦、三十二相、八十種好、無量仏事、神通不滅。当知声聞及辟支仏皆無是徳。」（『大乗修行菩薩行門諸経要集』巻上。T17, 939c–940a）

第四章

（1）『郁伽長者所問経』（『大宝積経』郁伽長者会）。

kathaṃ ca gṛhapate gṛhī bodhisattvas saṅghaṃ śaraṇagato bhavati. iha gṛhapate gṛhī bodhisattvas saṃghaṃ śaraṇagatas sa cet paśyati srotāpannaṃ vā sakṛdāgāminaṃ vānāgāminaṃ vārhantaṃ vā pṛthagjanaṃ vā śrāvakayānīyaṃ vā pratyekabuddhayānīyaṃ vā, sa tatra sagauravo bhavati sapratīśaḥ pratyutthānagurukas suvacāḥ pradakṣiṇagrāhī. sa tān samyakpratipannān upatiṣṭhann evaṃ smṛtiṃ pratilabhate: aham apy anuttarāṃ samyaksaṃbodhim abhisaṃbudhya śrāvakaguṇapariniṣpattaye dharmaṃ deśayiṣyāmīti. teṣu sagauravo bhavati sapratīśaḥ, na ca tebhya spṛhayati. evaṃ gṛhapate gṛhī bodhisattvas saṃghaṃ śaraṇagato bhavati.

（大乗経典研究会［2020: 308］）

【現存最古の漢訳】　自帰於衆者云何。若開士居家、或見溝港、或見頻来、或見不還、或見応儀、或見凡人求弟子道者、為恭敬彼、承事供養、師之尊之、以礼待之。若以承事彼正法正術者、而以得是志。「亦我当得無上正真道、以講授経、成就弟子之徳。」而為恭敬彼、不亦而羨彼。開士居家者自帰於衆、為如是也。（安玄訳『法鏡経』。T12, 16a）

（2）『阿闍貰王女阿術達菩薩経』（『大宝積経』無畏徳菩薩会）。

yang de'i tshe rgyal po ma skyes dgra'i pho brang na bu mo mya ngan med kyis byin pa zhes bya ba btsas nas lo bcu gnyis lon pa 'dra ba | gzugs (D : gzungs P) bzang ba | mdzes pa | blta na sdug pa | kha dog bzang po (D : pos P) rgyas pa mchog dang ldan pa | sngon gyi rgyal ba la lhag par bya ba byas pa | dge ba'i rtsa ba bskyed pa | sangs rgyas brgya stong mang po la bsnyen bkur byas pa | bla na med pa'i byang chub las phyir mi ldog pa de rang gi pha'i khang (D : P ad. bzangs) na khri gser gyi rkang pa can yod pa la 'dug par gyur to || de nas bu mo mya ngan med kyis byin pas nyan thos chen po de dag mthong na khri de las ma langs te bsur (P : bstsur D) yang mi 'gro | phyag kyang mi byed | gtam yang mi zer | stan yang mi 'ding (D : 'dings P) bsod snyoms yang mi 'bul bar kha rog ste 'dug go || de nas rgyal po ma skyes dgras nyan thos chen po de dag rgyal po'i pho brang du 'ongs zhes (D : shes P) thos nas rang gi khang (D : P ad. bzangs kyi) snga khang ga la ba der song ste phyin nas nyan thos chen po de dag la mchog tu sdug par 'dzin pas mngon par dga' zhing stan yang bting ngo ||

rgyal po ma skyes dgras bu mo mya ngan med kyis byin pas nyan thos chen po de dag mthong bzhin du kha rog ste 'dug pa mthong nas bu mo mya ngan med kyis byin pa la 'di skad ces smras so || bu mo 'di dag ni bcom ldan 'das de bzhin gshegs pa dgra bcom pa yang dag par rdzogs pa'i sangs rgyas shā（D : sha P）kya thub pa de'i nyan thos chen po ste | che ba nyid kyi yon tan gyi chos dang ldan pa | zag pa zad pa | bya ba byas pa | byed pa byas pa | khur bor ba | bdag gi don rjes su thob pa | srid pa kun du sbyor ba yongs su zad pa | yang dag pa'i shes pas sems shin tu rnam par grol ba | bsod nams kyi zhing du gyur pa | snying brtse（D : rtse P）ba can yin te | 'jig rten la snying brtse（D : rtse P）ba'i phyir bsod snyoms kyi phyir rgyu ba（D : bar P）khyod kyis mi shes sam | ci na khyod kyis de dag mthong la | mthong bzhin du khri las kyang mi ldang | bsu（P : bstsu D）bar yang mi byed | phyag kyang mi 'tshal | gtam yang mi zer | stan dang bsod snyoms la yang spyan mi 'dren | dad pa dang gus pa yang mi skyed par ci'i phyir ma gus pa ston cing kha rog ste 'dug || khyod kyis don gyi dbang ci zhig mthong || de skad ces smras pa dang | bu mo mya ngan med kyis byin pas rang gi pha rgyal po ma skyes dgra la 'di skad ces smras so || yab 'di ji snyam du dgongs | ci 'khor los sgyur ba'i rgyal po rgyal phran la ldang ba'am | bsur（P : bstsur D）mchi ba nam yang gsan tam | gzigs sam |

rgyal pos smras pa | bu mo de ni ma yin no ||

bu mos smras pa | yab ci（D : ci'i P）lha'i dbang po brgya byin lha gzhan dag la ldang ba'am | bsur（corr. : bstsur D; bsu P）mchi（D : 'chi P）'am |

rgyal pos smras pa | bu mo de ni ma yin no ||

bu mos smras pa | yab ci mi mjed kyi bdag po tshangs pa lha gzhan dag la ldang ngam | bsur (P : bstsur D) mchi'am (D : 'chi'am P) |

rgyal pos smras pa | bu mo de ni ma yin no ||

bu mos smras pa | yab ci rgya (D : rgyal P) mtsho (D : po P) chen po mtsho dang | mtshe'u dang | chu mig dang | mtsho bran dang | lteng (D : steng P) ka dang | khron pa la phyag 'tshal ba gsan (D : bsan P) tam | gzigs sam |

rgyal pos smras pa | bu mo de ni ma yin no ||

bu mos smras pa | yab ci ri'i rgyal po ri rab ri nag po gzhan dag la 'dud pa'am | phyag 'tshal ba gsan tam | gzigs sam |

rgyal pos smras pa | bu mo de ni ma yin no ||

bu mos smras pa | yab ci nyi ma dang | zla ba dang | skar ma'i tshogs srin bu me khyer gyi 'od 'dod pa gsan tam | gzigs sam |

rgyal pos smras pa | bu mo de ni ma yin no ||

bu mos smras pa | yab ci ri dags kyi rgyal po seng ge wa la ldang ba'am | bsur (P : bstsur D) mchi ba gsan tam | gzigs sam |

rgyal pos smras pa | bu mo de ni ma yin no ||

bu mos smras pa | yab de bzhin du su zhig bla na med pa yang dag par rdzogs pa'i byang chub tu sems bskyed nas byams pa chen po dang | snying rje chen po'i seng ge'i sgra bsgrags (D : sgrags P) la dman pa la mos pa'i nyan thos wa lta bur gyur pa | byams pa chen po dang | snying rje chen po dang bral ba dag la dga' zhing ldang ba'am | bsur（P : bstsur D）mchi ba'am | phyag 'tshal ba'am | bkur sti bgyid |

yab chos kyi rgyal po chen po su zhig chos kyi 'khor lo bla na med pa bskor tam | skor（D : bskor P）bar bgyid pa na nyan thos dman（D : sman P）pa | zhan pa | zhum pa | nyi tshe ba'i（D : P ad. ye）shes pa dang ldan pa rnams la dga' bas phyag 'tshal ba'am | 'dud pa bgyid |

yab lha'i bdag po lha'i dbang po lta bu su zhig rnam par dag pa'i lha'i bdag po don du gnyer ba na dge ba chung ba'i lha lta bu'i nyan thos dag la 'dod pa'am | phyag 'tshal ba'am | ldang ba'am | bsur（P : bstsur D）mchi bar bgyid |

yab mi mjed kyi bdag po tshangs pa lta bu su zhig 'jig rten na tshangs pa'i snga khang bla na med pa don du gnyer ba na dge ba'i rtsa ba chung ba'i tshangs pa lta bu'i nyan thos dag la 'dod pa'am | ldang ba'am | bsur（P : bstsur D）mchi ba'am | phyag 'tshal bar bgyid |

yab su zhig ye shes rgya mtsho dpag tu med pa mi mnyam（D : snyam P）pa dang mnyam pa'i chos rtogs pa tshol ba na ba lang gi rmig（D : dmig P）rjes kyi chu lta bu'i tshul khrims kyi rjes su song ba'i nyan thos dag la 'dod pa'am | ldang ba'am | bsur（P : bstsur D）mchi ba'am | phyag 'tshal bar bgyid |

yab su zhig ri rab lta bu'i bsam gtan dang | rnam par thar pa dang ldan pa'i de bzhin gshegs pa'i gzugs kyi sku don du gnyer ba na yungs 'bru lta bu'i ting nge 'dzin gyi stobs dang ldan pa'i nyan thos dag la ldang ba'am | bsur（P : bstsur D）mchi ba'am | phyag 'tshal ba'am | 'dud pa'am | 'dod pa skyed par bgyid |

yab su zhig sangs rgyas bcom ldan 'das rnams kyi che ba nyid shes rab dang | bsod nams dang | ye shes dang |

yon tan nyi ma dang zla ba'i snang ba dpag tu med pa lta bu thos nas srin bu me khyer gyi 'od lta bu (D : bu'i P) rang gi rgyud la snang ba gnas pa gzhan gyi sgra'i rjes su song ba'i nyan thos dag gi (D : gis P) rnam par grol ba la 'dod pa skyed par bgyid | bdag ni de bzhin gshegs pa rnams yongs su mya ngan las 'das kyang nyan thos rnams la phyag mi 'tshal na bzhugs bzhin du lta ci smos | de ci'i slad du zhe na | su zhig zla ba dang nyi ma'i dkyil 'khor btang ste srin bu me khyer la phyag 'tshal bar bgyid |

yab gang nyan thos la sten pa ni nyan thos kyi sems dang gnas par 'gyur ro || yang dag par rdzogs pa'i sangs rgyas la sten (D : stan P) na thams cad mkhyen pa'i (D : P om. 'i) rin po che'i sems bskyed pa dang gnas par 'gyur ro || de nas rgyal po ma skyes dgras bu mo mya ngan med kyis byin pa la 'di skad ces smras so || 'di ltar khyod nyan thos 'di dag mthong bzhin du mi ldang zhing bsur (P : bstsur D) mi 'gro la phyag mi 'tshal zhing bsnyen bkur mi byed de | 'di dag stan dang | bsod snyoms la spyan mi 'dren pa ni bu mo khyod lhag pa'i nga rgyal can zhig go || de skad ces smras pa dang | bu mo mya ngan med kyis byin pas rang gi pha rgyal po ma skyes dgra la 'di skad ces smras so || yab bdag ni lhag pa'i nga rgyal can ma lags so || de ci'i slad du zhe na | yab khyod nyid grong khyer gyi dbul po rnams la mi bzhengs | bsur (P : bstsur D) mi bzhud | stan (D : bstan P) mi 'dings (D : 'ding P) pa (D : ba P) las na khyod nyid lhag pa'i nga rgyal can lags pa snyam bgyid do ||

rgyal pos smras pa | bu mo de dag ni nga dang mtshungs pa ma yin no ||

bu mos smras pa | yab de bzhin du byang chub sems dpa' sems dang po bskyed pa ni nyan thos dang rang sangs rgyas thams cad dang mtshungs pa ma lags so ||

rgyal pos smras pa | bu mo byang chub sems dpa' rnams ni nga rgyal dang dregs pa spangs te sems can thams cad la 'dud cing phyag 'tshal bar mi byed dam |

bu mos smras pa | yab byang chub sems dpa' ni 'khon du 'dzin pa dang | tha ba dang | khro ba dang | gnod sems dang | nyes pa spang（D : spangs P）pa dang | dge ba'i rtsa ba yongs su smin par bgyid pa'i slad du sems can thams cad la 'dud cing phyag 'shal lo ||

yab nyan thos chen po 'di dag la ni 'khon du 'dzin pa dang | tha ba dang | khro ba dang | gnod sems dang | nyes pa bsal bar bgyi ba ma mchis | spang bar bgyi ba dang | dge ba 'phel bar bgyi ba yang ma mchis te | yab nyan thos thams cad la ni sangs rgyas 'bum gyis（D : gyi P）nyan thos kyi tshul khrims ji snyed pa dang | ting nge 'dzin ji snyed pa dang | shes rab ji snyed pa'i（D : pas P）chos bstan（D : stan P）du lags kyang | yab de dag la ni tshul khrims kyang ga（D : gang P）las mchi（D : 'chi P）| ting nge 'dzin kyang ga las mchi | shes rab kyang ga las mchi | rnam par grol ba yang ga las（D : la P）mchi | rnam par grol ba'i ye shes mthong（D : gzigs P）ba（D : pa P）yang ga las mchi | yab 'di lta ste dper na bum pa chab kyis gtams（D : bltam P）pa'i nang du char bab na de chab kyi thigs pa gcig kyang mi len la | der gnas par yang mi 'gyur ro || yab de bzhin du nyan thos rnams la gal te sangs rgyas 'bum gyis chos bshad du lags kyang de dag（D : P ad. yang）'dzin par yang mi 'gyur la tshul khrims dang | ting nge 'dzin dang | shes rab dang | rnam par grol ba dang | rnam par grol ba'i ye shes mthong ba yang de dag la gnas par mi 'gyur zhing rnam par 'phel bar yang mi 'gyur ro || yab 'di lta ste dper na rgya mtsho chen po ni chu klung thams cad dang | char gyi rgyun thams cad 'dzin cing der gnas par 'gyur ro || de ci'i slad du zhe na | rgya mtsho chen po ni tshad ma mchis pa'i slad du'o || yab byang chub sems dpa' sems dpa' chen po rgya mtsho lta bu de dag kyang de bzhin te | chos bstan pa'i chu thams cad yang dag par 'dzin cing chos bstan pa thams cad de la yang dag par gnas so || de ci'i slad du zhe na | 'di ltar byang chub sems dpa' sems dpa' chen po rnams kyi（D : kyis P）thams cad mkhyen pa nyid kyi sems kyi snod（D : gnod P）de ni mi mnyam pa dang mnyam pa'i slad du'o || de la 'di skad ces bya ste |

ma skyes dgra'i bu mor gyur pa ni || mya ngan med byin yon tan gzi brjid brgyan ||
nyan thos lnga brgya dag ni lhags gyur kyang || de la phyag bya'i phyir ni de ma langs ||
ma skyes dgra yis de la smras pa ni || bu mo don（D : P ad. ni nga）'di nga（D : P om. nga）las mnyan（D : nyan P）par gyis ||
khyod kyis nyan thos lnga brgya mthong bzhin du || phyag bya'i phyir na ci phyir ldang mi byed ||
bu mo mya ngan med kyis byin na re || nyan thos 'di dag bdag gis mthong ba na ||
ci phyir phyag 'tshal（D : P ad. ba'i）bsam pa mi skye ba || bdag mchis yab cig tshig ni gsan par gsol ||
dper na mi zhig rgya mtshor mchis nas kyang（D : yang P）|| rin chen 'byung khung nas ni mching（D : 'ching P）bu blangs ||
de bzhin bdag ni nyan thos thams cad kyang || ye shes dbyings nas nyan thos blangs snyam bgyid ||
dper na rgyal po nor gyi dbang phyug po || sa bdag 'khor los sgyur ba mnyes bgyis nas ||
kār（D : kar P）ṣā（corr. : ṣa D; sha P）pa（corr. : pā DP）ṇa（D : ni P）gcig tsam gsol na ni || de yis rgyal po bsten（D :

sten P) pa don ma mchis ||
gang gis 'khor los sgyur ba mnyes bgyis nas || bye ba phrag stong gsol ba bgyis na ni ||
des ni dbul mang nor dang ldan par bgyid || des ni rgyal po legs par bsten pa lags ||
kār (D : kar P) ṣā (corr. : ṣa D; sha P) pa (corr. : pā DP) ṇa (D : ni P) slong ba'i mi bzhin du || gang gis (D : zhig P)
sangs rgyas yon tan mtha' yas rnams ||
thos nas theg pa dman (D : 'dod P) la 'dod (D : sman P) skyed pa || nyan thos kun la bdag ni de snyam bgyid ||
nor rnams sgrub bgyid mi ni ji lta ba || byang chub sems dpa' mkhas pa de 'dra ste ||
rgyal ba chos kyi rgyal po mnyes bgyis shing || byang chub reg nas sems can 'dul bar bgyid ||
dper na nad pa nad brgyas gzir rnams sman pa yis || grol bgyid de bzhin gzhan gyi sgra (D : dgra P) phyir
'brang ba yi ||
nyan thos nyon mongs rnams kyis gzir ba thams cad kyang || byang chub sems dpa' sman pa lta bus grol
bar bgyid ||
sems can mang po grol bgyid sman pa btang (D : bsod P) nas ni || sos gyur sems can la ni su zhig 'dud par
bgyid ||
de bzhin rdzogs pa'i sangs rgyas sman par gnyer ba na || sos gyur nyan thos la ni su zhig 'dud par bgyid ||
'di ltar nad (D : nang P) pa (D : ba P) sos par gyur pa thams cad la || sman pa dag gis gso bar nus par mi 'gyur
ba ||

de bzhin nyan thos thams cad sos par gyur pa la || sangs rgyas sman pa dag gis gso (D : gso' P) bar mi spyod do ||

'di na sman pa gang zhig bdag gis bdag nyid la || gso (D : gso' P) bar sems kyi (D : kyis P) sems can gzhan la ma lags te (D : ste P) ||

de 'dra'i bdag nyid 'gengs par bgyid pa'i nga rgyal gyi (D : gyis P) || sman pa de dag la ni 'dod pa'i sems mi skyed (D : bskyed P) ||

sman pa gang zhig snying rje bskyed nas bdag (D : dag P) nyid ji lta bar || de bzhin pha rol rnams kyang nad las grol bgyid pa ||

de ni mchod par 'os shing bsngags par bgyi ba dang || 'jig rten kun gyis 'dud par bgyi ba'i gnas kyang lags ||

gang zhig ye shes rig pa gtso bo rtogs gyur nas || bdag nyid grol bar bgyid kyi sems can gzhan ma lags ||

de ni sman pa bdag nyid grol bar bgyi (D : bgyid P) ba (D : pa P) ltar (D : dang P) || mkhas pa dag gis mchod par bgyi ba'i gnas ma lags ||

gang zhig ye shes rig pa gtso bo rtogs gyur nas || sems can grangs med sdug bsngal dag las grol bgyid pa ||

de dag byang chub mchog la 'dun (D : mdun P) pa skyed (D : bskyed P) pa ste || de ni 'jig rten kun gyis bsngags par bgyi ba lags ||

e ran da yi (D : 'i P) shing sdong mdzes pa ma lags la || de dag rnams kyi (D : gyi P) grib ma 'ang yangs pa ma lags te ||

e ran da yi（D : 'i da'i P）shing 'dra nyan thos thams cad kyi（D : kyis P）|| rnam par grol ba'i grib ma nye bar bsten（D : sten P）ma lags ||

tsan dan mchog gi sdong chen dag ni tsha ba yis || gdungs pa'i skye bo rnams kyi（D : kyis P）nye bar bsten pa lags ||

de bzhin bdag ni byang chub sems dpa' rnams la yang（D : 'ang P）|| lha dang bcas pa'i 'jig rten dag gi don bgyid snyam ||

ba lang rmig（D : dmig P）rjes chu ni yangs ma lags || tsha bas gdungs pa zhi bar mi bgyid la（D : pa P）||

gang gā'i（D : ga'i P）klung ni sems can bye ba stong || tshim par bgyis nas rgya mtsho chen por mchi ||

ba lang rmig（D : dmig P）rjes chu 'dra'i nyan thos kun || sems can kun gyi tsha ba zhi mi bgyid ||

gang gā'i（D : ga'i P）klung 'dra byang chub sems dpa' rnams || sems can mtha' yas chos kyis tshim par bgyid ||

ji ltar rin chen char ni 'bab pa na || dbul po dag ni 'gron bu len par bgyid ||

gang zhig nor mang（D : mangs P）de dag blangs nas ni || sems can dbul po nor dang ldan par bgyid ||

de ltar sangs rgyas rin chen chos char 'bebs || nyan thos rnams ni dam chos rin chen las ||

chung ngu 'dzin te byang chub sems dpa' rnams || sems can don slad mang du len par bgyid ||

ji ltar sems can dag ni ri rab kyi || drung du mchis na（D : nas P）gser gyi mdog tu 'gyur ||

ri bo gzhan la sems can rnams mchis na || gser gyi kha dog can du yong mi 'gyur ||

byang chub sems dpa' rnams ni ri rab bzhin || gang dag mthus ni（D : na P）lhar bcas skye dgu rnams ||

rnam grol mdog tu kha dog gcig tu 'gyur || nyan thos rnams kyi（D : ni P）ye shes 'dod mi bgyid ||

yab cig ji ltar rtswa bran rtse mo yi || zil pa'i thigs pas lo tog（D : rtog P）rgyas mi bgyid ||

rab tu khebs pa'i sprin gyis sa steng 'di || tshim par bgyid cing lo tog（D : rtog P）'phel bar bgyid ||

nyan thos thams cad zil pa'i thigs pa bzhin（D : bzhan P）|| byang chub sems dpa' rab khebs（D : khams P）sprin dang 'dra ||

snying rje mngon byas gang dag bsten（D : rten P）na ni || stong gsum dam（D : dem P）chos chu yis tshim par bgyid ||

ka ra bi ra'i me tog dri mchog min || des ni skyes pa bud med dga' mi 'gyur ||

tsam pa ka yi（D : 'i P）me tog dri la dga' || ud pal bal（D : par la P）shi ka yang de bzhin no ||

nyan thos ka ra bi ra'i dri bzhin te || de dag shes pas skye dgu dga' mi 'gyur ||

kun mkhyen dri can byang chub sems dpa' la || lha dang mi rnams rab tu dga' bar 'gyur ||

gcig pu（D : pur P）mchi ba de la mtshar ci mchi（D : mchis P）|| gang zhig sems can mtha' yas khrid pa rmad（D : smad P）||

nyan thos mi reng（D : rang P）gcig pu mchi ba bzhin || byang chub sems dpa' rnams ni ded dpon 'dra ||

'gron（D : mgron P）zhig gzhan gyis stsal pa 'tshal ba dang || skye bo kun la stsol bgyid kun 'gron bzhin ||

sgra 'brang nyan thos kun ni 'gron dang 'dra || byang chub sems dpa' kun la 'gron bgyid bzhin ||

gzings la（D : las P）brten（D : rten P）pas chu bo chen po las || gzhan dag bsgral bar nus par mi 'gyur gyi ||

brtan bgyis gru yi（D : 'i P）nang du zhugs nas ni || sems can bye ba mang po sgrol bar bgyid ||
nyan thos gzings la brten pa lta bu ste || sems can gzhan dag sgrol bar ji ltar nus ||
rdzogs pa'i byang chub grur zhugs byang chub sems || sdug bsngal mtsho las sems can sgrol bar bgyid ||
ji ltar g-yul ngor bong bu zhon na ni || dgra las rgyal bar nus par mi 'gyur gyi ||
glang chen rta dang shing rta zhon na ni || g-yul du lhags pa'i dgra rnams choms par nus ||
nyan thos rnams ni bong bu zhon pa bzhin || byang chub sems dpa' glang chen zhon 'dra ste ||
sems can kun la phan dang bde slad du || de dag shing dbang drung du bdud kyang 'joms ||
ji ltar bar snang skar（D : dkar P）mas rgyas gyur kyang || de dag gis ni mtshan mo mdzes mi 'gyur ||
zla ba rab tu rgyas pa（D : pa'i P）shar bas ni || mtshan mo mkha' la thig le bzhin du mdzes ||
yab cig nyan thos 'di dag skar（D : dkar P）ma 'dra || rgyal po byang chub sems dpa' zla ba bzhin ||
gang dag sems can kun la sman slad du || ye shes shar bas（D : ba P）skye bo snang bar bgyid ||
yab cig srin bu me khyer tshogs 'od kyis || las rnams la ni 'jug par mi nus kyi ||
'dzam gling 'di na nyi ma'i 'od rnams kyis || bya ba sna tshogs brgya（D : rgya P）dag bgyid par 'gyur ||
nyan thos 'di dag srin bu me khyer 'dra || de dag shes 'od yang dag mthong mi 'gyur ||
sangs rgyas rnam grol nyi ma lta bu yi || shes rab ye shes kyis ni sems can 'grel（D : 'grol P）||
yab cig wa brgya dag gis（D : gi P）skad phyung yang || ri dags（D : gdags P）tshogs rnams 'drog（D : 'grog P）par mi 'gyur gyi ||

seng ge'i skad kyis glang chen ri dags dang ‖ byar bcas rnams kyang phyogs su 'byer bar 'gyur ‖
yab cig de ltar nyan thos wa 'drar gzigs ‖ de dag skad kyis (D : ces P) bdud rnams skrag mi 'gyur ‖
rgyal po (D : ba P) byang chub sems dpa'i spyod spyad pas ‖ bdud dang de bzhin bdud rigs (P: rig D) skrag (D : bskrag P) par 'gyur ‖
yab cig rgyu 'di bdag gis mthong bas na ‖ theg pa dman pa dag la 'dod mi skyed ‖
su zhig bla med byang chub spangs nas ni ‖ theg pa dman la 'dod pa skyed par bgyid ‖
gang zhig byang chub dam pa yongs spangs nas ‖ theg pa dman la 'dod pa skyed (D : bskyed P) par bgyid ‖
de dag 'tsho (D : mchod P) ngan (D : na P) rnyed pa thob ma gyur ‖ de dag mir skyes pa ni nyes par mchis ‖
gang dag lhar bcas 'jig rten sman slad du ‖ byang chub mchog la 'dun (D : mdun P) pa skyed par bgyid ‖
de dag legs 'tsho rnyed pa legs (D : lags P) par rnyed ‖ de dag mi lus thob pa legs par mchis ‖
gang dag lus dang ngag dang yid kyis kyang ‖ 'jig rten sman slad las bgyid yid kyang rton ‖
gang dag rtag tu sems can sman slad brtson ‖ de dag u dum ba (D : 'bar P) ra'i (D : ba'i P) me tog bzhin ‖
de nas rgyal po ma skyes dgra bu mo mya ngan med kyis byin pas tshigs su bcad pa bstan pa 'di dag thos nas cang mi smra bar gyur to ‖ (D no. 76, Ca 226b4–231a4; P no. 927, Zi 236a5–241b6)

【現存最古の漢訳】　是時王阿闍貰有女、名阿術達〈漢言無愁憂〉、年十二、端正好潔、光色第一、於前世仏所作功徳、有神猛之行、供養無央数仏、於阿耨多羅三耶三菩、心不転。於父王正殿金床上坐、安無愁憂、見此尊比丘、不転於父王正殿。今来於坐、不起不迎、不為作礼、亦不請令坐、亦不与分衛具。諸尊比丘亦黙然観此女。
是王阿闍貰見女無愁憂不恭敬礼是尊比丘。王顧謂女。「汝不知耶。是怛薩阿竭阿羅呵三耶三仏尊比丘。以得阿羅漢、無所復畏、所作事勝、以棄重擔、生死以断、深入微妙。其供養是者、福不可量。為師為父、慈念興福、施於一切。汝見何故於坐不起、黙而視之。汝有何異利、不礼此上尊。」
女無愁憂白言。「王曾見師子当為小小禽獣作礼迎逆坐不。」
王答女言。「不見。」
女復白。「王曾聞遮迦越王当為小国王起迎逆作礼共坐不。釈提桓因寧為諸天起迎逆作礼不。梵三鉢寧礼諸梵不。」
答言。「不見。」
女復白。「王曾見大海神為小小陂池溝渠泉流作礼不。須弥山寧為衆小山作礼不。日月之光明与蛍火之明等不。」
女復言。「如是大王、発意求阿耨多羅三耶三菩心、欲度一切、被僧那僧涅之大鎧、持大悲大哀、如師子吼、云何当為恐畏比丘而無大悲大慈大哀離師子吼中、云何当礼信歓喜。
王曾見大法王転経論教一切令発阿耨多羅三耶三菩心当為是比丘少智者恭敬作礼不。」
女白王。「如大海水不可量不可度不可見辺際、大智若此。猶復受泉流、如牛跡中水、自謂以満足、寧可方之於大海。是畏生死比丘、志在滅度。発阿耨多羅三藐三菩心寧当迎逆作礼不。
王曾見大智如須弥山最尊高怛薩阿竭法為尊雄。豈況智如芥子比丘迎逆作礼不。

王寧見日月光其明所照不可計量。怛薩阿竭法光明智慧功徳名聞過是千億万倍。寧比蛍火之明自照其身不及一切人。志小比丘自度其身。大智之法明於三界。寧迎逆作礼。」

女白王。「仏般泥洹後尚不為是輩比丘作礼。何況仏今現在而為法則。所以者何。礼彼比丘、為習此法。其親近三耶三仏法、得三耶三菩行。」

王告女。「無愁憂、汝有觝突之心、見是大比丘、不恭敬迎逆以坐席為賓主、而広引衆喩、不念設飯食。汝何志求。」

女白王。「大王、寧有觝突之心耶。」

女謂王言。「王、何故見国中羸劣下賤乞匃者不為作礼。」

王答女言。「不爾。此非吾類。」

女答王。「亦如是、王、発意菩薩、声聞辟支仏、非其類。」

王告女。「吾聞、行菩薩法悉棄強梁瞋恚之心、以調順軟弱、為一切人下屈。汝豈無軟弱之心。」

女白王言。「世間人愚痴常懐毒悪之心故、菩薩摩訶薩以慈悲護彼人欲除衆毒故。此大比丘、諸垢以除。是輩比丘見善無所増、見悪亦不減。」

女白王。「当来十方仏、設為是比丘等説深妙之法、不能復増精進。所以者何。用閉塞生死道故。譬以瓶盛満水置露地、天雨瓶中、一滴不受、滴亦不得入。所以者何。其瓶以満故。」

女白王。「是比丘等如是、若十方仏為現神足変化説経法、不能逮及如来三昧、於功徳、無所増益。」

女白王。「譬如大海、万水四流、皆帰于海。所以者何、其海広長、所受不可計量。如是、大王、菩薩摩訶薩説経法当作是見多所饒益、発摩訶衍心、多所容受。所以者何。菩薩摩訶薩器所受不可計不可数不可量。」

是時女無愁憂為王阿闍貰説偈言。

無愁憂以名得　為王阿闍貰女　有五百比丘来　我不為起作礼
応時為王所呵　不恭敬比丘僧　我不知是福地　仏子離彼中迹
無憂愁誦偈言　聴我説至誠言　見比丘不為起　意不生欲作礼
人欲乗船入海　取一銭破百分　百分中取一分　入法海還為取
若有人従王乞　若飛行遮迦越　乞匃者求一銭　為不足従王乞
智慧者令王喜　従王乞千億宝　願施貧使安隠　如是人為暁了
譬如人求賤宝　如是人為不黠　声聞法亦如是　入海宝自取少
譬如人財為富　菩薩黠為珍宝　願供養於法王　自致仏度人民
譬如医自治身　不能愈一切人　若有医多治人　是乃為名医師
発意者智慧師　自脱身棄餘人　為黠人所不敬　譬医能自治身
若黠師知薬名　便能治巨億人　為天下人所敬　発意菩薩如是
譬如樹無葉果　無益於世間人　阿羅漢如是樹　為無益於世間
譬如樹栴檀香　有益於一切人　菩薩法亦如是　以経法開甘露
不可以牛迹水　澡洗人除垢熱　恒水浄無数人　恒水流満大海

声聞法牛迹水　不能除世間熱　菩薩法如恒水　能飽満大千刹
譬如時雨珍宝　愚於宝取一銭　若有黠益取多　能使貧至大富
仏者譬雨珍宝　声聞法取一銭　菩薩採飽満人　菩薩施広如此
如有人近須弥　皆随山作金色　若其餘土石山　不能以色変形
菩薩法須弥山　菩薩恩生天上　得離生死苦悩　声聞不能度人
暴露在草不多　露不能熟五穀　大雨水潤沢多　従潤沢得豊熟
声聞法暴露草　菩薩法如大雨　大千中諸来者　法所雨潤一切
迦随華無有香　為世人所不取　私夷華人楽取　優曇鉢及蓮華
声聞法迦随華　声聞香聞不遠　菩薩法私夷華　度一切至泥洹
如怯人行空沢　不足以為大難　人中道為大難　将一切度生死
声聞法行空沢　菩薩法人道中　度生死迷乱者　導一切恐畏人
縛筏浮度不多　筏不能度往還　譬如人造大船　度無数得往還
声聞法如縛筏　菩薩法如大船　持七覚度一切　脱愛欲過大海
若如被鎧乗驢　不可入大衆中　被鎧人乗馬象　行闘戦得勝怨
声聞法如乗驢　菩薩法乗馬象　坐樹下降魔官　救天上世間人
虚空中満星宿　星宿衆夜不明　月独出為大明　男女見大歓喜
声聞法如星宿　菩薩法月独明　菩薩恩致安隠　皆令発薩云若

夜之冥蛍火明　人不以是為明　日出光為大明　有益於閻浮地
声聞法如蛍火　菩薩慧如日月　生死海行度人　悉現明一切人（T12, 84a-85c）

（3）『維摩経』。

mā mahāsāgaraṃ goṣpade praveśaya. mā sūryaprabhāṃ khadyotakair nirvartaya.（VKN 27, 3-4）

（4）『瑜伽師地論』本地分中菩薩地戒品。

bodhisattvo vṛddhatarakaṃ guṇavantaṃ satkārārhaṃ sahadhārmikaṃ dṛṣṭvā mānābhinigrahīta āghātacittaḥ pratighacitto votthāyāsanaṃ nānuprayacchati. paraiś cālapyamānaḥ［saṃlapyamānaḥ］pratisammodyamānaḥ paripṛṣṭaś ca na yuktarūpeṇa vākpratyudāhāreṇa pratyupatiṣṭhate mānābhinigṛhīta evāghātacittaḥ pratighacitto vā sāpattiko bhavati sātisāraḥ kliṣṭām āpattim āpadyate. no cen mānābhinigṛhīto nāghātacittaḥ pratighacitto vā api tv ālasyakausīdyād avyākṛtacitto vā smṛtisaṃpramoṣād［vā］sāpattika eva bhavati sātisāro no tu kliṣṭām āpattim āpadyate. anāpattir vāḍhaglānaḥ syāt kṣiptacitto vā. anāpattiḥ［suptaḥ］syād ayaṃ ca prativibuddhasaṃjñy upaśliṣyed ālapet saṃlapet pratisammodayet paripṛcchet. anāpattiḥ pareṣāṃ dharmadeśanāyāṃ prayuktasya sāṃkathyaviniścaye vā. anāpattis tadanyeṣāṃ pratisaṃmodayataḥ. anāpattiḥ pareṣāṃ dharmaṃ deśayatām avahitaśrotrasya śṛṇvataḥ sāṃkathyaṃviniścayaṃ vā. anāpattir dharmasaṃkathāvirasatāṃ dhārmakathikacittaṃ cānurakṣataḥ. anāpattis tenopāyena teṣāṃ sattvānāṃ damayato vinayato 'kuśalāt sthānād vyutthāpya kuśale sthāne pratiṣṭhāpayataḥ.［anāpattiḥ］sāṃghikakriyākāram anurakṣataḥ. anāpattiḥ pareṣāṃ prabhūtatarāṇāṃ cittam anurakṣataḥ.（BoBh 110, 16-111, 3）

（5）『マッジマ・ニカーヤ・アッタカター』。

sahadhammikā kho panā ti bhikkhu, bhikkhunī, sikkhamānā, sāmaṇero, sāmaṇerī, upāsako, upāsikā ti ete satta sahadhammacārino.（MNA vol. II, 8）

第五章

（1）『迦葉品』（『大宝積経』普明菩薩会）。

caturbhiḥ kāśyapa dharmaiḥ samanvāgato bodhisattvo 'parihāṇadharmo bhavati viśeṣagāmitāyai. katamaiś caturbhiḥ.

[1] suśrutaṃ paryeṣate na duśrutaṃ yad uta ṣaṭpāramitābodhisattvapiṭakaparyeṣṭim（corr. : ṣaṭpāramitābodhisattva-piṭakaparyeṣṭi）ārabhya（corr. : text om. ārabhya）. śvasadṛśaś ca bhavati nirmānatayā sarvasattveṣu.

[2] dharmalābhasaṃtuṣṭaś ca bhavati sarvamithyājīvaparivarjita āryavaṃśasaṃtuṣṭaḥ.

[3] anāpattyā（corr. : nāpatāyā）cāpattyā（corr. : cāpatyā）na parāṃś codayati na ca doṣāntaraskhalitagaveṣī bhavati.

[4] yeṣu cāsya buddhir na gāhate tatra tathāgatam eva sākṣīti kṛtvā na pratikṣipati. tathāgata eva jānāti nāhaṃ jāne. anantā buddhabodhir nānādhimuktikānāṃ sattvānāṃ yathādhimuktikatayā dharmadeśanā pravartate.

ebhiḥ kāśyapa caturbhir dharmaiḥ samanvāgato bodhisattvo 'parihāṇadharmo bhavati viśeṣagāmitāyai.（KP §6）

【現存最古の漢訳】　菩薩有四事、求経道及有所求索不中断。何謂四事。

但求索好経法六波羅蜜及菩薩毘羅経及仏諸品。去瞋恚之心、敬事十方天下人、如奴事大夫。

楽於経、不為外道自益身也。
自守不説人悪及譏溺於人。
所不聞経、不限仏智也。随其所喜、経者各自聞得。
是為四。（支婁迦讖訳『仏説遺日摩尼宝経』。T12, 189c）

（2）『郁伽長者所問経』（『大宝積経』郁伽長者会）。

byang chub sems dpa'i sde snod 'dzin pa la bsten te pha rol du phyin pa drug dang | thabs la mkhas pa la brtson par bya'o || (D no. 63, Nga 274b5; P no. 760, Zhi 318a6)

【現存最古の漢訳】　承事開士奉奥蔵者、為明六度無極方便之事。（安玄訳『法鏡経』。T12, 19b）

（3）『離垢施女経』（『大宝積経』無垢施菩薩応辯会）。

bu mo byang chub sems dpa' chos bzhi dang ldan na spobs pa 'thob ste | bzhi gang zhe na |

[1] byang chub sems dpa'i sde snod 'dzin pa dang |

[2] nyin mtshan du phung po gsum pa'i chos kyi rnam grangs kha ton byed pa dang |

[3] sangs rgyas bcom ldan 'das rnams kyi byang chub 'jig rten thams cad dang (D : P om. dang) mi 'thun pa skye ba med cing 'gag pa med par nges pa la mchog tu dga' ba skyes nas 'dzin pa dang |

[4] lus dang srog dang yo byad rnams la mi lta ba ste |

bu mo byang chub sems dpa' chos bzhi po de dag dang ldan na spobs pa 'thob bo ||

de la 'di skad ces bya ste |

byang chub sems dpa'i sde snod ni ‖ nyin mtshan rab tu 'don par byed ‖
'jig rten kun dang mi 'thun pa ‖ skye (corr. : skyo DP) ba med par rab tu sgrogs ‖
mchog tu dga' ba rnyed gyur (D: 'gyur P) nas ‖ sangs rgyas bstan pa 'dzin par byed ‖
lus dang srog la mi lta bar ‖ de ni byang chub lta bar byed ‖
bzhi po 'di dag bsten byas na ‖ de yi (D: 'i P) spobs pa 'phel bar 'gyur ‖
lha dang bcas pa'i 'jig rten kun ‖ sna tshogs phreng 'dras tshim par byed ‖

(D no. 77, Ca 256b6–257a2; P no, 760, Zi 269b7–270a4)

【現存最古の漢訳】　仏告離垢施。菩薩有四事法而得辯才。何謂為四。
導利菩薩之妙篋蔵。
誦習三品諸仏経典、昼夜各三、思惟覚悟（〝悟〞、底本作〝寤〞、拠三本宮本改）。
一切世間、悉保信之、諸仏之道、不起不滅、執持止足、分別観察、能奉行説。
不惜身命。
是為四。仏時頌曰。

謹慎将護菩薩蔵　昼夜奉行三品法　得無従生不貪世　開化解説諸仏教
歓喜悦故順道化　執持所誨十力義　未曾愛惜身寿命　以仏法故察諸行
則能奉修此四徳　輒因順俗妙辯才　為天世人所奉事　而持奇異飾華鬘

（竺法護訳『仏説離垢施女経』。T12, 95c）

（４）『度世品経』（『華厳経』離世間品）。

kye rgyal ba'i sras bcu po 'di dag（D : P om. dag）ni byang chub sems dpa' rnams kyi rna ba ste | bcu gang zhe na |

[1] 'di ltar bsngags pa thos na（corr. : nas DP）dga' ba spong ba dang |

[2] mi snyan pa thos na khong khro ba spong ba dang |

[3] nyan thos dang rang sangs rgyas kyi gtam thos na 'dod pa med cing mi smod pa dang |

[4] byang chub sems dpa'（D : dpa'i P）'byung ba'i gtam thos na dga' ba dang mos pa dang spro ba chen po skye（D : bskyed P）ba（D : pa P）dang |

[5] sems can dmyal ba dang | byol song gi skye gnas dang | gshin rje'i 'jig rten dang | yi dags dang | lha ma yin dang | mi khom pa dang | dbul por skyes pa thos na snying rje chen po'i go gyon（P : ston D）pa dang |

[6] lha dang mi'i rgyud kyi bye brag thos na mi（corr. : DP om. mi）rtag tu chos la gzung ba'i blor 'gyur ba dang |

[7] sangs rgyas kyi yon tan dang | bsngags pa thos na de'i yon tan dang | bsngags pa yongs su rdzogs par bya ba'i brtson 'grus dang |

[8] pha rol tu phyin pa dang | bsdu ba'i dngos po dang | byang chub sems dpa'i sde snod kyi gtam thos na thams cad kyi pha rol tu 'gro ba dang |

[9] kye rgyal ba'i sras byang chub sems dpa'i rna ba'i dbang po la ni phyogs bcu'i 'jig rten gyi khams nas bsgrags pa'i sgra thams cad kyang（D : P om. kyang）grag cing thos par 'gyur（D : gyur P）te | sgra thams cad sgra brnyan lta bur brjod du med pa'i don du khong du chud cing shes pa dang |

［10］ kye rgyal ba'i sras byang chub sems dpa' chos kyi rna (D : rnam P) ba (D : pa P) mnyam par bzhag (P : gzhag D) pa dang ldan te thog ma sems bskyed pa (D : P om. pa) nas | snying po byang chub kyi bar du byang chub sems dpa'i lam la (P : dang D) mi gnas kyang sems can yongs su smin par bya ba mi 'dor ba'o || kye rgyal ba'i sras bcu po de dag ni byang chub sems dpa' rnams kyi rna ba ste | de dag la gnas shing (D : pa'i P) byang chub sems dpa' rnams de bzhin gshegs pa'i ye shes chen po'i snyan bla na med pa 'thob par 'gyur ba dag go || (D no. 44, Ga 229a7–b7; P no. 761, Shi 230b1–231a1)

【現存最古の漢訳】 菩薩耳有十事。何謂為十。

聞嗟歎徳、断諸結著。

若聞謗毀、除諸所受。

若聞声聞縁覚之事、不以喜悦亦不志求。

若聞嗟歎菩薩之行、歓悦無量。

閉（聞?）塞（其?）地獄餓鬼畜生仮使生貧八難厄者、為興大哀。

聞生天上人中安処、知皆無常、志慕大道。

若聞諮嗟諸仏功勲、益加精進、具足此業。

若復得聞諸度無極及与四恩菩薩法蔵、一切精修、皆能通達、備悉是事。

仏子、当知、諸菩薩衆、十方世界諸仏所宣義理之業、諸開士等、皆悉聞之、諸所可聴、解無所有。

又其菩薩耳所聞法悉等一定、従初発意、至於道場、坐仏樹下、得成為仏、開化衆生、未曾懈廃。

是為菩薩十事耳也。（竺法護訳『度世品経』巻四。T10, 642c）

（5）『海意菩薩所問浄印法門経』（『大集経』海慧菩薩品）。

blo gros rgya mtsho gzhan yang theg pa chen po'i bar chad du 'gyur ba'i chos bzhi ste | bzhi gang zhe na |

[1] nyes par thos pa nyan pa ste | 'di ltar 'jig rten rgyang phan pa'i gsang tshig yongs su tshol ba dang |

[2] pha rol tu phyin pa drug dang byang chub sems dpa'i sde snod kyi chos kyi rnam grangs 'di mi nyan pa dang |

[3] bdud kyi las kun nas langs pas mngon pa'i nga rgyal byed pa dang |

[4] chos kyi sgrib pa kun nas langs nas chos spong ba ste |

blo gros rgya mtsho chos bzhi po de dag ni theg pa chen po'i bar chad du 'gyur ba'o ||

(D no. 152, Pha 69b1–4; P no, 819, Pu 74b6–8)

【現存最古の漢訳】　善男子、復有四法、障礙大乗。何等為四。

一者、聴不応聴。

二者、不欲聴受菩薩法蔵。

三者、行諸魔業。

四者、誹謗正法。（『大方等大集経』巻十、曇無讖訳海慧菩薩品。T13, 63c）

（6）『入楞伽経』。

tatra sarvakuśalamūlotsargaḥ katamaḥ. yad uta bodhisattvapiṭakanikṣepo 'bhyākhyānaṃ ca naite sūtrāntavinayamokṣānukūlā iti bruvataḥ. sarvakuśalamūlotsargatvān na nirvāti（corr. : nirvāyati）.（LAS 66, 2–5）

【現存最古の漢訳】　云何捨一切善根。謂謗菩薩蔵及作悪言「此非随順修多羅毘尼解脱之説。」捨一切善根故、不般涅槃。（求那跋陀羅訳『楞伽阿跋多羅宝経』巻一。T16, 487b）

（7）『阿奢世王懺悔経』。

yang rigs kyi bu dag 'di gsum ni sde snod yin no || gsum gang zhe na | 'di lta ste | nyan thos kyi sde snod dang | rang sangs rgyas kyi sde snod dang | byang chub sems dpa'i sde snod do || rigs kyi bu dag de la nyan thos kyi sde snod ni pha rol gyi sgra'i rjes su 'brang bas thob pa'o || rang sangs rgyas kyi sde snod ni rten cing 'brel bar 'byung ba rtogs pa'i phyir rgyu zad par rtogs pa'o || rigs kyi bu dag byang chub sems dpa'i sde snod ni chos tshad med pa rtogs shing rang byung ba'i ye shes dang 'thun pa'o ||（D no. 216, Tsha 241b2–3; P no. 882, Tsu 252b4–6）

【現存最古の漢訳】　是為三蔵。何謂三蔵。声聞蔵、辟支仏蔵、菩薩蔵。声聞蔵者、従他人聞故。所以者何。聞其音故。辟支仏蔵者、縁十二因縁、故以因縁尽而致是。菩薩蔵者、入無央数法、而自然逮成仏。（支婁迦讖訳『仏説阿奢世王経』巻下。T15, 398a）

（8）『悲華経』。

tataś ca puṣpavarṣād vividhā śabdā niścareyus tad yathā buddhaśabdo dharmaśabdaḥ saṃghaśabda upāsakasaṃvaraśabda āryāṣṭāṅgasamanvāgatopoṣadhopavāsaśabdo daśapravrajyāśikṣāpadasaṃvaraśabdo dānaśabdaḥ śīlaśabdaḥ sakalabrahmacaryaparipūrṇopasaṃpadāśabdo vaiyāvṛttiśabdo 'dhyayanaśabdaḥ pratisaṃlayanaśabdo yoniśomanasikāraśabdo 'śubhaśabdo ānāpānasmṛtiśabdo naivasaṃjñānāsaṃjñāyatanaśabda ākiñcanyāyatanaśabdo vijñānānantyāyatanaśabda ākāśānantyāyatanaśabdo 'bhibhavāyatanaśabdaḥ kṛtsnāyatanaśabdaḥ śamatha-vipaśyanāśabdaḥ śūnyatāpraṇihitaśabdo 'nimittaśabdaḥ pratītyasamutpādaśabdaḥ sakalaśrāvakapiṭakaśabdaś ca niścaret. sakalapratyekabuddhayānapiṭakaśabdo niścaret. sakalamahāyānakathāṣaṭpāramitāśabdas te puṣpā avakireyuḥ.（KPS 264, 2–15）

【現存最古の漢訳】　令雨如是等大花雨、令彼諸花出種種柔軟声。所謂仏声、法声、僧声、三帰依声、優婆塞戒声、聖八分戒声、出家十戒声、施声、戒声、具足梵行声、勧化声、誦声習声、禅定思惟九観声、不浄声、阿那波那念声、非想処声、無所有処声、無量識処声、無量空処声、勝処声、一切処声、止観声、空無相声、縁起声。令出具足声聞蔵声、令出具足辟支仏乗蔵声。具説大乗六波羅蜜。令彼諸花出如是声。（失訳『大乗悲分陀利経』巻五。T3, 270ab）

（9）『三昧王経』。

tatra katamā śrutaparyeṣṭiḥ. yad idaṃ śrāvakapratyekabuddhapiṭakasya bodhisattvapiṭakasya ca ādhāraṇatā bhāvanatā ca.（SRS vol. II, Part III, 631, 16–17）

【現存最古の漢訳】　云何名習於多聞。謂修習受持声聞蔵辟支仏蔵菩薩蔵故。

（那連提耶舎訳『月灯三昧経』巻十。T15, 616c）

（10）『大悲経』。

kun dga' bo de bzhin gshegs pas nyan thos kyi sde snod gang du gsungs | rang sangs rgyas kyi（D : kyis P）sde snod gang du gsungs | theg pa chen po byang chub sems dpa'i sde snod gang du gsungs |

（D no. 111, Cha 125b1; P no.779, Cu 145a2–3）

【現存最古の漢訳】　阿難、仏在何処説声聞蔵。仏在何処説縁覚蔵。仏在何処説菩薩蔵。

（那連提耶舎訳『大悲経』巻五。T12, 971b）

（11）『瑜伽師地論』本地分中菩薩地力種姓品。

tatra dvādaśāṅgād vacogatād yad vaipulyaṃ tad bodhisattvapiṭakam（corr. : vodhisattvapiṭakam）, avaśiṣṭaṃ śrāvakapiṭakaṃ veditavyam.（BoBh 68, 3–4）

（12）『阿毘達磨集論』。

mdo'i sde la sogs pa 'di dag ni sde snod gsum du 'gyur te | mdo'i sde dang | dbyangs kyis bsnyad pa'i sde dang | lung du bstan pa'i sde dang | tshigs su bcad pa'i sde dang | ched du brjod pa'i sde gang yin pa 'di ni nyan thos kyi mdo sde'i sde snod do || gleng gzhi'i sde dang | rtogs pa brjod pa'i sde dang | da lta bu byung ba'i sde dang | skyes pa'i rabs kyi sde 'khor dang bcas pa 'di ni 'dul ba'i sde snod do || shin tu rgyas pa'i sde dang | rmad du byung ba'i chos kyi sde gang yin pa 'di ni byang chub sems dpa'i mdo sde'i sde snod do || gtan la dbab par bstan pa'i sde ni gnyi ga'i chos mngon pa'i sde snod do ||（D no. 4049, Ri 101b4–6; P no. 5550, Li 120b5–8）

（13）『大乗荘厳経論』。

piṭakatrayaṃ sūtravinayābhidharmāḥ. tad eva trayaṃ hīnayānāgrayānabhedena dvayaṃ bhavati. śrāvakapiṭakaṃ bodhisatvapiṭakaṃ ca.（MSABh 53, 16–17）

（14）『摂大乗論釈』。

de la sde snod gsum ni mdo sde dang | 'dul ba dang | mngon pa'o || gsum po de dag nyid theg pa dman pa dang | theg pa mchog gi bye brag gis gnyis su 'gyur te | nyan thos kyi sde snod dang | byang chub sems dpa'i sde（D : P om. sde）snod do ||（D no. 4050, Ri 122b2–3; P no. 5551, Li 143a3）

（15）『大乗法苑義林章』諸蔵章。

今大乗中、亦有二説。西域相伝、其義如是。

一師説云。「世尊亦有別部類説者。『花厳』『般若』如是等経是素呾纜蔵。『阿毘達磨』『深密』等経是阿毘達磨蔵。『毘奈耶瞿沙経』是毘奈耶蔵。」

此蔵梵本即今西国施無厭寺猶有小分、大徒隠没。

旧人伝云。「『清浄毘尼経』是毘尼蔵。」

第二師云。「随於所詮、以分三蔵。無別部類。『解深密経』多詮慧学、『文殊問経』等多詮戒学、『首楞厳経』多詮定学。随多所詮、以分三蔵。如『涅槃経』、始従「如是」終至「奉行」、倶是修多羅。『阿毘達磨経』中具足亦有直非直説。故彼定非是別対法。故従多分、以立蔵也。三学倶多、唯素呾（〝呾〟、底本作〝咀〟、以意改）纜。戒定多者、唯毘奈耶。唯慧多者、対法蔵摂。」

此約仏説。若弟子説、亦有別部、唯対法蔵。（巻二。T45, 274b）

第六章

（1）『二万五千頌般若波羅蜜多』。

punar aparaṃ subhūte māraḥ pāpīyān buddhaveṣeṇa śrāvakabhūmipratisaṃyuktāni sūtrāṇi geyaṃ vyākaraṇaṃ gāthodānaṃ nidānam itivṛttakaṃ jātakāni vaipulyam adbhutadharmāvadānopadeśam upadekṣyati prakāśayiṣyati vibhajiṣyati uttānīkariṣyati saṃprakāśayiṣyati, imāny evaṃrūpāṇi mārakarmāṇi cākhyātāni nāvabodhayati. idam api subhūte bodhisattvasya mahāsattvasya pāpamitraṃ veditavyam. (PVSPP I-2, 14, 29–15, 2)

【現存最古の漢訳】　魔復作仏形像往到菩薩所、分別広説声聞所応行経、但為説是魔事。当知是菩薩悪知識。（無羅叉訳『放光般若経』巻三。T8, 18a）

（2）『大般涅槃経』。

bar long ma las nying dor nyos pa'i 'o mas zas kyi mchog btsos pa ro med par gyur kyang zas kyi mchog de ni ro bro ba thams cad kyi dam pa yin pa de bzhin du mdo sde chen po 'di yang de ltar lhag ma cung zad cig lus par zad mod kyi | nyan thos kyi theg pa'i mdo sde thams cad pas stong 'gyur gyis gtzo bor gyur pa yin no ‖ de ci'i phyir zhe na | mdo sde dang ting nge 'dzin thams cad ni yongs su mya ngan las 'das pa'i mthu yin pas na de'i phyir yongs su mya ngan las 'das pa chen po mchog ces bya ste | ming che ba yin no ‖

(D no. 120, Tha 137a2–4; P no. 788, Tu 141b1–3)

【現存最古の漢訳】　復次善男子、如有国土城邑聚落、有売乳者、或持水雑、欺誑他人、而求財物、其販乳者亦復如是、以水雑売、展転相欺、人買食之、無有乳味、如是善男子、我泥洹後正法未滅八十餘年、此『摩訶衍般泥洹経』於閻浮提流行於世、諸悪比丘寛縦懈怠、衆魔伴党壊乱正法、自造経論、偈頌讃（〝頌讃〞、底本作〝讃頌〞、拠三本宮本聖本改）歎、以非為是、以是為非、抄略増損、為利養故、欲多畜積非法財物、壊乱正味、令法薄淡、加復邪説文字不正、設（〝設〟、底本作〝誤〟、拠三本宮本改）受学者、亦不尊重供養恭敬、内懐邪諂、為利養故、現楽法相。此『摩訶衍般泥洹経』当於爾時為斯等輩之所毀辱。（法顕訳『大般泥洹経』巻六。T12, 894c）

（3）『大方等大集経』虚空蔵菩薩品。

新発道意但著文字、不能了義、於如是等甚深経典、受持読誦為人説時、則為他人所見軽賤陵蔑、以為他人所軽賤陵蔑故、便捨如是等甚深経典、読誦声聞辟支仏相応経典。

（曇無讖訳『大方等大集経』巻十八。T13, 122b）

（4）『阿闍貰王女阿術達菩薩経』（『大宝積経』無畏徳菩薩会）。

yab nyan thos thams cad la ni sangs rgyas 'bum gyis（D : gyi P）nyan thos kyi tshul khrims ji snyed pa dang | ting nge 'dzin ji snyed pa dang | shes rab ji snyed pa'i（D : pas P）chos bstan（D : stan P）du lags kyang | yab de dag la ni tshul khrims kyang ga（D : gang P）las mchi（D : 'chi P）| ting nge 'dzin kyang ga las mchi | shes rab kyang ga las mchi | rnam par grol ba yang ga las（D : la P）mchi | rnam par grol ba'i ye shes mthong（D : gzigs P）ba（D : pa P）yang ga las mchi |（D no. 76, Ca 228b3–4; P no. 927, Zi 238a7–8）

【現存最古の漢訳】当来十方仏、設為是比丘等説深妙之法、不能復増精進。

（竺法護訳『阿闍貰王女阿術達菩薩経』。T12, 84c）

（5）『海意菩薩所問浄印法門経』（『大集経』海慧菩薩品）。

shā（P : sha D）ra dwa ti'i bu 'di lta ste dper na | ba lang gi rjes kyi chu las rin po che thams cad mi 'byung ngo ||

shā (P : sha D) ra dwa ti'i bu de bzhin du nyan thos kyi tshul khrims (D : P ad. kyi) las dkon mchog gsum po dag mi 'byung ngo || shā (P : sha D) ra dwa ti'i bu 'di lta ste dper na | rgya mtsho chen po las rin po che thams cad 'byung ngo || shā (P : sha D) ra dwa ti'i bu de bzhin du byang chub sems dpa'i tshul khrims dang thos pa'i rgya mtsho las sangs rgyas dkon mchog dang | chos dkon mchog dang | dge 'dun dkon mchog ste dkon mchog gsum po dag 'byung ngo || (D no. 152, Pha 38a5–7; P no. 819, Pu 41a7–b1)

【現存最古の漢訳】　舎利弗、如餘処中不出衆宝、衆宝要出於大海中。舎利弗、声聞宝中不出三宝、三宝要従菩薩宝出。（曇無讖訳『大方等大集経』海慧菩薩品、巻九。T13, 55a）

（6）『宝雲経』。

rigs kyi bu chos bcu dang ldan na byang chub sems dpa' 'dul ba 'dzin pa rnams yin no || bcu gang zhe na | 'di lta ste | [1] 'dul ba yang rab tu shes | [2] 'dul ba'i tshul yang rab tu shes | [3] 'dul ba zab pa yang rab tu shes | [4] 'dul ba zhib pa yang rab tu shes | [5] rung ba dang mi rung ba yang rab tu shes | [6] rang bzhin gyis kha na ma tho ba yang rab tu shes | [7] bcas pa'i kha na ma tho ba yang rab tu shes | [8] so sor thar pa'i bslab pa'i gleng gzhi dang 'byung ba yang rab tu shes | [9] nyan thos kyi 'dul ba yang rab tu shes | [10] byang chub sems dpa'i 'dul ba yang rab tu shes so || rigs kyi bu chos bcu po de dag dang ldan na byang chub sems dpa' 'dul ba 'dzin pa rnams yin no || (D no. 231, Wa 93a1–3; P no. 897, Dzu 98b6–99a1)

【現存最古の漢訳】　善男子、菩薩復有十法名為律師。何等為十。善解毘尼所起因縁。善解毘尼甚深之処。善解毘尼微細之事。善解毘尼此事得彼事不得。善解毘尼性重戒。善解毘尼制重戒。善解毘尼制起因縁。善解声聞毘尼。善解辟支仏毘尼。善解菩薩毘尼。善男子、具此十事是名為菩薩善持律師。

（曼陀羅仙訳『宝雲経』巻五。T16, 233c）

（7）『清浄毘尼方広経』。

lha'i bu [1] khams gsum gyis skrag pas btul ba ni nyan thos kyi 'dul ba'o ‖ dge ba'i rtsa ba'i tshogs thams cad bsags shing | sems can thams cad dbugs 'byin pa dang | khams gsum du bsams bzhin du skye bas btul ba ni kun rdzob tu na byang chub sems dpa' sems dpa' chen po'i 'dul ba'o ‖

[2] nyon mongs pa thams cad la sdang ba ni nyan thos kyi 'dul ba'o ‖ sems can thams cad kyi nyon mongs pa spong (D : spang P) ba'i phyir rjes su btul ba ni kun rdzob tu na byang chub sems dpa' sems dpa' chen po'i 'dul ba'o ‖

[3] phyogs gcig rig pa ni nyan thos kyi 'dul ba'o ‖ phyogs bcu mtha' yas mu med pa'i 'jig rten gyi khams thams cad rig pa ni kun rdzob tu na byang chub sems dpa' sems dpa' chen po'i 'dul ba'o ‖

[4] bdud thams cad la btang snyoms pa ni nyan thos kyi 'dul ba'o ‖ phyogs bcu mtha' yas mu med pa'i 'jig rten gyi khams su gtogs pa'i bdud kyi rigs thams cad dkrugs (D : bskrags P) shing | phyir rgol ba thams cad 'joms pa ni kun rdzob tu na byang chub sems dpa' sems dpa' chen po'i 'dul ba'o ‖

[5] bdag gi rgyud gsal bar byed pa ni nyan thos kyi 'dul ba'o ‖ sems can thams cad kyi rgyud gsal bar byed cing | thams cad mkhyen pa'i ye shes snang bar byed pa dang | chos thams cad la bsgribs pa med pa'i ye shes mthong ba snang bar byed pa ni kun rdzob tu na byang chub sems dpa' sems dpa' chen po'i 'dul ba'o ‖

[6] rang gi sems kyis bsams pa ni nyan thos kyi 'dul ba'o || 'das pa dang | ma byon pa dang da ltar gyi sangs rgyas thams cad kyi dgongs pa ni kun rdzob tu na byang chub sems dpa' sems dpa' chen po'i 'dul ba'o ||

[7] rdo chag pa'i 'phro mi 'byor pa lta bu ni nyan thos kyi 'dul ba'o || gser dang | dngul chag pa'i 'phro 'byor pa lta bu ni kun rdzob tu na byang chub sems dpa' sems dpa' chen po'i 'dul ba'o ||

[8] sangs rgyas kyi chos thams cad dang | thabs mkhas pa dang bral ba ni nyan thos kyi 'dul ba'o || thabs mkhas pa chen po dang | sangs rgyas kyi chos thams cad du bsdu bas bsdus pa ni kun rdzob tu na byang chub sems dpa' sems dpa' chen po'i 'dul ba'o ||

[9] stobs bcu dang | mi 'jigs pa dang | ma 'dres pa dang | thams cad mkhyen pa'i ye shes dang bral ba ni nyan thos kyi 'dul ba'o || stobs bcu dang | mi 'jigs pa dang | ma 'dres pa dang | thams cad mkhyen pa'i ye shes su bsdu bas bsdus pa ni kun rdzob tu na byang chub sems dpa' sems dpa' chen po'i 'dul ba'o ||

[10] mes tshig pa las 'bros pa lta bu ni nyan thos kyi 'dul ba'o || skyed（D : bskyed P）mos tshal dang | gzhal med khang lta bur chos kyi dga' bas dga' ba ni kun rdzob tu na byang chub sems dpa' sems dpa' chen po'i 'dul ba'o ||

[11] bag chags kyi rgyun ma chad（D : bcad P）pa ni nyan thos kyi 'dul ba'o || bag chags thams cad yang dag par bcom pa ni kun rdzob tu na byang chub sems dpa' sems dpa' chen po'i 'dul ba'o ||

[12] lha'i bu mdor na tshad du gtogs pa tshad kyi chos kyis drangs pa ni nyan thos kyi 'dul ba'o || tshad du gtogs pa ma yin pa tshad med pa'i chos kyis drangs pa ni kun rdzob tu na byang chub sems dpa' sems dpa'

chen po'i 'dul ba'o ||

[13] tshad yod pa'i tshul khrims dang | thos pa dang | ting nge 'dzin dang | shes rab dang | rnam par grol ba dang | rnam par grol ba'i ye shes mthong ba thob par byed pa ni nyan thos kyi 'dul ba'o || tshad yod pa ma yin pa | tshad med pa'i yon tan dang ldan zhing | tshad med pa'i tshul khrims dang | thos pa dang | ting nge 'dzin dang | shes rab dang | rnam par grol ba dang | rnam par grol ba'i ye shes mthong ba thob par byed pa ni kun rdzob tu na byang chub sems dpa' sems dpa' chen po'i rnam par grol ba'o ||

(D no. 179, Ma 252a6–253a5; P no. 846, Bu 263a5–264a4)

【現存最古の漢訳】①受教畏三界難厭患痴者、声聞之律。護於無量生死周旋、勧安一切人民蚑行喘息蠕動之類、開導三界、決其疑網、衆想之著、是菩薩律。②悪厭積徳、以用慳廃、不能自進、是声聞律。興功為徳、不厭諸行、以益衆生、因而得済、是菩薩律。③滅除一切塵労之欲己身所悪、是声聞律。政伐一切衆生塵労恩愛之著、是菩薩律。④不覩諸天心行所念所志不同、是声聞律。目見三千大千之仏国土根心所帰、是菩薩律。⑤但能察己心之所行、是声聞律。普見十方諸仏処所衆生心念、是菩薩律。⑥唯照己身志性所趣、是声聞律。光于一切人民之行蜎蜚蠕動心念、思惟三界之居各有本末、是菩薩律。⑦難将以護一切衆魔、是声聞律。降化一切三千大千世界諸魔官属、壊衆魔行、能受正法、是菩薩律。⑧如毀破砕瓦石之器不可還合、小志之徳滅度、如是不進正真、是声聞律。猶若金器雖為破敗終不遺棄、即可還合、以為宝器、大士現滅、深慧法身永存不朽、不増不減、続現三界、是菩薩律。⑨若大火焼山林樹木、莫不燔燎禽獣馳竄、小志若茲、畏三界難、蔵隠泥洹、是声聞律。楽于生死、独歩三界、意無怯弱、欣心娯楽道法之楽、勧化衆生、亦如苑囿遊観之園、花実茂盛、多所悦豫、是菩薩律。⑩不能断除罣礙盤結之難、而有処所、是声聞律。磨滅一切蔽蓋之患、永無止処、是菩薩律。⑪取要言之、而有限節、自繋縛身、以有限徳、而見成就戒定慧解度知見事、不能具足無極大道、是声聞律。所接玄邈、志如虚空、功勲無量、戒定慧解度知見品不可称載、是菩薩律。

（竺法護訳『仏説文殊師利浄律経』。T14, 450bc）

（8）『瑜伽師地論』摂決択分。

yang dag pa'i sgrub pa la rnam par gnas pa'i byang chub sems dpa'i bslab pa gang zhe na | byang chub sems dpa' (corr. : dpa'i DP) chos la gnas pa nyan thos kyi theg pa dang ldan pa'i mdo sde kun rdzob kyi bden pa'i tshul bshad pa | drang ba'i don bsten (corr. : bstan DP) par bya ba ma yin pa las shin tu 'das nas | de la lhag par bya ba byas shing dge ba'i rtsa ba byas pa | theg pa chen po dang ldan pa'i mdo sde zab mo stong pa nyid dang ldan pa | kun rdzob dang don dam pa'i bden pa'i tshul bshad pa | nges pa'i don bsten (corr. : bstan DP) par bya ba la brtson par byed pa na tshul bzhin la brtson pa zhes bya'o || (D no.4038, Zi 111a1–3; P no. 5539, 'I 124a6–8)

（9）『瑜伽師地論』摂事分。

gsung rab tu gtogs pa'i yan lag bcu gnyis las shin tu rgyas pa'i yan lag ma gtogs pa rnams ni nyan thos dang ldan pa'o || shin tu rgyas pa'i yan lag de nyid ni theg pa chen po dang ldan pa'i mdo sde yin te | de'i rnam par dbye ba yang snga ma bzhin du rig par bya'o || (D no.4039, Zi 128a6–7; P no. 5540, 'I 144a4–5)

（10）『瑜伽師地論』本地分中菩薩地戒品。

yathāpi tad gṛhī bodhisattvaḥ abrahmacaryeṣaṇārtaṃ tatpratibaddhacittam aparaparigṛhītaṃ mātṛgrāmaṃ maithunena dharmeṇa niṣevate, mā haivāghātacittatāṃ pratilabhya bahv apuṇyaṃ prasoṣyati, yathepsitakuśala-mūlasanniyoge ca vaśyā bhaviṣyaty akuśala〔mūla〕parityāge cety anukampācittam evopasthāpya abrahmacaryaṃ maithunaṃ〔dharmaṃ〕pratiṣevamāno 'py anāpattiko bhavati, bahu ca puṇyaṃ prasūyate. pravrajitasya punar bodhisattvasya śrāvakaśāsanābhedam（corr. : śrāvakaśāsanabhedam）anurakṣamāṇasya sarvathā na kalpate 'brahmacaryaniṣevaṇam.（BoBh 114, 17–23）

（11）『瑜伽師地論』摂決択分。

gzhan yang gang zag gsum ste | sdom pa yang ma yin sdom pa ma yin pa yang ma yin（corr. : DP om. pa yang ma yin）pas bsdus pa'i tshul khrims kyi sdom pa yang dag par blangs（D : blang P）pa（D : ba P）dang ldan pa yang yod do || nyan thos dang ldan pa'i tshul khrims kyi sdom pa yang dag par blangs（D : blang P）pa（D : ba P）dang ldan pa yang yod do || byang chub sems dpa'i tshul khrims kyi sdom pa yang dag par blangs（D : blang P）pa（D : ba P）dang ldan pa yang yod do || de la yang dang po ni tha ma yin no || gnyis pa ni 'bring yin no || gsum pa ni mchog yin no ||（D no. 3377, Zhi 164b7–165a1; P no. 5539, Zi 172b4–5）

（12）『大乗集菩薩学論』第六章。

śrāvakavinaye 'pi tāvad ātmārthaṃ brahmacaryavāsārthaṃ pātracīvaram api vikrīya kāyasaṃdhāraṇam uktaṃ.

（ŚS 135, 9–10）

（13）『大乗集菩薩学論』第八章。

śrāvakavinaye 'pi mūlāpattisthāna eva kāruṇyān mṛgādimokṣaṇe 'nāpattir uktaiva. (ŚS 168, 2)

（14）『摩訶僧祇律』。

若病人衣鉢外有医薬直者、応取還供給。若無者、衆僧応与。若僧無者、彼有重価衣鉢、応転貿軽者、供給病人。病人惜者、応白衆僧言。「大徳僧、某甲病比丘不知無常、慳惜衣鉢、不肯貿易。」白僧已、軟語説法、使得開解、然後貿易。（巻二十八。T22, 456c）

第七章

（1）『阿闍世王懺悔経』。

rigs kyi bu dag gzhan yang bslab pa ni gsum mo || gsum gang zhe na | nyan thos kyi bslab pa dang | rang sangs rgyas kyi bslab pa dang | byang chub sems dpa'i bslab pa'o || rigs kyi bu dag de la nyan thos kyi bslab pa ni phyogs gcig pa bdag gi bsam pa'i rgyud snang ba'i mtshan nyid do || rang sangs rgyas kyi bslab pa ni nan tan bar ma dang ldan zhing snying rje chen po dang bral ba'o || rigs kyi bu dag byang chub sems dpa'i bslab pa ni tshad med pa'i rjes su song ba | snying rje chen pos zin pa'o || nyan thos kyi theg pa la gnas pa ni rang sangs rgyas kyi bslab (D: slab P) pa la mi slob cing mi shes so || rang sangs rgyas kyi theg pa la gnas pa ni byang chub sems dpa'i bslab pa la mi slob cing mi shes so || rigs kyi bu dag byang chub sems dpa' ni nyan thos kyi bslab pa la yang slob cing shes mod kyi | nyan thos kyi theg pa 'dod par yang mi byed | theg pa des 'byung bar yang mi byed | rang sangs rgyas kyi bslab pa la yang slob cing shes mod kyi | rang sangs rgyas kyi theg pa 'dod par yang mi byed | theg pa des 'byung bar yang mi byed de | byang chub sems dpa'i bslab pa la (D : P om. la) slob cing shes la | theg pa chen po des 'byung bar byed de | byung nas kyang nyan thos kyi rnam par grol ba yang ston | rang sangs rgyas kyi rnam par grol ba yang ston | byang chub sems dpa'i rnam par grol ba yang ston to ||

(D no. 216, Tsha 241b5–242a3; P no. 882, Tsu 253a1–6)

【現存最古の漢訳】　復有三蔵学。何謂三蔵。有声聞学、有辟支仏学、有菩薩学。声聞学者、用有度故、但自明故。辟支仏学者、是謂中学、無有大哀。菩薩法不可度入法身故。用大哀故。声聞者不学辟支仏事、亦不了辟支仏事。辟支仏不学菩薩事、亦不了菩薩事。菩薩者知声聞所学、不以為楽、不於是中有所悕望、亦不於是中而求脱。亦知辟支仏所学、不以為楽、不於是中而求脱。而知菩薩所学、楽於所学、而自歓楽、当因於中得脱故、教声聞而示現、以其行教化之、其辟支仏亦爾。

（支婁迦讖訳『仏説阿闍世王経』巻下。T15, 398b）

（2）『大乗方広総持経』。

mi pham pa ma 'ongs pa'i dus phyi ma'i tshe phyi ma'i dus lnga brgya pa tha ma la dge slong dang | dge slong ma dang | dge bsnyen dang | dge bsnyen ma byang chub sems dpar khas 'che ba | sngon mu stegs can du gyur pa | smon lam gyi dbang gis de bzhin gshegs pa'i bstan pa legs par gsungs pa'i chos 'dul ba la rab tu byung nas phyogs gcig la spyod pa | gnyen la gdu ba | rnyed pa dang | bkur sti la chags pa | khyim la ser sna byed pa | khyim sun par byed pa | mdog ngan pa | dman pa la mos pa | bka' blo mi bde ba | ma grags pa | rigs dma' ba | yo byad la yongs su chags pa | chos la bde bar gnas pa'i zas thams cad dang bral ba | ting nge 'dzin gyi zas las shin tu（D : du P）ring zhing rnam par ring ba | sgyu dang g-yo la gnas pa dag gzhan du smra zhing gzhan du byed de | de dag mi shes bzhin du nged ni shes pa dang ldan no || zhes zer mi mkhas bzhin du nged ni mkhas so zhes zer te | ngas sems can thams cad la sems mnyam pa la gnas nas thugs rje chen po dang thabs la mkhas pas de bzhin gshegs pa'i stobs bsnyel ba mi mnga' ba la gnas te | mos pa la gzud（D : bzung P）pa'i（D : ba'i P）phyir sems can thams cad la byang chub bstan pa gang yin pa de la | de dag kha cig 'di skad du gang nyan thos rnams la gsungs pa'i mdo sde de dag la byang chub sems dpa' rnams kyis bslab par mi bya'o || de dag mnyan par mi bya'o || de ni bdag cag gi chos ma yin te | 'di ni nyan thos dang ldan pa（D : P ad. la）yin gyis de la byang chub sems dpa' rnams kyis bslab par mi bya'o || gang rang sangs rgyas rnams la gsungs pa'i mdo sde de dag la byang chub sems dpa' rnams kyis bslab par（D : P ad. ni）mi bya'o || de dag mnyan par mi bya'o || de ni bdag cag gi chos ma yin te | 'di ni rang sangs rgyas dang ldan pa（D : par P）yin gyis de la byang chub sems dpa' rnams kyis bslab par mi bya'o || zhes zer ba dag 'byung bar 'gyur ro || mi pham pa ngas ni lha rnams la chos bstan te | ngas mos pa ji lta ba bzhin du btul to || de bzhin du ngas ni klu rnams dang | gnod sbyin rnams dang | lha ma yin rnams dang | nam mkha' lding rnams dang | mi 'am ci rnams dang | lto 'phye chen po rnams dang | dri za rnams dang | mi rnams la（D : P ad. ngas）chos bstan te ngas mos pa ji lta ba bzhin du btul to || mi pham pa nga ni sems can rnams kyi don bya ba'i phyir phyogs bcu'i 'jig rten gyi khams gang gā'i klung gi bye ma snyed du 'gro zhing der yang mos pa ji lta ba bzhin du sems can rnams la chos ston na | de ni（D : la P）byang chub sems dpa' khas 'che ba | byang chub sems dpa' dmu rgod | byang chub sems dpa' la skur pa 'debs pa | bdzun du smra ba | thos pa nyung ba de dag nga'i byang chub gnyis kyis rab tu phye ba ma yin pa 'di la gnyis su smra ste | 'di la ni byang chub sems dpas bslab par bya | 'di la ni byang chub sems dpas bslab par mi bya'o zhes zer te | sems des de bzhin gshegs pa la skur pa 'debs so || chos spong ngo || dge 'dun la smod do || de dag lus zhig ste | shi nas sems can dmyal ba rnams su skye bar 'gyur te | de dag der bskal pa mang po dang | bskal pa brgya phrag mang po 'das nas thar pa 'thob ste | yang de dag dbul po'i rigs su skye bar 'gyur ro || (D no. 227, Dza 179a6–180a3; P no. 893, Tshu 189a7–190a5)

【現存最古の漢訳】　弥勒、当来末世、五濁之俗、餘五十歳、当有四輩、比丘、比丘尼、優婆塞、優婆夷、志学菩薩、慕本所誓外異学意、奉事如来、見仏所説、法律出家、修為沙門、謙敬種姓。其人所志、惟求利養、毀壊種姓、貪嫉室家、乱其居業、面無好色、志慕小意、性不開解、不能寛泰、不壊情欲、多求汲汲、遠於一切諸法門行三昧正定、常住諛諂心念、各異言、行不同。貪其種姓、依有勢者、見諸明智暁了法蔵、謂之無知。己無所知、自嘆有慧。己無聡明、自歎聡智。因猗仏道、建立其意、等心衆生、興発大哀、又不忘捨善権方便、依蒙仏力、而已違越、所講信楽、於其学中、或復説言「若有経巻説声聞事、其行菩薩不当学此、亦不当聴。非吾等法、非吾道義、声聞所行也。修菩薩者、慎勿学彼。辟支仏法亦復如是。慎莫聴之。」仏語。阿逸、仏為信楽、開化諸天、随時説法、教諸龍神阿須倫迦留羅真陀羅摩睺勒犍沓和人与非人、随其本行志所応脱、説法開化、普至十方各江沙等、導利衆生、各随本行、随宜当度、利益衆生、因斯志操、須宣経道、度脱一切、皆使得道。仏告。弥勒、当是世時、菩薩学中、志自懐結、諸菩薩中、剛強難化、弊悪凶暴、妄言両舌、尠聞智少、宣伝仏道、別為両分、欲為菩薩、当学此法、不当学是、而懐是心、誹謗於仏、毀呰経典、闘乱聖衆、寿終身散、便堕地獄、在

彼見煮、当経無数劫痛、罪猶不畢、従地獄出、当復還生貧匱之門。（竺法護訳『仏説済諸方等学経』。T9, 375bc）

（3）『地蔵十輪経』。

謗毀三乗随一法者不応共住下至一宿、不応親近諮稟聴法。若諸有情随於三乗毀謗一乗、或復親近謗三乗人諮稟聴受、由此因縁、皆定当堕無間地獄、受大苦悩、難有出期。何以故。善男子。我於過去修菩薩行精勤求証無上智時、或為求請依声聞乗所説正法下至一頌、乃至棄捨自身手足血肉皮骨頭目髄脳。或為求請依独覚乗所説正法下至一頌、乃至棄捨自身手足血肉皮骨頭目髄脳。或為求請依於大乗所説正法下至一頌、乃至棄捨自身手足血肉皮骨頭目髄脳。如是勤苦於三乗中下至求得一頌法已、深生歓喜、恭敬受持、如説修行。時無暫廃、経無量劫、修行一切難行苦行、乃証究竟無上智果。復為利益安楽有情、宣説開示三乗正法。以是義故、不応謗毀障蔽隠没下至一頌。常応恭敬読誦聴聞。応発堅牢正願求証。（玄奘訳『大乗大集地蔵十輪経』巻六。T13, 751bc）

【現存最古の漢訳】　若有謗正法者、不応共住、亦不応於是人所諮受聴法。若就聴法、以是因縁、常趣阿鼻地獄、受大苦悩。何以故。族姓子、我本為菩薩行時、求無上道、依声聞乗、為求一偈、乃至捨身手足支節頭目髄脳。如是求於辟支仏乗及求仏乗。我本為菩薩時、為無上道故、亦復如是、為一偈故、捨身手足頭目髄脳血肉皮骨。如是苦行、乃至究竟成無上道。（失訳『大方広十輪経』巻五。T13, 704b）

（4）『地蔵十輪経』。

復次善男子、於未来世、此仏土中、有刹帝利旃荼羅婆羅門旃荼羅宰官旃荼羅居士旃荼羅沙門旃荼羅長者旃荼羅茷舍旃荼羅戍達羅旃荼羅、若男若女、諂曲愚痴、懐聡明慢、其性兇悖、操厲麁獷、不見不畏後世苦果、好行殺生、乃至邪見嫉妬慳貪、憎背善友、親近悪友、非是三乗賢聖法器。或少聴習声聞乗法、便於諸仏共所護持独覚乗法無上乗法、誹謗毀呰障蔽隠没、不令流布。或少聴習独覚乗法、便於諸仏共所護持声聞乗法無上乗法、誹謗毀呰障蔽隠没、不令流布。或少聴習無上乗法、便於諸仏共所護持声聞乗法独覚乗法、誹謗毀呰障蔽隠没、不令流布。為求名利、唱如是言。「我是大乗是大乗党。唯楽聴習受持大乗、不楽声聞独覚乗法、不楽親近学二乗人。」如是詐称大乗人等、由自愚痴憍慢勢力、如是謗毀障蔽隠没三乗正法、不令流布。憎嫉修学三乗法人、誹謗毀辱、令無威勢。

（玄奘訳『大乗大集地蔵十輪経』巻六。T13, 751c）

【現存最古の漢訳】　復於未来世、若有刹利旃陀羅乃至婦女旃陀羅、以愚痴故、自謂為智、多悪麁獷、不畏後世、作諸殺生乃至邪見嫉妬慳貪、随悪知識、又於三乗、不成法器。於声聞乗、得少聞已、於辟支仏乗乃至大乗、一切諸仏之所護持而生誹謗、覆障不令顕現。若於摩訶衍得少聞者、於諸声聞辟支仏乗、諸仏神力之所護持、而生誹謗、毀訾不信。「我大乗及能分別説大乗者」。若言「我聴大乗、不受声聞辟支仏乗。」以己少智愚闇力故。（失訳『大方広十輪経』巻五。T13, 704bc）

（5）『大般涅槃経』。

'o ma dang ni sdig pa'i las || mod la ldang bar mi 'gyur te ||
me na (D : ni P) thal bas g-yogs pa la || byis pa song na thig pa bzhin ||

'dod chen pa long ba gcig pu dgra bcom pa yin par 'dod pa ni lam mi zad pa chen por 'gro 'dod do || byams pa dang ldan pa'i dgra bcom pa yin par 'dod la shin tu rgyas pa sun dbyung bar 'dod de | dgra bcom pa yin par 'dod cing nyan thos kyi theg pa sun phyung nas nga ni byang chub sems dpa' ste | shin tu rgyas pa ston pa yin no || sems can thams cad la de bzhin gshegs pa'i snying po'i yon tan rnams yod do || sangs rgyas yod do zhes zer zhing sangs rgyas su lung ston par byed de | nga dang khyed kyis nyon mongs pa'i rnam pa chu'i bum pa bzhin du gzhom par bya'o || the tshom med par byang chub bsgom par bya ste | mdo sde'i man ngag ni de lta bu yin no zhes zer ro || dper na rgyal po'i pho nya gtsang zhing snying nye la smra mkhas shing gzi byin che ba | dgra'i nang du rang gi srog dang bsdos te rgyal po la tshig rdzogs par smra ba de bzhin du shes rab can shin tu rgyas pa gces par 'dzin pa ni byis pa rnams kyi nang du rang gi srog dang bsdos nas sems can thams cad la de bzhin gshegs pa'i snying po yod pas sangs rgyas su lung ston par byed do || dgon pa pa | mdo sde spong ba | byis pa blun po dgra bcom pa yin par 'dod pa gang yin pa de la dgra bcom pa dang 'dra bar lta（D : blta P）zhing sems can chen po dang 'dra bar lta ste | 'dod chen pa dge slong sdig can de dgon pa na gnas shing bdag nyid dgra bcom pa dang 'dra bar rtsi bar byed de | dgon pa na gnas pa'i dge slong rnams gzhan gyis bos pa mi bzod la rkyen bzhi las shin tu rgyas pa ni bdud kyis smras pa yin no || bcom ldan 'das ni mi rtag go || chos dang dge 'dun yang med par 'gyur ro || dam pa'i chos med par 'gyur ba'i ltas de lta bu dag kyang snang ngo zhes bya ba 'di theg pa chen po las legs par bshad do zhes zer te | de skad du dam pa'i chos ma yin par smra ba ni 'o ma bzhin du mod la ldang bar mi 'gyur te | me thal bas bkab pa la bab pa bzhin du byis pa 'dod chen pa rnams phyis 'tshig par 'gyur ro ||

（D no. 120, Tha 129b7–130a7; P no. 788, Tu 133b7–134a8）

【現存最古の漢訳】

已作悪業者　如薩闍乳酪　愚者軽被焼　如灰覆火上

有似阿羅漢一闡提而行悪業、似一闡提阿羅漢而行慈心。有似阿羅漢一闡提者、是諸衆生誹謗方等。似一闡提阿羅漢者、毀呰声聞、広説方等、語衆生言。「我与汝等倶是菩薩。所以者何。一切皆有如来性故。」然彼衆生謂一闡提而言。「如来授我等決。汝亦如是。我与汝等皆当倶離無量煩悩衆魔悪業、如壊水瓶。於此契経、必成菩提。勿復生疑。」譬如烈士奉王使令至他国中称歎王徳寧失身命要不移易、我等今日亦復如是如来記説一切衆生皆有仏性。我等要当不惜身命於凡愚中広説此経。是名似一闡提摩訶薩也。若阿練若愚痴無智状似阿羅漢而誹謗方等、愚騃凡夫謂真阿羅漢謂是大士。是悪比丘示現空閑阿練若処、而自処置似真阿羅漢、於阿練若行、永不随順、而作異説。「起四因縁、言方等経皆是魔説。言摩訶衍者、是諸黠慧正法刺剣。諸仏世尊皆当無常、而説常住。当知是為毀滅正法破僧之相。」作是説者名一闡提。是故説言。

已作悪業者　如薩闍乳酪　愚者軽被焼　如灰覆火上（法顕訳『大般泥洹経』巻六。T12, 892c–893a）

（6）『虚空蔵菩薩経』。

punar aparaṃ kulaputra keṣāñcid ādikarmiko bodhisattva evaṃ vakṣyati. varjayata yūyaṃ kulaputrāḥ śrāvakayānakathāṃ mā śṛṇuta mā paṭhata mā pareṣām upadiśata. gopayata śrāvakayānakathāṃ na yūyaṃ tasmāt mahat phalaṃ prāpsyatha. na yūyaṃ tato nidānāc chaktāḥ kleśāntaṃ kartum. śraddadhata mahāyānakathāṃ śṛṇuta mahāyānaṃ paṭhata mahāyānaṃ pareṣāṃ copadiśata. tato yūyaṃ sarvadurgatyapāyapathān śamayiṣyatha.

kṣipraṃ cānuttarāṃ samyaksaṃbodhim abhisaṃbhotsyatha. yadi te tasya vacanakāriṇo bhavantīdṛśaṃ dṛṣṭigatam upagṛhṇīyuḥ. ubhayor api mūlāpatir bhavatīyam ādikarmikasya bodhisatvasya caturthī mūlāpattiḥ.

(ŚS 61, 14–20)

【現存最古の漢訳】　復次善男子、初発心菩薩語餘人言。「汝今不応聴受読誦声聞経典。汝当覆蔽声聞経典。声聞法中無大果報。不能断除結使煩悩。汝当聴受読誦清浄大乗甚深経典。又能消除諸不善業。疾得阿耨多羅三藐三菩提。」作此説已、有信受者、二人倶名犯根本罪。餘如上説。是名初発心菩薩犯於第四根本重罪。（仏陀耶舎訳『虚空蔵菩薩経』。T13, 653ab）

（7）『八千頌般若波羅蜜多』。

ayaṃ bodhisattvo mahāsattva evaṃ śikṣamāṇo bodhisattvaśikṣāyāṃ śikṣate, na śrāvakaśikṣāyāṃ śikṣate, na pratyekabuddhaśikṣāyāṃ śikṣate.（ASPP 204, 30–31）

【現存最古の漢訳】　是菩薩摩訶薩作是学為学仏、不学阿羅漢法、不学辟支仏法。

（支婁迦讖訳『道行般若経』巻八。T8, 463c）

（8）『八千頌般若波羅蜜多』。

subhūtir āha: kiṃ punar bhagavan śrāvakasaṃpattir api tena bodhisattvena mahāsattvena śikṣitā bhavati. bhagavān āha: śrāvakasaṃpattir api subhūte tena bodhisattvena mahāsattvena śikṣitā bhavati. na khalu punaḥ subhūte bodhisattvo mahāsattvaḥ śrāvakasaṃpatyāṃ sthāsyāmīti śikṣate. śrāvakasaṃpattir vā me bhaviṣyatīti naivaṃ śikṣate. ye 'pi te subhūte śrāvakaguṇāḥ, tān api sa jānāti, na ca tatrāvatiṣṭhate. evaṃ ca vyavacārayati, na ca prativahati. mayāpy ete śrāvakaguṇā deśayitavyāḥ prakāśayitavyā iti śikṣate.（ASPP 214, 5–10）

【現存最古の漢訳】　須菩提白仏言。「菩薩為復学阿羅漢法耶。」仏語。「須菩提、雖知阿羅漢法、不楽行、不学。阿羅漢所作功徳、云何当得也。阿羅漢所行、菩薩悉知、不学、不行、不於中住。」

（支婁迦讖訳『道行般若経』巻八。T8, 465b）

（9）　直前の註を見よ。

（10）　『二万五千頌般若波羅蜜多』。

ayaṃ bodhisattvo mahāsattva evaṃ śikṣamāṇo bodhisattvaśikṣāyāṃ śikṣate na śrāvakaśikṣāyāṃ śikṣate na pratyekabuddhaśikṣāyāṃ śikṣate.（PVSPP V 21, 14–16）

【現存最古の漢訳】　如是学者為学菩薩所学、不学声聞辟支仏学。（無羅叉訳『放光般若経』巻十四。T8, 99b）

（11）　『大聖文殊師利仏刹功徳荘厳経』（『大宝積経』文殊師利授記会）。

shā ri'i bu gzhan yang chos gnyis dang ldan na byang chub sems dpa' smon lam las mi nyams shing sangs rgyas kyi zhing gi yon tan bkod pa ji lta bu 'dod pa de lta bu yongs su 'dzin par 'gyur te | gnyis gang zhe na | shā ri'i bu 'di la byang chub sems dpa' nyan thos kyi theg pa mi 'dod | nyan thos kyi theg pa'i gtam la mi dga' | nyan thos kyi theg pa pa dang mi sten（D : bsten P）| nyan thos kyi bslab pa la mi slob | nyan thos kyi theg pa dang ldan pa'i chos mi ston | gzhan yang nyan thos kyi theg pa yang dag par 'dzin du mi 'jug cing | rang sangs rgyas kyi theg pa yang de bzhin pa dang | gang 'di sangs rgyas kyi chos yongs su bsgrub pa'i phyir bla na med pa yang dag par rdzogs pa'i byang chub yang dag par 'dzin du 'jug pa'o ||（D no. 59, Ga 265b6–266a2; P no. 760［15］, Wi 301b）

【現存最古の漢訳】　舎利弗、菩薩復有二事法、不捨所願。何謂為二。一曰、不楽小乗、不学其行、不与従事、願開度之、不説其法、用教化人。二曰、常以無上正真之道、勧進衆生、令成仏法。是為二法。

（竺法護訳『文殊師利仏土厳浄経』巻上。T11, 893c）

（12）『三昧王経』。

śrāvakabhūmi ma śikṣatha jātu mā ca spṛheṣyatha tatra carīye（corr. : carī ye）|
cittu ma riñcatha buddhaguṇeṣu kṣipra bhaviṣyatha buddhajinendrāḥ || 37. 96（SRS vol. II, Part III, 586）

【現存最古の漢訳】　又莫願欲声聞地　亦勿愛彼所修行　勇猛志楽仏功徳　速得成仏当如我

（那連提耶舎訳『月灯三昧経』巻九。T15, 611b）

（13）『説妙法決定業障経』。

復次修行菩薩不応数覧小乗経論。何以故。為障仏道故。（智厳訳『説妙法決定業障経』。T17, 912b）

（14）『瑜伽師地論』本地分中菩薩地戒品。

yaḥ punar bodhisattvaḥ evaṃdṛṣṭiḥ syād evaṃvādī na bodhisattvena śrāvakayānapratisaṃyukto dharmaḥ śrotavyo nodgrahītavyo na tatra śikṣā karaṇīyā. kiṃ bodhisattvasya śrāvakapratisaṃyuktena dharmeṇa śrutenodgṛhītena. kiṃ tatra śikṣayā prayojanam iti. sāpattiko bhavati sātisāraḥ kliṣṭām āpattim āpadyate. tathā hi bodhisattvena tīrthikaśāstreṣv api tāvad yogaḥ karaṇīyaḥ prāg eva buddhavacane. anāpattir aikāntikasya tatparasya vicchandanārtham.（BoBh 119, 1–6）

（15）『入菩提行論』。

hīnotkṛṣṭeṣu dharmeṣu samaṃ gauravam ācaret ||（BCAP 146, 10）

（16）『入菩提行論釈』。

śrāvakayānabhāṣiteṣu vā mahāyānabhāṣiteṣu vā dharmeṣu tulyaṃ cittaprasādādikaṃ kuryāt. anyathā saddharmapratikṣepaḥ syāt.（BCAP 146, 11-12）

第八章

（1）『迦葉品』（『大宝積経』普明菩薩会）。

na śikṣayā manyati prātimokṣe na cāpi tena bhavateha tanmayo |
athottaraṃ margati āryamārge viśuddhaśīlasya ime nimittā ||（KP §137）

【現存最古の漢訳】　不軽於禁戒、不自貢高、常欲守道持戒、如是無有能過者。

（支婁迦讖訳『仏説遺日摩尼宝経』。T12, 193b）

（2）『方便善巧経』（『大宝積経』大乗方便会）。

de nas bcom ldan 'das kyis byang chub sems dpa' sems dpa' chen po ye shes bla la bka' stsal pa | rigs kyi bu gzhan yang byang sems dpa' thabs mkhas pa ni ltung ba lci ba yang thabs mkhas pas srab mor byed do || ji ltar srab mor byed ce na | rigs kyi bu 'di la byang chub sems dpa' thabs mkhas pa（D : pas P）ni nam zhig brgya la la la zhig tu sdig pa'i grogs po'i dbang gis ltung ba byung na de 'di ltar slob ste | gal te bdag gis（D : gi P）phung po 'di dag gis mya ngan las 'da' bar bya na ni de ltar bdag gi（D : gis P）sems（corr. : P ad. can）yongs su gdung ba dang ldan par yang 'gyur na | bdag gis（D : gi P）sems can yongs su smin par bya ba'i phyir phyi ma'i mthar thug par 'khor ba na gnas pa'i go cha de lta bu bgos pas bdag gis（corr. : gi DP）sems la gdung bar ni mi bya'o（P : bya'i D）|| bdag（corr. : byang chub DP）ji lta ji ltar 'khor bar 'gyur ba de lta de ltar sems can yongs su smin par bya'o || ltung ba 'di yang chos bzhin du bya'o || ltung ba gzhan yang ma byung bar bya'o snyam du sems so || rigs kyi bu yongs su rtog（corr. : brtag D; rtag P）pa bzung na gal te rab tu byung ba'i byang chub sems dpa' ltung ba'i rtsa ba bzhi po thams cad 'das（D : gnas P）par gyur kyang thabs mkhas pa 'dis sbyong bar byed na byang chub sems dpa'i ltung bar mi 'gyur bar ngas bshad do ||

de nas bcom ldan 'das la byang chub sems dpa' ye shes blas 'di skad ces gsol to || bcom ldan 'das ji ltar na byang chub sems dpa' ltung ba dang bcas pa lags |

de skad ces gsol pa dang | bcom ldan 'das kyis byang chub sems dpa' sems dpa' chen po ye shes bla la 'di skad ces bka' stsal to || rigs kyi bu byang chub sems dpa' so sor thar pa'i bslab pa bslob pa na bskal pa brgya stong du yang rtsa ba dang 'bras bu za bar 'gyur la | sems can thams cad kyis snyan par smra ba dang | mi snyan par smra ba yang bzod cing nyan thos dang rang sangs rgyas yid la byed pa yang ldan par gnas pa de ni byang chub sems dpa'i ltung ba'i rtsa ba lci ba yin no || rigs kyi bu 'di lta ste dper na | nyan thos kyi theg pa la gnas pa ltung ba'i rtsa ba byung na phung po de nyid kyis yongs su mya ngan las 'da' ba'i skal ba med pa de bzhin du rigs kyi bu byang chub sems dpa' yang ltung ba ma mthol zhing nyan thos dang | rang sangs rgyas yid la byed pa ma btang na sangs rgyas kyi sar yongs su mya ngan las 'da' ba'i skal ba med do ||

(D no. 261, Za 285b6–286a7; P no. 927, Shu 301a3–301b4)

【梵文断片】

punar atraivāha: iha kulaputropāyakuśalo bodhisattvo yadā kadācit kasmiṃścit pāpamitravaśenāpattim āpadyeta. sa itaḥ pratisaṃśikṣate. na mayaibhiḥ skandhaiḥ parinirvāpayitavyam. mayā punar evaṃ saṃnāhaḥ saṃnaddhavyaḥ. aparāntakoṭiḥ saṃsaritavyā sattvānāṃ paripācanahetor iti. na mayā cittadāhaḥ karaṇīyaḥ. yathā yathā saṃsariṣyāmi tathā tathā sattvān paripācayiṣyāmi. api tv etāṃ cāpattiṃ yathādharmaṃ pratikariṣyāmi. āyatyāṃ saṃvaram āpatsye. sa cet kulaputra pravrajito bodhisattvaḥ parikalpam ādāya sarvāś catasro mūlāpattīr atikramed anena copāyakauśalyena vinodayed anāpattiṃ bodhisattvasya vadāmīti. (ŚS 167, 14–20)

upāyakauśalyasūtre 'pi mūlāpattir uktā: kiṃ vāpi kulaputra bodhisattvaḥ prātimokṣaśikṣāyāṃ śikṣamāṇāḥ kalpaśatasahasram api mūlaphalabhakṣaḥ syāt. sarvasattvānāṃ ca sūktaduruktāni kṣamet. śrāvakapratyekabuddhabhūmipratisaṃyuktaiś ca manasikārair viharet. iyaṃ bodhisattvasya gurukā mūlāpattiḥ. tad yathā kulaputra śrāvakayānīyo mūlāpattim āpannaḥ so 'bhavyas tair eva skandhaiḥ parinirvātum. evam eva kulaputro 'pratideśyaitām āpattim aniḥsṛjya tān śrāvakapratyekabuddhamanasikārān abhavyo buddhabhūmau parinirvātum iti.

(ŚS 66, 9–14)

【現存最古の漢訳】

仏言。「至哉。誠如所云、権施雖微、審成衆徳、無量難計。又族姓子、行権闓士、何謂退還。以権方便、而以施与。縦随悪友、為之所拘、畢償罪者、自観念言。『陰種諸入、得無不滅。当除斯患、乃至無為。吾誓当被道徳之鎧。任力発起、周旋終始、則務究竟。』」

慧上又問。「唯天中天。仮使有人、犯于四罪、有所想念、発意出家、為菩薩道、然後云何。」

仏言。「設当毀失四重之禁、以権消罪、衆患悉除。是族姓子為菩薩道無有罪釁。」

爾時慧上菩薩白世尊曰。「何謂菩薩而有罪殃。」

仏言。「若有闓士、学得脱戒、得脱戒者則二百五十禁、於百千劫服食果蓏、為人所辱而皆忍之、若有想念弟子縁覚之行、闓士則為生死根縛。如族姓子、声聞縁覚犯本諸禁、不除陰種諸入、不得滅度也。如族姓子、捨闓士行、不自改正、而有想念志求声聞縁覚、欲得無上正真之道為最正覚者、終不能成也。」（竺法護訳『慧上菩薩問大善権経』巻上。T12, 156c–157a）

（3）『仏蔵経』。

de la gang dag shin tu gya nom pa'i chos rnams la bzod pa ma thob par dad pas byin pa la longs spyod par byed na | de dag ni dad pas byin pa la shin tu longs ma spyad pa yin no ‖ de dag gis ci nas kyang bstan pa 'di la rab tu byung nas so sor thar pa'i sdom pas bsdams par gyur kyang | don dam pa stong pa nyid la 'jug par mi 'gyur ba dang | mos par mi 'gyur ba dang | stong pa nyid dmigs su med pa'i chos rnams la yid gnyis dang the tshom za bar gyur na | de dag phal cher tshul khrims gtso bor byed pa dang | ting nge 'dzin gtso bor byed pa dang | thos pa gtso bor byed pa yin yang | shā ri'i bu de dag gis de bzhin gshegs pa la mchod pa byas pa ma yin | gus par byas pa ma yin | bla mar byas pa ma yin | rjed par byas pa ma yin no ‖ (D no. 220, Dza 53a7–b3; P no. 886, Tshu 55b3–6)

【現存最古の漢訳】　舎利弗、若人於是清浄実法不能得忍而受供養、是人所得則為邪受。舎利弗、是人雖於我法中出家護持浄戒、而於第一義空無所得法、心不信解、驚怖疑悔。当知是人但貴持戒多聞禅定。舍利弗、是人不名供養恭敬尊重於我。（鳩摩羅什訳『仏蔵経』巻中。T15, 796c）

（4）『仏蔵経』。

shā ri'i bu de la ngas (D : des P) dge slong tshul khrims dang ldan pa dag rjes su gzung ba la ltos nas | lhag pa'i tshul khrims kyi bslab pa'i gzhi bcas pa dang | so sor thar pa'i mdo bstan pa gang yin pa de | de'i tshe de dag gis 'jig rten gyi zang zing gi ched du khyim pa la brjod par 'gyur ro ‖ glegs bam du byas te khyim pa la sbyin par sems so ‖ shā ri'i bu de la skyes bu dam pa ma yin pa de lta bu dag la ni stong pa nyid kyis ci byar yod | rang gi mtshan nyid kyis stong pa'i chos rnams kyis ci byar yod | de ci'i phyir zhe na | shā ri'i bu 'di ltar skyes bu blun po de dag ni chags pa spang ba'i phyir brtson par mi nus na | ma rig pa spang ba'i phyir brtson par bya ba lta ci smos te | de ni gnas yod pa ma yin no ‖ (D no. 220, Dza 62b5–7; P no. 886, Tshu 65b2–5)

【現存最古の漢訳】舍利弗、我為利益持戒比丘故説二百五十戒経。如是痴人乃以世間小因縁故向在家者説、乃至書写、以示白衣。舍利弗、如是痴人説言。「諸法空自相空、何所能作。」何以故。如是痴人尚不能除慳貪煩悩。何況能断無明。（鳩摩羅什訳『仏蔵経』巻下。T15, 799c）

（5）『自在王菩薩経』。

byang chub sems dpa' ni ma bstan pa'i tshul khrims can yin te | de bzhin gshegs pa rnams ma byung ba na yang su las kyang bslab pa dang | so sor thar par mi nod la | so sor thar pa'i sdom pas kyang bsdams pa yin | bslab pa la dga' ba yin | byang chub sems dpa' khyim na gnas pas kyang | ji lta ji lta bur bcas pa'i bslab pa srung la |

mngon par byung nas kyang ji ltar bcas pa'i（P : D om. pa'i）so sor thar pa la bstan mi dgos par（P : D om. par）slob pa ste | 'di ni byang chub sems dpa'i ma 'dres pa'o ‖ srog gi phyir yang de bslab pa'i gzhi（D : bzhi P）mi gtong zhing tshul khrims thams cad byang chub tu gzhol la sems can thams cad kyi 'chal（D : 'tshal P）pa'i tshul khrims spang（D : spangs P）ba'i（D : pa'i）phyir yongs su bsngo ba 'di ni byang chub sems dpa'i chos ma 'dres pa gnyis pa'o ‖

（D no. 167, Ba 204a2–4; P no. 834 Phu 214b4–8）

【現存最古の漢訳】　自在王、菩薩自能持戒無有教者、雖不値仏而亦不従他人受戒、善能護持一切諸戒、常楽持戒。謂雖在家、如戒所説、尽能奉持。若其出家、戒経所説、不須教導、皆能履行。乃至不為寿命諸縁而捨於戒、所持諸戒皆順菩提、為断衆生破戒法故。是為菩薩二不共法。

（鳩摩羅什訳『自在王菩薩経』巻下。T13, 933a）

（6）『虚空蔵菩薩経』。

punar aparam ādikarmiko bodhisattvaḥ kasyacid evaṃ vakṣyati. kiṃ bhoḥ prātimokṣavinayena śīlena surakṣitena. śīghraṃ tvam anuttarāyāṃ samyaksaṃbodhau cittam utpādayasva. mahāyānaṃ paṭha. yat te kiṃcit kāyavāṅmanobhiḥ kleśapratyayād akuśalaṃ karma samudānītaṃ tac（corr. : tena pāṭhena）chuddhaṃ（corr. : śuddhir）bhavaty avipākam. yāvad yathāpūrvoktam. ayam ādikarmikasya bodhisattvasya tṛtīyā mūlāpattiḥ.（ŚS 61, 10–13）

【現存最古の漢訳】　復次善男子。初発心菩薩語餘人言。「汝今何用受学波羅提木叉律儀。当速発阿耨多羅三藐三菩提心。受持読誦大乗経典。先所造作身口意業諸不善行当得清浄、不受未来諸悪果報。」餘如上説。是名初発心菩薩犯於第三根本重罪。（仏陀耶舎訳『虚空蔵菩薩経』。T13, 653a）

（7）『勝鬘経』。

bcom ldan 'das so sor thar pa dang 'dul ba zhes bgyi ba'i chos 'di gnyis ni don gcig ste | yi ge'i 'bru ni tha dad lags so || bcom ldan 'das 'dul ba zhes bgyi ba 'di ni theg pa chen po pa rnams kyi bslab pa lags so || de ci'i slad du zhe na | bcom ldan 'das 'di ltar de bzhin gshegs pa nyid kyi slad du rab tu 'byung ba dang | bsnyen par rdzogs pa lags pa'i slad du ste | bcom ldan 'das de lta lags pas 'di ltar 'dul ba zhes bgyi ba dang rab tu 'byung ba dang bsnyen par rdzogs pa zhes bgyi ba'i btags pa 'di ni theg pa chen po'i chos ga'i tshul khrims kyi phung po lags so ||

（ŚDSNS 70, 3–11）

【現存最古の漢訳】　波羅提木叉、比尼、此二法者、義一名異。比尼者即大乗学。何以故。以依仏出家而受具足。是故説大乗威儀戒是比尼、是出家、是受具足。

（求那跋陀羅訳『勝鬘師子吼一乗大方便方広経』。T12, 219b）

（8）『大方広三戒経』（『大宝積経』三律儀会）。

des ji skad du bstan pa'i so sor thar pa dang 'thun par bya'o || 'od srung gang dag so sor thar pa dang mi 'thun (D : mthun P) par bya bar sems pa de dag ni sangs rgyas kyi stobs dang mi 'jigs pa dang mi 'thun par bya bar sems pa'o || gang dag sangs rgyas kyi stobs dang mi 'jigs pa dang mi 'thun par bya bar sems pa de dag ni 'das pa dang | ma byon pa dang | da ltar byung ba'i sangs rgyas bcom ldan 'das rnams kyi byang chub dang mi 'thun par bya bar sems pa ste | de'i rnam par smin pas ni stong gsum gyi stong chen po'i 'jig rten gyi khams kyi sems can ji snyed pas sems can dmyal ba'i sdug bsngal gyi tshor ba myong ba'i tshor ba dag gis de'i tshor ba de'i brgya'i char yang mi phod | stong dang | brgya stong dang | bye ba brgya stong dang | grangs dang | cha dang | bgrang ba dang | dpe dang | rgyur yang mi phod do || (D no. 45, Ka 14b4–7; P no. 760, Tshi 16a6–b2)

【現存最古の漢訳】　説解脱戒、当随順行。迦葉、若違解脱戒、便違如来力無所畏等、則違過去未来現在諸仏菩薩。如是罪報、若三千大千世界所有一切衆生悉堕地獄、是等衆生所受苦痛、比是苦痛、百分不及一、千分、百千分、百千億、乃至算数譬喩所不能及。（曇無讖訳『大方広三戒経』巻中。T11, 691a）

（9）『地蔵十輪経』。

復次、善男子、菩薩摩訶薩復有浄戒大甲冑輪。若菩薩摩訶薩成就此輪、従初発心一切五欲皆能除断、超勝一切声聞独覚、普為一切声聞独覚作大福田、一切声聞独覚乗等皆応供養承事守護。

云何浄戒大甲冑輪。善男子。菩薩浄戒有二種相。一者共、二者不共。

云何菩薩共浄戒輪。謂諸在家近事近住所受律儀、或復出家及受具足別解脱戒。如是律儀、別解脱戒、是名菩薩共浄戒輪、共諸声聞独覚乗等。菩薩不由此浄戒輪、能除一切有情煩悩諸悪見趣、及能解脱業障生死。此不名為大甲冑輪、亦不由此名為菩薩摩訶薩、也（亦?）及（不?）名一切声聞独覚真実福田。

云何菩薩不共浄戒大甲冑輪。謂諸菩薩普於十方一切有情、起平等心無擾動心無怨恨心、護持浄戒。普於一切持戒犯戒布施慳貪慈悲忿恚精進懈怠下中上品諸有情所、無差別心、無差別想、護持浄戒。普於三界一切有情、無恚無忿及諸悪行、護持浄戒。普於三有蘊界処中、無所分別、護持浄戒。不依欲界、護持浄戒。不依色界、護持浄戒。不依無色界、護持浄戒。不観諸有一切果報、護持浄戒。不依一切得与不得、護持浄戒。不依諸行、護持浄戒。是名菩薩不共浄戒大甲冑輪。善男子、若菩薩摩訶薩成此浄戒大甲冑輪、従初発心、一切五欲皆能除断、得名菩薩摩訶薩也。超勝一切声聞独覚、普為一切声聞独覚作大福田、一切声聞独覚乗等皆応供養承事守護。（玄奘訳『大乗大集地蔵十輪経』巻九。T13, 770ab）

【現存最古の漢訳】復次、善男子、菩薩摩訶薩発大荘厳具足戒輪。若成就此輪、従初発心、遠離五欲、於声聞辟支仏中、第一最勝、為大福田、皆応供養而守護之。何等為菩薩摩訶薩荘厳戒輪。善男子、菩薩摩訶薩有能出家受其具足成就波羅提木叉、而不与声聞辟支仏共。若菩薩不以此戒能為衆生除諸煩悩一切邪見、是則不名為摩訶薩、亦不名為声聞辟支仏大福田也。善男子、若菩薩摩訶薩於一切衆生心、常平等護持浄戒、志念堅固、而不退転、心恒専一、不生異想、若見持戒破戒慳貪布施上中下等有若干種無量衆生瞋恚悩害行住坐臥、於三有中陰入諸界、而無分別、如是持戒。不著欲界、持戒。不著色無色界、持戒。不分別観察有想、持戒。不為到不到故、持戒。善男子、菩薩摩訶薩以如是相貌発大荘厳清浄戒輪、従初発心、常離五欲。如是菩薩摩訶薩則能為一切声聞辟支仏作大福田、亦為衆生守護供養。

（失訳『大方広十輪経』巻七。T13, 715ab）

（10）『宝雲経』。

rigs kyi bu de la ji ltar na byang chub sems dpa' so sor thar pa'i sdom pas bsdams pa (P : D ad. mams) yin zhe na | rigs kyi bu 'di la byang chub sems dpa' de bzhin gshegs pas mdo sde'am | 'dul ba'am | gnas gang yang rung ba la la dag tu bslab pa'i gnas 'di dag gang bcas pa de dag ston pas bstan pa'o snyam du sems te | gnas de dang de dag la shin tu legs par slob kyi | rigs la 'dod chags pas ma yin | lta ba la 'dod chags pas ma yin | 'khor (D : P ad. ba) la 'dod chags pas ma yin | gang zag gi skyon gyi phyir bslab pa'i gnas de dang de dag la ri mo med (P : byed D) pa ma yin te | de ltar na byang chub sems dpa' so sor thar pa'i sdom pas bsdams pa yin no ||

ji ltar na byang chub sems dpa' byang chub sems dpa'i bslab pa'i sdom pas bsdams pa yin zhe na | 'di la byang chub sems dpa' 'di snyam du so sor thar pa'i sdom pa tsam gyis ni | bdag gis bla na med pa yang dag par rdzogs pa'i byang chub (D : P ad. tu) mngon par rdzogs par 'tshang rgya bar mi nus kyi (corr. : kyis DP) | de bzhin gshegs pas mdo sde de dang de dag las byang chub sem dpa'i yang dag par spyad pa dang | byang chub sems dpa'i bslab pa'i gnas 'di dag gang bcas pa de dag la bdag gis bslab par bya'o zhes rnam par dpyod do ||

byang chub sems dpa'i yang dag par spyad pa de dag ni gang byang chub sems dpa'i bslab pa'i gnas de rnams kyang gang zhe na | 'di la byang chub sems dpa' gang gi phyir de la sems can rnams ma (P : D om. ma) dad par 'gyur ba'i gnas ma yin par mi spyod | dus ma yin par mi spyod | (D : P om. dus ma yin par mi spyod |) yul ma yin par mi spyod | dus ma yin par mi smra ba yin | dus mi shes pa ma yin | yul mi shes pa ma yin | tshod mi shes pa ma yin te | de sems can (D : P ad. de) rjes su bsrung ba dang | bdag gi byang chub kyi tshogs yongs su rdzogs par bya ba'i phyir (D : P om. phyir) spyod lam phun sum tshogs shing 'jam par smra ba dang | dal bus smra ba dang | 'du 'dzi mi mang ba dang | rab tu dben pa la mngon par phyogs pa dang | bzhin gyi mdangs rab tu dang (D : dad P) ba (D : pa P) yin te | de ltar na byang chub sems dpa' cho ga phun sum tshogs pa yin no ||

ji ltar na byang chub sems dpa' byang chub sems dpa'i bslab pa'i sdom pas bsdams pa yin zhe na | de bzhin gshegs pas (D : pa'i P) mdo sde de dang (D : P om. de dang) de dag la byang chub sems dpa' rnams kyi (corr. : kyis DP) bslab pa'i gnas 'di dag gang bcas pa'i gnas de dag la gus par byed pa yin | brtson par byed pa yin te | de ltar na byang chub sems dpa' byang chub sems dpa'i bslab pa'i sdom pas bsdams pa yin no ||

（D no. 231, Wa 14a1–b3; P no. 897, Dzu 14a8–15a2）

【梵文断片】 yathoktam āryaratnameghe: kathaṃ ca kulaputra bodhisattvā bodhisattvaśikṣāsaṃvarasaṃvṛtā bhavanti. iha bodhisattva evaṃ vicārayati. na prātimokṣasaṃvaramātrakeṇa mayā śakyam annuttarāṃ samyaksaṃbodhim abhisaṃboddhum. kiṃ tarhi yānīmāni tathāgatena teṣu teṣu sūtrānteṣu bodhisattvasamudācārā bodhisattvaśikṣāpadāni prajñaptāni teṣu teṣu mayā śikṣitavyam iti vistaraḥ.（ŚS 17, 5–9）

【現存最古の漢訳】 云何名菩薩善学波羅提木叉戒。菩薩於戒律諸経是仏所制皆専心受持、不為種族故持戒、不為我見故持戒、不為摂徒衆故持戒、不見他瑕缺而軽毀戒。是名菩薩善持波羅提木叉戒。

云何名菩薩善持緻密戒。菩薩作是念。〝非但波羅提木叉戒能使我成阿耨多羅三藐三菩提。諸餘菩薩威儀戒行、我亦当学、如法修行。〟

云何是菩薩戒。菩薩、不応行処、終不往来、非時不語、善知時節、善知方俗、順適人心、不令衆生起於譏嫌、善護衆生、令至菩提、亦自具足菩提威儀、言辞柔軟、少於言説、不好親近大臣群官、恒修阿練若行、和顔悦色。能具如是菩薩威儀戒。及餘経中諸菩薩戒、悉具修行。是名菩薩緻密戒。

（曼陀羅仙訳『宝雲経』巻一。T16, 213a）

（11）『法集経』。

bcom ldan 'das de la byang chub sems dpa' sems dpa' chen po'i lhag pa'i tshul khrims kyi bslab pa gang zhe na | byang chub sems dpa' ni gang so sor thar pa'i sdom pas bsdams pa yang lags la | so sor thar pa tsam gyis dag par yang mi sems te | byang chub sems dpa'i sdom pa la rton pa lags so || cho ga dang spyod yul phun sum tshogs pa yang lags la | cho ga dang spyod yul tsam gyis dag par yang mi sems te | byang chub sems dpa'i cho ga dang spyod yul la rton pa yang（D : P om. yang）lags so || kha na ma tho ba rab tu phra ba dag la 'jig par lta ba yang lags la | byang chub sems dpa'i ye shes la rton pa yang lags so || de la byang chub sems dpa'i ye shes gang zhe na | byang chub sems dpa' rnams chos thams cad kyi de kho na 'tshal bas las dang | nyon mongs pas 'jigs shing skrag pa ma mchis pa de ni byang chub sems dpa'i de kho na 'tshal ba lags so || de la byang chub sems dpa'i spyod yul gang zhe na | byang chub sems dpa' ni stong pa nyid spyod yul pa rnams lags te | rtog pa dang | rnam par rtog pa dang yongs su rtog pa spyod yul pa ma lags so || yang dag par blangs nas bslab pa'i gzhi（D : bzhi P）rnams la slob ste | stong pa nyid du mnyam pa nyid yang dag par blangs nas slob pa 'di ni yang dag par blangs nas slob pa zhes bgyi'o || mtshan ma ma（D : P om. ma）mchis par mnyam pa nyid dang | smon pa ma mchis par mnyam pa nyid dang | mngon par 'du mi bgyid par mnyam pa nyid dang | ma skyes pa dang ma byung bar mnyam pa nyid yang dag par blangs nas slob pa 'di ni yang dag par blangs nas bslab pa'i gzhi rnams la slob pa zhes bgyi'o || bcom ldan 'das gzhan yang byang chub sems dpa' 'di snyam du sems te | so sor thar pa'i sdom pa'i tshul khrims 'di la sems can rnams dgod par bya'o snyam pa 'di ni byang chub sems dpa'i lhag pa'i tshul khrims kyi bslab pa lags so ||（D no. 238, Zha 71a7–b7; P no. 904, Wu 77a8–b8）

【現存最古の漢訳】　世尊、何者是菩薩摩訶薩増上戒。世尊、菩薩能持波羅提木叉戒、而不以波羅提木叉戒為清浄、以依修持菩薩戒。菩薩成就諸威儀境界、而不以威儀為清浄、以住菩薩威儀境界故。乃至小罪心懐怖懼、以依菩薩智慧故。何者是菩薩智慧。謂菩薩如実知一切法、以其不畏諸業煩悩故。是名菩薩智慧。何者是菩薩境界。所謂為空。非是種種分別境界。知平等戒、以学於戒。知空平等、而学於戒。是故言知空平等而学於戒。知無相平等、知無願平等、知無行平等、知無生無滅平等、而学於戒。是故言知平等而学於戒。復次世尊、菩薩作是念。我今以此波羅提木叉戒令一切衆生受持。是名菩薩増上戒学。（菩提流支訳『仏説法集経』巻五。T17, 638bc）

（12）『大迦葉経』（『大宝積経』摩訶迦葉会）。

bcom ldan 'das bdag ni bslab pa thag ring du mi bgyid kyi | bdag ni so sor thar pa la slob par bgyid pa dang |

(D no. 67, Ca 88a3; P no. 760 [23], Zi 81b7)

【現存最古の漢訳】 常修三業清浄之行、離於破戒、当学波羅提木叉。（『大宝積経』巻八十八。T11, 506c）

（13）『維摩経』。

abhijānāmy ahaṃ bhagavan: ekasmin samaye saṃbahulā licchavikumārakā yenāhaṃ tenopasaṃkramya mām etad avocat: tvaṃ rāhula tasya bhagavataḥ putraś cakravartirājyam utsṛjya pravrajitaḥ, tatra ke te pravrajyāyā guṇānuśaṃsāḥ.

teṣām ahaṃ yathārūpaṃ pravrajyāyā guṇānuśaṃsān (corr. : guṇānuśaṃsā) nirdiśāmi, vimalakīrtir licchavir yenāhaṃ tenopasaṃkrāntaḥ. sa mām abhivandyaitad avocat: na bhadantarāhula evaṃ pravrajyāyā guṇānuśaṃsā nirdeṣṭavyā yathā tvaṃ nirdiśasi. tat kasmād dhetoḥ. nirguṇā niranuśaṃsā hi pravrajyā. yatra bhadantarāhula saṃskṛtapravṛttis tatra guṇānuśaṃsāḥ (corr. : guṇānuśaṃsā). pravrajyā cāsaṃskṛtā, asaṃskṛte ca na guṇā nānuśāṃsāḥ (corr. : nānuśāṃsā). pravrajyā bhadantarāhulārūpiṇī rūpavigatā, panthā nirvāṇasya, praśaṃsitā paṇḍitaiḥ, parigṛhītāryaiḥ, parājayaḥ sarvamārāṇām, pañcagatyuttāraṇī, pañcacakṣuviśodhanī, pañcabalapratilambhā, pañcendriyapratiṣṭhā, pareṣām anupaghātaḥ, pāpadharmāsaṃsṛṣṭā, paratīrthyapramardanī, prajñaptisamatikrāntā, paṅke saṃkramaḥ, amamā mamakāravigatā, aparigrahā, anupādānā, anākulā, ākulaprahīṇā, svacittadamanī (corr. : svacittadarśanī) paracittasaṃrakṣaṇī, śamathānukūlā, sarvato 'navadyā. iyam ucyate pravrajyā. ya evaṃ pravrajitās te supravrajitāḥ. pravrajata yūyaṃ kumārakāḥ svākhyāte dharmavinaye. durlabho hi buddhotpādaḥ, durlabhā kṣaṇasaṃpat, durlabho manuṣyapratilambhaḥ.

te kumārakā evam āhuḥ: śrutam asmābhir gṛhapate, na tathāgato 'navasṛṣṭaṃ mātāpitṛbhyāṃ pravrājayatīti. sa tān āha: utpādayata yūyaṃ kumārakā anuttarāyāṃ samyaksaṃbodhau cittam. pratipattyā ca saṃpādayata, saiva yuṣmākaṃ bhaviṣyati pravrajyā sopasaṃpat. (VKN 31, 14–32, 16)

【現存最古の漢訳】　憶念。昔時、諸長者子来礼我足、問我言。「羅云、汝仏之子、捨転輪王、出家為道。其出家者、有何栄冀。」

我即為如事説沙門之栄冀。時維摩詰来、謂我言。「羅云、説沙門之栄冀、不当如賢者所説。所以者何。匪栄匪冀故為沙門為道者。羅云、離此彼中、迹於泥洹、受諸明智、招諸聖賢、降伏衆魔、入五道、浄五眼、受五力、立五根、度彼岸、化異学、為正導拯淤泥、為無我無彼受無起、随順絶諸忿乱、降己志、護彼意、滅種姓、開大学。為是故作沙門。当教是。諸童子、此自然法、仏興難値。」

諸童子言。「居士、我聞仏不教人違親為道。」

維摩詰言。「然当観清浄発菩薩意。已応行者、可得去家堅固之志。」

（支謙訳『仏説維摩詰経』巻上。T14, 523b）

(14)『注維摩詰経』。

什曰。若発無上道心、心超三界、形雖有繋、乃真出家。是即具足。

什曰。雖為白衣、能発無上心者、便為出家具足戒行矣。（巻三。T38, 358c）

(15)『維摩経』。

avadātavastradhārī śramaṇeryāpathasaṃpannaḥ. gṛhavāsasthitaḥ kāmadhāturūpadhātvārūpyadhātvasaṃsṛṣṭaḥ. bhāryāputradāsāṃś (corr. : bhāryāputradārāṃś) ca saṃdarśayati, sadā ca brahmacārī. parivāraparivṛtaś ca bhavati, sadā ca vivekacārī. (VKN 15, 18–21)

【現存最古の漢訳】雖為白衣、奉持沙門至賢之行。居家為行、不止無色。有妻子婦、自随所楽、常修梵行。雖有家属、常如閑居。（支謙訳『仏説維摩詰経』巻上。T14, 521a）

(16)『決定毘尼経』。

tasmāt tarhi tvam upāle anyena prayogeṇānyenādhyāśayena śrāvakayānikānāṃ śikṣāpariśuddhiṃ vada. anyena prayogeṇānyenādhyāśayena mahāyānasaṃpratiṣṭhitānāṃ śikṣāpariśuddhiṃ vada. tat kasmād dhetoḥ. anyo hy upāle śrāvakayānikānāṃ prayogo 'nyo 'dhyāśayaḥ. anyo mahāyānasaṃprasthitānāṃ prayogo 'nyo 'dhyāśayaḥ. tatropāle yā śrāvakayānikasya pariśuddhaśīlatā sā mahāyānikasya bodhisattvasyāpariśuddhaśīlatā parama-dauḥśīlyaṃ ca. yā mahāyānasaṃprasthitasya bodhisattvasya pariśuddhaśīlatā sā śrāvakayānikasyāpariśuddhaśīlatā paramadauḥśīlyaṃ ca. tat kasmād dhetoḥ. ihopāle śrāvakayānikas tat kṣaṇikām api bhavopapattiṃ na parigṛṇhāti. iyaṃ śrāvakayānikasya pariśuddhaśīlatā sā mahāyānikasya bodhisattvasyāpariśuddhaśīlatā paramadauḥśīlyaṃ ca. katamopāle mahāyānasamprasthitasya bodhisattvasya pariśuddhaśīlatā yā śrāvakayānikasyāpariśuddhaśīlatā paramadauḥśilyañ ca. ihopāle mahāyānasamprasthito bodhisattvo mahāsattvo 'prameyāsaṃkhyeyān kalpān bhavopapattiṃ parigṛhṇāti, aparikhinnacitto 'parikhinnamānasaḥ. iyaṃ mahāyānasamprasthitasya bodhisattvasya pariśuddhaśīlatā sā śrāvakayānikasyāpariśuddhaśīlatā paramadauḥśīlyaṃ ca.（VVUP 41-43）

【現存最古の漢訳】　優波離、汝今当知。声聞乗人有異方便、有異深心、持清浄戒。菩薩乗人有異方便、有異深心、持清浄戒。所以者何。声聞乗人有異方便、有異深心。菩薩乗人有異方便、有異深心。優波離、声聞乗人雖浄持戒、於菩薩乗不名浄戒。菩薩乗人雖浄持戒、於声聞乗人（〝人〟、底本無、拠三本宮本補）不名浄戒。優波離、云何名為声聞乗人雖浄持戒、於菩薩乗人（〝人〟、底本無、拠三本宮本補）不名浄戒。優波離、声聞乗人不応乃至起於一念欲更受身、是則名為声聞乗人清浄持戒、於菩薩乗最大破戒名不清浄。云何名為菩薩乗人雖浄持戒、於声聞乗不名浄戒。優波離、菩薩乗人於無量劫堪忍受身不生厭患、是則名為菩薩乗人清浄持戒、於声聞乗人最大破戒不名清浄。（敦煌三蔵訳『決定毘尼経』。T12, 39c）

（17）『清浄毘尼方広経』。

lha'i bus gsol pa | bcom ldan 'das byang chub sems dpa' sems dpa' chen po rnams kyi mi spyod pa'i tshul gyis spyod pa ni 'jig rten thams cad dang mi mthun（P : 'thun D）pa lags so || bcom ldan 'das dmigs pa'i dug gi skyon chags pas na | gang nyan thos dang | rang sangs rgyas dmigs pa can rnams kyi tshul khrims de ni byang chub sems dpa' sems dpa' chen po rnams kyi ngan pa'i ngang tshul lags so || ji tsam du gang nyan thos dang rang sangs rgyas dmigs pa can rnams kyi brtson 'grus de ni dmigs pa'i dug gi skyon chags pa'i phyir byang chub sems dpa' sems dpa' chen po'i le lo'i bar du'o ||（D no. 179, Ma 261a1–3; P no. 846, Bu 272b4–7）

【現存最古の漢訳】　天子歎曰。希有世尊、是菩薩所行、勝餘世間。世尊、諸声聞持戒勤加精進即是菩薩毀禁懈怠。（鳩摩羅什訳『清浄毘尼方広経』。T24, 1080a）

（18）『宝行王正論』。

tataḥ pravrajitenādau kāryaḥ śikṣādaraḥ paraḥ |
prati［mokṣe sa］vinaye bāhuśrutye 'rthanirṇaye ||（RĀ 132, 2–5）

（19）『瑜伽師地論』本地分中菩薩地戒品。

tatra katamad bodhisattvasya sarvaśīlam. samāsato bodhisattvasya gṛhipakṣagataṃ pravrajitapakṣagataṃ ca śīlaṃ sarvaśīlam ity ucyate. tat punar gṛhipakṣāśritaṃ pravrajitapakṣāśritaṃ ca śīlaṃ samāsatas trividham. saṃvaraśīlaṃ kuśaladharmasaṃgrāhakaśīlaṃ sattvārthakriyāśīlaṃ ca.

tatra saṃvaraśīlaṃ bodhisattvasya katamat. yat saptanairṇāyikaṃ prātimokṣasaṃvarasamādānaṃ bhikṣubhikṣuṇīśikṣamāṇāśrāmaṇeraśramaṇeryupāsakopāsikāśīlam. tad etad gṛhipravrajitapakṣe yathāyogaṃ veditavyam.

tatra kuśaladharmasaṃgrāhakaṃ śīlaṃ yat kiñcid bodhisattvaḥ śīlasaṃvarasamādānād ūrdhvaṃ mahābodhāya kuśalam ācinoti kāyena vācā manasā sarvaṃ tat samāsataḥ kuśaladharmasaṃgrāhakaṃ śīlam ity ucyate. tat punaḥ katamat. iha bodhisattvaḥ śīlaṃ niśritya śīlaṃ pratiṣṭhāya śrute yogaṃ karoti cintāyāṃ śamathavipaśyanābhāvanāyām ekārāmatāyām. tathā gurūṇām abhivādanavandanapratyutthānāñjalikarmaṇaḥ kālena kālaṃ kartā bhavati. tathā kālena kālaṃ teṣām eva gurūṇāṃ gauraveṇopasthānasya kartā bhavati. glānānāṃ satkṛtya kāruṇyena glānopasthānasya kartā bhavati. tathā subhāṣite sādhukārasya dātā bhavati. guṇavatāṃ pudgalānāṃ bhūtasya varṇasyāhartā bhavati. tathā sarvasattvānāṃ daśasu dikṣu sarvapuṇyasyāśayena prasannacittam utpādya vācaṃ bhāṣāmāṇo 'numoditā bhavati. tathā sarvaṃ vyatikramaṃ pratisaṃkhyāya pareṣāṃ kṣamitā bhavati. tathā sarvaṃ kāyena vācā manasā kṛtaṃ kuśalam anuttarāyāṃ samyaksaṃbodhau pariṇāmayitā bhavati. kālena ca kālaṃ vicitrāṇāṃ samyakpraṇidhānānāṃ triratnapūjāyāś ca sarvākārāyā udārāyāḥ kartā bhavati. abhiyuktaś ca bhavaty ārabdhavīryaḥ satatasamitaṃ kuśalapakṣe. apramādavihārī. kāyena vācā śikṣāpadānāṃ smṛtisaṃprajanyacārikayā cārakṣakaḥ. indriyaiś ca guptadvāro bhojane mātrajñaḥ pūrvarātrāpararātraṃ jāgarikānuyuktaḥ. satpuruṣasevī kalyāṇamitrasanniśritaḥ. ātmaskhalitānāṃ ca parijñātā bhavati doṣadarśī. parijñāya ca doṣaṃ dṛṣṭvā pratisaṃhartā bhavati. skhalitaś ca buddhabodhisattvānāṃ sahadhārmikāṇāṃ cāntike 'tyayadeśako bhavati. evaṃbhāgīyānāṃ kuśalānāṃ dharmāṇām arjanarakṣaṇavivardhanāya yac chīlaṃ [tad] bodhisattvasya kuśaladharmasaṃgrāhakaṃ śīlam ity ucyate.

tatra katamad bodhisattvasya sattvānugrāhakaṃ śīlam. tat samāsata ekādaśākāraṃ veditavyam. ekādaśākārāḥ katame. [1] sattvakṛtyeṣv arthopasaṃhiteṣu [vicitreṣu] sahāyībhāvaḥ. sattvānām utpannotpanneṣu vyādhyādiduḥkheṣu glānopasthānādikaḥ sahāyībhāvaḥ. [2] tathā laukikalokottareṣv artheṣu dharmadeśanāpūrvaka upāyopadeśapūrvakaś ca nyāyopadeśaḥ. [3] upakāriṣu ca sattveṣu kṛtajñatām anurakṣato 'nurūpa[pratyupakāra]-pratyupasthānam. [4] vividhebhyaś ca siṃhavyāghrarājacaurodakāgnyādikebhyo vicitrebhyo bhaya-sthānebhyaḥ sattvānām ārakṣā. [5] bhogajñātivyasaneṣu śokavinodanā. [6] upakaraṇavighātiṣu sattveṣu sarvopa-karaṇopasaṃhāraḥ, nyāyapatitaḥ. [7] samyaṅniśrayadānato dharmeṇa gaṇaparikarṣaṇā. [8] ālapanasaṃlapana-pratisammodanaiḥ kālenopasaṃkramaṇatayā parato bhojanapānādi[prati]grahato laukikārthānuvyavahārata āhūtasyāgamanagamanataḥ samāsataḥ sarvānarthopasaṃhitāmanāpasamudācāraparivarjanaiś cittānuvartanatā. [9] bhūtaiś ca guṇaiḥ saṃpraharṣaṇatā rahaḥ prakāśaṃ vodbhāvanatām upādāya. [10] snigdhena hitādhyāśayānugatenāntargatamānasena nigrahakriyā avasādanā vā daṇḍakarmānupradānaṃ vā pravāsanā vā yāvad evākuśalāsthānāt vyutthāpya kuśale sthāne sanniyojanārtham. [11] ṛddhibalena ca narakādigatipratyakṣaṃ sandarśanatayākuśalād udvejanā buddhaśāsanāvatārāya cāvarjanā toṣaṇā vismāpanā.

(BoBh 96, 6–97, 25)

結章

（1）『三宝感応要略録』。

第九、新羅僧侖誦『阿含』生浄土感応〈新録〉

新羅僧侖者、新羅人也。少出家、帰心於浄土教。見諸誦持『阿含』者、毀呵言「捨」。夢至極楽東門、将入門中。爾時有無量天童子、在門外立、以宝杖、駆出愈曰。「小道滅没即大教滅相。以小法為梯撜登大道是汝国式也。軽慢『阿含』捨不誦、不可入大乗門」云云。夢覚悲泣悔過、兼持誦四『阿含』、得浄土迎。弟子亦夢、師坐蓮花、来語曰「我娑婆兼誦『阿含』。依本習故、先得小道。不久還入大」矣。（巻中。T51, 839a）

（2）『梵網経』。
若仏子心背大乗常住経律、言非仏説、而受持二乗声聞外道悪見一切禁戒邪見経律者、犯軽垢罪。（巻下。T24, 1005c）

（3）『梵網経』。
若仏子有仏経律大乗正法正見正性正法身、而不能勤学修習、而捨七宝、反学邪見二乗外道俗典阿毘曇雑論書記、是断仏性、障道因縁、非行菩薩道。若故作者、犯軽垢罪。（巻下。T24, 1006c）

文献索引

た行

な行

は行

ま行

や・ら行

著者紹介
大竹　晋（おおたけ すすむ）
1974年、岐阜県生まれ。筑波大学卒業。博士（文学）。
現在、宗教評論家、仏典翻訳家。
著書に『宗祖に訊く』『大乗起信論成立問題の研究』『大乗非仏説をこえて』『セルフ授戒で仏教徒』（国書刊行会）、『唯識説を中心とした初期華厳教学の研究』『元魏漢訳ヴァスバンドゥ釈経論群の研究』（大蔵出版）、『「悟り体験」を読む』（新潮社）、『悟りと葬式』（筑摩書房）、『仏のなりかた』『菩薩は女性を愛せるか』（春秋社）、訳書に新国訳大蔵経・『十地経論Ⅰ・Ⅱ』『大宝積経論』『能断金剛般若波羅蜜多経論釈 他』『法華経論・無量寿経論 他』（大蔵出版）、『現代語訳　最澄全集』全四巻（国書刊行会）などがある。

大乗仏教と小乗蔑視
――声聞と声聞乗とはどう見られてきたか
ISBN 978-4-336-07607-6

令和6年5月20日　初版第1刷発行

著　者　大竹　晋

発行者　佐藤今朝夫
〒174-0056　東京都板橋区志村1-13-15
発行所　株式会社　国書刊行会
電話 03(5970)7421　FAX 03(5970)7427
E-mail: info@kokusho.co.jp　URL: https://www.kokusho.co.jp

落丁本・乱丁本はお取替えいたします。
装幀　長井究衡
DTP　プレアデス
印刷　株式会社シナノパブリッシングプレス
製本　株式会社ブックアート